GROUP COUNSELING CASE NOTE

집단상담사례집

-의사소통과 해결-

윤관현

박영story

머리말

집단상담을 진행하면서 가장 힘들었던 때는 포항제철에서 상담사로 있으면서 직원들 상담할 때였다. 같은 회사 남자직원들만 참가하는 집단이라 개방을 잘 하지 않아 진행하기 매우 어려웠다. 그때는 어떻게 하면 집단상담을 잘 할 수 있을까?를 항상 생각하고 살았다. 그러나 뾰족한 수가 별로 없었다. 공감하는 마음으로 경험하고 반성하고 분석해 보는 것이었다. 이 질문은 지금도 내게 계속 하고 있는 질문이다. 집단을 계속하면서 집단에 대한 감각이 더 예민해지고, 문제를 보는 시각은 더 예리해진 것 같다.

예전에는 집단상담에 비상담인도 제법 참여를 했는데, 이제는 가끔 보는 것 같다. 집단상담이란 좋은 도구를 상담인들만 수련과정에 사용하고 사회에서는 받아들여지지 않는 것 같아서 매우 안타깝다. 그래서 책 제목을 의사소통을 위한 집단상담 이라고 했다.

그 동안 집단상담에 대한 이론서들은 많이 나왔지만, 사례집은 리더가 없이 진행한 집단상담 시범 외에는 없다. 그래서 집단상담 사례집을 만들어 보았다.

일반인들이 이론서를 볼 수는 없겠지만 사례집은 볼 수 있을 것 같고, 이 집단상담 사례를 읽으면서 의사소통을 어떻게 할 것인지 참고가 될 것 같다. 집단상담이 사회에 스며들고 활용되었으면 하는 마음이다. 내가 하는 집단상담이 아주 좋은 집단상담이라는 생각은 들지 않는다. 다만 이를 기반으로 해서 이보다 훨씬 나은 집단상담이 만들어 지기를 바란다.

2018. 4.

定 윤관현

목차

─ II
집단상담사례

I
집단상담의 목표

— I —

집단상담의 목표

1. 소통

이 집단에서 추구하는 목표는 소통을 원활하게 하는 것이다. 소통을 잘 하는 것은 내 마음 속을 솔직히 드러내고 잘 듣는 것이다. 잘 듣고 있으면 상대의 말하지 않은 감정이 느껴지기도 한다. 말할 때는 감정을 「나−전달법」으로 표현하고 들을 때는 공감적으로 듣고 공감하거나 공감이 안되면 감정을 표현한다.

집단상담에서는 소통의 문제점을 찾아내고 이를 고치는 훈련을 한다. 집단에서 자기문제를 얘기하고 감정표현이나 피드백을 주면서 집단에 참여하다 보면 내 모습이 드러나게 된다. 또 나에 대한 집단원들의 피드백을 들으면서 나의 소통의 특성과 문제점을 타인의 시각을 통해서 객관적으로 보게 된다.

사람의 감정은 물이 흘러가듯이 계속 흘러간다. 즐거움, 기분 좋음, 행복함, 기쁨 등의 좋은 감정들은 계속 남겨두고 싶지만, 좋은 감정은 부정적인 감정에 비해서 빨리 사라진다. 좋은 감정 중에서 감각적인 즐거움은 금방 사라진다. 나만 즐겁고 상대편은 즐겁지 않은 나의 이기적인 즐거움도 금방 사라진다. 서로 마음이 통해서 하나가 되고 마음이 찡해지는 행복감은 마음속에 오래 남아 있다. 그래서 우리는 이런 좋은 감정이 생기도록 관계를 잘 하고 마음관리도 잘 해야 한다.

심리적인 문제가 많을수록 소통이 삐그덕 거리고 부정적인 감정이 많이 생긴다. 살다보면 잘 되는 일보다 안 되는 일들이 더 많다. 그래서 성숙해진다는 것은 마음에 안드는 부정적인 상황을 잘 수용하고 대처하는 것을 배우는 것이다. 성격이 좋지 않으면 남들보다 더 화, 불만, 짜증 등의 부정적인 감정들이 많이 올라온다. 행복해지려면 부정적인 감정을 빨리 비우고 그 자리에 기쁨의 감정을 채워야 한다. 그러려면 우리의 사고가 합리적이고 긍정적이어야 한다. 바람이 없는 날 바닷가에 가면 물결이 찰랑거리는 것을 볼 수 있는데, 부정적인 감정들도 잔물결처럼 조금씩 올라 왔다가 금방 사라지는 부동심의 마음 상태를 만드는 것이 소통의 목표이다.

2. 소통을 잘 하려면

① 말 할 때는 감정표현을 통해서 전달해야 확실하게 내 마음이 전달이 된다. 감정은 그 순간의 내 마음을 가장 잘 드러내준다. 그래서 상대에게 간단명료하게 내 마음을 전달하려면 감정을 표현해야 한다. 솔직하게 내 마음을 드러내지 않는다면 어떻게 의사소통이 되겠는가? 그런데 사람들은 자기 감정을 정말 많이 감추고 말한다. 자기 감정의 20-30%만 드러낸다. 감정을 표현하지 않으면 사실을 길게 설명하고 반복해서 설명하려 한다.

② 사람들은 부딪히지 않으려고 부정적인 감정을 참는데, 해소되지 않은 감정이 있으면 상대의 말을 왜곡하고 듣지 않는다.

③ 감정을 표현하면 마음에 쌓여 있는 감정들이 많이 해소되고 마음의 문이 열리면서 상대의 말을 잘 들을 수 있다.

④ 감정을 그때그때 나눠서 표현한다. 아무리 성격이 좋은 사람도 부정적인 감정을 참았다가 표현하면 신경질적으로 터져 나와 상대는 상처를 입게 되고, 성격이 좋지 않다는 평가를 듣는다. 사람들은 화나는 것을 참으면서 '보다보다 하니까 더 이상은 못 보겠어' 하고 그 동안 많이 참았던 것이 상대를 위해서인 것처럼 말하며 화를 내기도 한다. 화를 참는 것은 감정표현을 회피하는 것으로, 이는 의사소통의 큰 걸림돌이다.

⑤ **감정표현:** 신앙인들은 서로 이해하고 용서해야 한다고 말한다. 감정을 해소하지 않고 바로 이해하고 용서한다는 것은 매우 어려운 일이다. 이런 경우 '용서한다'고 말하는 것은 생각에 머물러 있지 가슴에서도 받아들여진 것은 아니다.

내 마음속에 상대에 대한 화나 분노가 차 있으면 상대의 행동을 내 감정들이 밀어내기 때문에 용서는 어려워진다. 화해를 위해서는 먼저 용서하려고 해서는 안 되고, 우선 내 생각과 감정을 드러내야 한다. 말하다 보면 내 마음에 여유가 생겨, 상대의 말을 다른 관점에서 생각해 보기도 한다. 또한 내 마음 상태를 상대에게 보여주면 상대도 내 마음을 이해해 보려는 노력을 더 할 것이다. 용서는 이렇게 상호작용을 통해 서로 수용해야 이루어진다.

⑥ **과정을 보기(공감하기):** 선하다－악하다, 바르다－틀리다, 좋다－나쁘다, 예쁘다－밉다 등의 사고는 이원론적이다. 이원론적 사고는 결과만 보고 판단한다. 그래서 잘못했을 때는 분노하고, 틀릴 때에는 화가 나고 불만이 생긴다. 화가 나면 상대의 감정이 보이지 않기 때문에 공감을 하지 못한다. '저런 행동은 틀려먹었어' 이렇게 결과만 생각하는 것이 이원론적인 사고이다. '~~한 상황에서는 이러한 행동을 하겠구나' 이렇게 행동의 결과를 보지 않고, 행동의 과정을 보는 것이 일원론적인 사고이다. 그러면 "이러한 심리상태이기 때문에 이렇게 행동했구나" 하고 이해가 되고 공감도 된다. 행동의 과정을 본다는 것은 '이 상황에서 저 사람이 상황의 1/10을 보고 행동했으니, 10점짜리 행동을 했겠어, 10점을 받으니 짜증이 나겠지'라고 생각하는 것이다. 모든 행동에는 나름대로의 정당성이 있다는데 상대가 상황에 대응하는 방식을 보고 있으면, 상대의 감정이 이해가 된다. 판단하면 부정적인 감정이 생기지만, 과정을 보고 있으면 부정적인 감정보다는 공감이 되는 것이다.

⑦ **부정적인 감정:** 우리는 비수용적일 수록 화가 많이 난다. 비수용성에 영향을 주는 요소는 강박욕구, 강요욕구, 인정욕구, 의존욕구이다. 이 네 가지 욕구가 좌절될 때는 욕구가 강할수록 좌절감이 크고 화도 많이 나는 것이다. 분노, 증오심, 혐오감은 가장 강한 부정적인 감정이다. 그 아래는 심한 화, 심한 짜증, 심한 불만, 심한 거부감 등이다. 이런 감정들이 자주 들면 관계에서 심하게 부딪히고 관계가 단절되기도 한다.

부정적인 감정이 심하면 쉽게 풀어지지 않는다. 분노심은 몇 년이 지나도 기어이 복수를 하려 한다. 이러한 감정 상태에서는 말이 거칠고 공격적이다. 화가 많이 나면 폭발하기도 하지만, 말도하기 싫어지고 꼴도 보기 싫어져서 관계를 피하거나 단절한다. 부정적인 감정을 낮추기 위해서는 감정 속에 들어있는 욕구를 찾아내고 욕구를 낮추는 작업이 필요하다. 성질 버럭버럭 내고 소리 지르면 의사소통이 잘 될 리가 없다.

⑧ **감수성:** 말을 하면서 우선 내 감정을 잘 봐야 한다. 그냥 말을 쏟아 내지만 말고 지금 내가 어떤 느낌으로 말하고 있는지를 보면서(감정주시) 말을 하는 것이다. 그리고 상대의 감정도 잘 읽어야 한다. "내가 무슨 말을 할까?"를 생각하지 말고 그냥 잘 듣고 있으면 상대의 감정이 보인다. 상대의 말을 들을 땐 이 사람의 감정이 무엇인지를 찾으면서 듣는다. 상대의 감정을 찾으면 그 감정에 집중해본다. 그러면 상대의 감정이 내게서 느껴질 것이다.

[그림 1] 감정과 욕구와의 관계

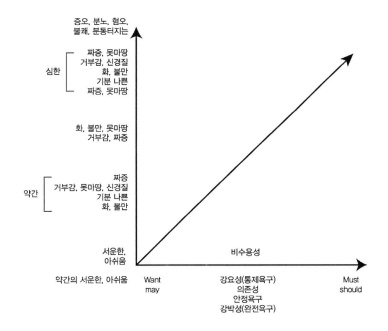

3. 감정표현: 나 – 전달법

사람들은 화를 내고서는 이것이 감정표현이라고 생각한다. 그래서 생기는 부작용 때문에 절대 감정표현하면 안된다고 생각한다. 화가 났을 때는 화를 내지 말고 '화가 났다'고 말해야 한다. 의사소통 1단계는 화를 내지 않고 말하는 것이다. 이는 감정을 참으라는 것은 아니다. 감정을 「나 – 전달법」에 맞춰서 표현해야 한다. '~~~하기 때문에 난 화가 나.' 이런 식으로.

"화가 난다"는 말을 글 읽듯이 말해서는 안되고 감정을 실어서 표현해야 한다. 앞에는 감정의 이유를 설명하고 뒤에는 감정을 말한다. 화를 내지 말고 '~~~ 한 이유로 화가 났다' '네가 나를 무시해서 화가 났어!' 라고 말하는 것이다.

'네가 얼렁뚱땅 일처리를 해서 내가 엄청 화가 나!' 이 말은 '난 강박성이 많은 사람이라서 대충 일하는 것을 보면 화가 많이 나는 사람' 이라는 것을 상대에게 보여주고 나의 이런 감정 상태를 고려해 달라고 말하는 것이다. 이런 말투는 내 감정 상태를 보여주고 내 마음을 참고 하라는 것이지 내 말을 따르라고 강요하는 것이 아니어서 상대방의 기분을 상하게 하지는 않는다.

「나 – 전달법」으로 감정표현을 해도 싫어하는 사람이 있는데, 이런 사람들은 남의 얘기를 전혀 안 듣고, 상대방의 마음을 헤아리지 않으려는 사람이다. 그 사람이 내 말을 듣기 싫어한다고 해서 내 감정을 표현하지 않을 수는 없다. 이런 사람들에게는 감정표현을 더 자주해야 한다. 낙수물이 바위를 뚫듯이 언젠가는 받아들일 것이다. 우리가 감정표현을 하는 것은 상대를 꼭 변화시키려는 건 아니다. 내 마음을 그냥 보여준다는 심정으로 말해야 한다. 감정표현은 나를 방어하는 것이기도 해서 상대가 나를 함부로 대하지 못하게 한다. 기분이 나쁜 것을 말하지 않으면 사람들은 나를 함부로 대하기 때문에 나를 지키고 내 뜻이 확고하다는 것을 보여줘야 한다. 내 말이 공격적이면 상대의 더 강한 공격성을 유발한다. 사람들은 이런 상대의 반격을 두려워해서 감정표현을 못하기도 한다. 그래서 "나 – 전달법"으로 말해야 하는 것이다.

직장 상사와 힘들 때도 감정표현을 전혀 하지 않는다면 직장 생활을 할 수가 없다. 짜증, 분통터짐, 불쾌 등의 강한 부정적인 감정이 올라 올 때 서운하다,

아쉽다, 불편하다, 힘이 든다, 어렵다, 답답하다는 식으로 조금 낮춰서라도 감정을 표현을 해야 한다. 약간의 감정이라도 표현하지 않고는 그 직장생활을 견디기가 너무 어렵다. 그래서 술이나 담배로 회피하게 된다. 요즘은 군대에서도 감정표현을 한다.

명령 또는 강요의 말투로 '똑바로 해!' 이렇게 말한다면 듣는 사람은 자존심이 상하고 기분이 나빠진다. 이런 강요적인 말투를 피하는 방법이 감정을 「나–전달법」으로 표현하는 것이다. '똑바로 해'라고 말하지 않고 '제대로 안 해서 불만이야!' 이렇게 말하는 것이다.

화가 많이 나거나, 감정을 참고 있으면, 화를 내 버린다. 그래서 감정은 쌓아두지 말고 그때 그때 표현해야 한다. 권투에서 잽을 날리듯이 가볍게 툭툭치는 마음으로 감정을 날리는 것이다.

4. 약간의 화는 우리의 목표

마음에 안 드는 상황에서 약간의 화, 약간의 답답함, 약간의 불만 등의 감정이 드는 것이 당연하다. 이런 감정이 주로 드는 사람은 매우 수용적이라고 볼 수 있다. 감정억압을 많이 하는 사람들도 이런 감정들이 주로 느껴지는데 이들이 수용적인 건 아니다.

부정적인 감정의 단계는 약간의 화, 약간의 불만에서 화, 불만, 답답함으로 높아지고, 더 센 감정은 심한 화, 심한 불만, 심한 답답함, 그리고 가장 센 부정적인 감정은 분노, 증오심으로 이어진다. 보통 사람들은 심하지도 않고 약간도 아닌, 중간상태인 불만, 답답, 짜증, 화 등의 감정이 주로 일어난다.

5. 감정의 책임

사람들은 화를 내고서 '네가 나를 무시했기 때문에 난 이렇게 화가 많이 날 수밖에 없어' 라고 말한다. 화나는 책임이 자기를 무시한 상대방에게 모두 있다고 생각한다. 나를 무시하는 사람에게 약간의 화가 나는 것은 당연히 상대방의 책임이다. 그 사람이 나를 무시했기 때문이다.

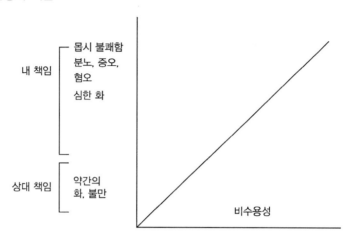

그림 2 감정의 책임

내게 불손한 사람에게 약간 기분이 나쁜 것은 당연한 감정이다. 그러나 몹시 화가 났을 때는 다르다. 우리 체온이 36.5℃인 것처럼 감정의 36.5℃는 약간 화가 나거나 약간 불만스러운 것이다. 그래서 약간 정도의 화만 나야하는데 심하게 화가 났다면 그 부정적인 감정의 책임은 상대가 아니고 내 책임이 더 많다. 나의 비수용성이 크기 때문에 생겨난 감정들이기 때문이다. 무시 받아서 불쾌한 감정이 생겼다면 나의 낮은 자존감에 더 많은 책임이 있는 것이다.

6. 부정적인 감정의 원인

마음에 안 드는 상황에 접했을 때 비수용적일수록 화가 많이 난다. 부정적인 감정을 유발하는 심리요소는 강박성, 강요성, 인정욕구, 의존성의 4가지이다. 편집성은 2차 요소인데 편집적인 성격은 잘못의 책임을 상대에게 전가하기 때문에 화가 더 많이 난다. 그래서 편집적인 사람들은 적대감을 많이 갖는다. 편집적인 사람이 강박성도 심하다면 같이 하는 작업이 잘못되면 1차로 자신의 강박성에 의해 화가 나고 2차로 책임을 상대에게 전가시켜서 2배의 화를 상대에게 쏟아 붓는다.

(1) 강박성

강박성은 상담 장면에서 자주 만나는 특성이다. 실수하지 않고 양심적이고 바르게 똑바로 제대로 해야 된다는 생각이 강할수록 강박적이다. 잘못하거나 실수했을 때 실수한 자기 자신이나 타인에게 강박성이 심할수록 화가 많이 난다. 따라서 대인관계에서 마찰이 심하고 사람을 싫어하며 인간관계를 회피하고 쉽게 단절하기도 한다. 화가 많이 나면 하나의 잘못을 보고도 '항상 저 모양, 저 꼴이다' '넌 절대로 인간이 될 수 없어' 이렇게 단정하고 확대 해석을 하기도 한다. 그래서 시간이 지나면 관계가 끊어져 간다.

강박이 있으면 철저하고 실수하지 않아야 해서 감정이나 욕구를 멀리하고 이성적으로만 행동하려 한다. 그래서 딱딱하고 인간미가 없어진다. 데이트를 오래하지 못하는 사람들은 이런 성격이 많다. 만나는 기간이 길어도 보고 싶다, 사랑한다, 네 생각이 자주 난다, 같이 있고 싶다 등의 감정이나 욕구를 드러내지 않아서 관계가 편하지 않고 건조하고 재미가 없으니 더 이상 가까워지지 않는다.

또한 강박성이 높으면 자존감이 낮아진다. 자기의 기준이 높기 때문에 항상 자신을 비난한다. 자신을 칭찬하지 않고 비난만 하기 때문에 세월이 흘러도 자존감이 높아지지 않고 자기 비하, 열등감 속에서 산다. 남의 눈치를 많이 보며 서운하다, 화난다, 기분 나쁘다 등의 감정을 드러내지 못한다. 직장에서 강박이 높으면 꼼꼼하게 부하직원을 잡는다. 이들은 직장의 일에서는 유능하지만 감정을 드러내지 않으니 대인관계가 딱딱해서 외로워진다. 마음속에 화나 불평, 불만을 안고 있으며 내성적이고 소극적인 성격이 되어 간다.

강박성 측정은 <부록1>을 사용한다. 이 측정에서 20점이면 약간 강박, 50점 이상이면 강박증, 40점 이상이면 매우 강박적, 30점 이상이면 좀 강박적으로 본다.

(2) 강요성

강요성은 내 생각이나 감정, 욕구를 자신이나 타인에게 밀어부치는 것이다. 모든 것을 다 자기 마음대로 하려한다. 내 마음대로 안 되면, 화나고 짜증이 많이 나는 이유가 강요성 때문이다. 강요성도 성격을 급하게 만든다.

강요를 하면 상대를 존중하지 않고 무시하게 된다. 강요받으면 대부분의 사람들은 기분 나빠한다. 내 아들이 3살 때 내가 "네 이놈"이라고 했더니 아들이 내 뺨을 때렸었다. 강요당하면 3살 아이도 기분 나빠한다. 강요성은 가족 간이나, 연인, 부하직원 등에게 주로 나타난다. 조심해야 할 사이는 자기의 감정이나 욕구를 자제하기 때문에 강요성이 드러나지 않는다. 자신감이 없을 땐 강요성을 드러내지 않지만 자신감이 생기거나 친해지면 자기 멋대로 밀어부치면서 강요성이 드러난다. 부부사이 갈등의 70%는 강요성 때문에 생긴다.

예전에 만났던 부부 중에 아내가 여호와의 증인 교회에 다니는데 남편이 교회를 다니지 말라고 주먹으로 머리를 때린 사례가 있었다. 이런 것은 의존적 강요성이다.

연인사이에서는 서로 조심하기 때문에 결혼 전에는 강요성이 드러나진 않는다. 결혼한 후, 서로 자기 말을 안 듣는다고 화를 내며 싸우게 되는데 이 때 의존적인 강요성이 드러난다. 학교에서 폭력을 행사하는 청소년들은 이기적인 강요성이 관계 될 때가 많다. 이들은 부모가 오냐오냐하며 양육했거나, 공격적인 부모의 강요를 받으면서 자라났다.

약하고 자기주장을 잘못하는 사람은 강요적인 이성을 좋아하기도 한다. 믿음직해 보이고 리드해주는 면에서 듬직해 보여서 좋아하게 된다. 그러나 같이 살면 아직 드러나지 않은 2배, 3배의 강요성을 보게 된다.

강요성에는 세 가지 유형이 있다.

강요성의 측정은 <부록2>를 사용한다.

이 측정에서 30점이 넘으면 독재자, 20점이 넘으면 매우 강요적, 10점이면 약간 강요적인 성격이다.

① 강박적인 강요

강박적인 사람은 강박을 강요한다. '똑바로 해라, 제대로 하지 않으면 가만두지 않겠어!'(라고 must로 말한다). 이들의 말투에는 화가 들어 있다. 강박적인 강요는 자신의 강박성 점수에 비례한다. 강박성이 높은 사람은 대부분 화를 내면서 강요하는 말투를 쓰며 지시하고 명령한다. 또한 실수하거나 잘못하면 자신이나 상대에게 심하게 화를 낸다. 잘못한 것, 실수한 것을 보고 화가 많이 나면 "나의 강박적인 강요"가 올라오고 있음을 자각해야 한다.

② 이기적인 강요

성격 구조가 아동기 모형인 <그림 3>처럼 되어 있으면 id의 힘이 자아나 초자아보다 강하기 때문에 욕구 중심적이어서 자신의 욕구를 강요한다. 이러한 성격 유형은 이기적이고 욕구 중심적이고 충동적인데, 욕구가 자아나 초자아에 비해서 클수록 자신의 욕구를 밀어 붙이고 상대가 받아들이지 않으면 화를 낸다.

<그림 4>처럼 초자아, 자아, id가 1:1:1로 균형이 맞춰지면 id의 욕구를 초자아와 자아의 힘으로 제어할 수 있다.

※고등학생의 자기와의 대화:

　자아: '야! 일주일 후 시험이야!'

　id: '그래도 게임 해야 해!'

　초자아: '시험을 앞두고 넌 왜 이렇게 게으르고 무책임하냐?'

이런 식으로 생각과 욕구가 대립할 때, id는 수박만큼 크고 자아와 초자아는 자두만큼 작다면, id가 항상 행동결정을 좌우하고 결국 욕구중심적인 행동을 한다. 자신의 욕구를 받아주지 않으면 욕구좌절로 인해 화를 내고 자신의 욕구를 밀어부치게 된다.

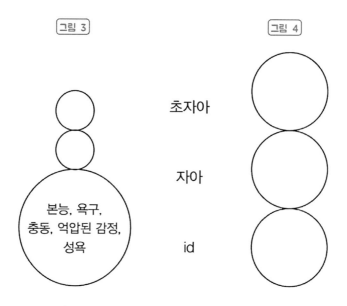

그림 3

그림 4

초자아

자아

id

본능, 욕구,
충동, 억압된 감정,
성욕

③ 의존적인 강요

의존성은 식욕처럼 강렬하다. 누군가에게 의지하지 않고 사는 것은 거의 불가능할 것이다. 사람이 아니면 神에게라도 의지한다. 인간은 연인, 가족, 배우자, 친구 등 누군가에게 의지하고 살아야 한다. 의존성을 한사람에게만 쏟으면 의처증이나 의부증처럼 집착하게 된다. 그래서 의존성은 여러 사람에게 분산시켜야 한다.

사람을 많이 만난다고 사회성이 좋은 것은 아니다. 사회성이 좋은 사람은 속을 다 터놓을 수 있는 친구가 평균 4~5명 정도 되어야 한다. 또한 이들에게는 기분이 상했을 때 '기분 나쁘다, 화난다'고 부정적인 감정표현도 할 수 있어야 한다.

만나는 사람은 많지만 깊은 교류가 되지 않으면 사람들을 만나도 외로워진다. 1~2명만 깊게 사귀면 집착하게 되므로 가족, 직장동료, 친구 4~5명에게 의존성을 분산시켜야 한다. 의존성을 분산시키지 못 하는 것은 대인관계능력이 부족하기 때문이다. 그들은 연인이나 배우자 또는 한두 명의 친구에게 집착하고 자기에게 애정을 보여주지 않으면 몹시 화를 낸다. 의존성이 가장 극렬하게 드러나는 것은 의처증, 의부증이다. 이들도 사람들을 만나긴 하는데 깊은 대인관계가 거의 없다보니 자기 배우자에게 집착한다.

(3) 인정욕구

인정욕구는 자존감이 낮을수록 높아진다. 무시 받거나 이해받지 못할 때 인정욕구에 비례해서 화가 난다. 자존감이 낮을수록 타인의 비난에 예민해져 혹시 나를 비난하지 않나 하고 촉각을 곤두세운다. 낮은 자존감을 보상하는 흔한 유형은 자신의 자랑을 늘어놓는 것이다. 소극적인 방법은 남의 눈치를 보며 말을 조심하고 참는 것이다. 이런 성격을 내성적이라고 한다. 자존감이 낮을수록 내성적이고 남의 눈치를 많이 본다. 가만히 있으면 중간이라도 간다는 말을 충실히 지킨다.

싫거나 화가 났을 때, 감정을 표현하지 않으면 내가 당당하지 못했고 바보 같았다고 자신을 비난하게 되는데, 자기 비난을 자주 할수록 자존감은 더 낮아지게 된다.

이들은 갈등이 생겼을 때 자기주장을 못하기 때문에 갈등을 풀지 못한다. 그래서 관계는 꼬여간다. 부부간에도 삐져서 1−2달 말 없이 살기도 한다. 이렇게 사는 것은 서로간에 피를 말리는 짓이다.

눈치를 보는 사람은 자기개방을 하지 않는다. 개방을 하지 않고 대인관계를 하는 것은 피상적인 관계일 뿐이다. 이런 관계에서는 친구가 될 수 없다. 심리학적 변화의 시작은 자기를 개방함에서 시작된다. 나를 드러내고 반드시 타인의 눈을 통해서 나를 봐야 내가 제대로 보인다. 자기 개방을 통해서 자아를 보고 자아를 비워나가는 과정이 성숙이다.

자기개방은 두 가지 방식이 있다. 첫 번째는 자신의 부정적인 경험을 개방하는 것, 두 번째는 순간순간의 부정적인 감정을 개방 하는 것이다. 사람들은 개방하지 않는 사람을 어려워한다. 그래서 이들은 타인에게 호감을 얻지 못한다.

⑷ 의존성

의존성은 내게 관심을 갖고 잘해 달라고 요구한다. 사람들은 5:5의 의존성과 독립성을 가지고 산다. 비율은 6:4, 3:7 등 개인에 따라 다를 수 있다. 의지하지 않고 살기는 참 어렵다. 그래서 의지하지 않고 살려고 할 필요가 없다. 남에게 의지하고 아니고는 선택의 문제가 아니다. 관계를 잘 못하면 혼자 외롭게 사는 것이다. 만남이나 모임이 너무 많은 것도 의존성이 높은 현상이다. 이는 혼자 있는 것을 잘 견디지 못하기 때문이다.

"가족이나 배우자가 죽으면 어떻게 하나?"하며 매우 불안해하는 사람들이 있다. 이런 사람들은 깊게 교류하는 사람이 가족이나 배우자 밖에 없다. 그래서 혼자 남는 것을 두려워하는 것이다. 의존성이 조직에서 집단으로 나타나면 집착성 의리가 된다. 의존성이 심하면 유치하고 유아적이다. 이들은 의지하려는 대상에게 종속되어 이용당하고 끌려 다닌다. 사람들과의 관계 속에서만 삶의 의미를 찾으면 의존성이 심해진다. 남에게 잘 보이려고 하고 인정받으려고 자기내면을 개방하지 않고 사는 사람들을 타인 지향이라고 한다. 이에 반대되는 삶의 방식을 자기 지향이라고 하는데, 이는 누가 뭐라 하든지 나의 길을 가는 것이다. 타인의 시선이나 인정에 개의치 않고 사랑, 진실 등의 내적인 가치를 추구한다. 내적인 가치 추구의 비중이 크면 애착 대상이 사라져도 크게 흔들리지 않는다.

7. 강박성에 대응하기

① want로 생각하기

강박성이 있으면 '똑바로 해', '실수해서는 안 돼', ' 제대로 해야 해' (must)라는 태도가 강하다. 우리의 성격은 want ↔ must의 선상에 있다. must로 갈수록 자아의 욕구가 강렬해진다. want의 마음은 네가 해주면 좋고 안 해줘도 상관없다는 마음이다. 우리는 배우자나 자식에게도 "~~~ 해라"라고 요구 할 권리가 없다. "~~~ 하면 좋겠어"라고만 말해야 한다. 성숙한 사람은 자기를 통제하려 하며 타인을 통제하려고 하지는 않는다. must는 내가 편하기 위해서, 나를 위해서 타인을 통제하는 것이다. 자기는 변화되지 않고 타인을 변화시켜 자기가 편하고자 하는 것이다.

'~~해야 해'라는 생각을 '~~했으면 좋겠어(want)'로 생각을 바꾸면 마음이 편해진다. 잘못해서 짜증이 날 때, '똑바로 했어야지' '실수를 해서는 안 되는데'라는 생각을 오랫동안 반복한다면 내게 득이 되는 것이 무엇인가? 결과는 짜증과 우울감이 더 커질 뿐이다.

한 두 번 정도 "~~했으면 좋겠어"라고 되뇌이면 아무 효과도 없다. 3분 이상 "~~했으면 좋겠어"라고 되뇌이고 있어야 한다. 그리고 틈나는 대로 길을 걸으면서, 운전하면서 "~~했으면 좋겠어"라고 되뇌이고 다녀야 한다. 그래야 무의식에 뿌리박고 있는 must가 의식으로 올라올 틈을 막아버리게 된다. 그러면서 "~~했으면 좋겠어"의 마음이 내 무의식에 서서히 퍼져나갈 것이다.

② 자기를 긍정하기

강박이 있으면 계속 자기를 비난한다. 자신을 계속 비난하면 우울감만 심해질 뿐이다. 그럼에도 사람들은 이러한 부정적인 생각을 숙명처럼 반복하고 있다.

실수가 있으면 반성과 분석을 하는데 필요한 시간이 20~30분이면 된다. 그런데 그 이후에도 계속 자기비난을 하는 것은 부질없는 일이다. '옛날이나 지금이나 난 항상 되는 게 없어'(지속성) '난 하는 일마다 되는 게 없어'(보편적) '난 멍청해'(내적인 능력)라고 부정적으로 계속 생각하고 있으면 삶의 희망이 보이지 않는다.

위의 부정적인 사고방식을 다음과 같이 긍정적으로 바꾸는 것도 도움이 된다.

요즘 하는 일이 안 되고 있을 뿐이다(일시적)

영업하는 일을 난 잘 못해(특정적)

이번 시험은 정보가 부족했어. 공부시간이 짧았어(외적인 여건)

③ 내일은 좋아질 거야, 나를 사랑해.

긍정적인 사고를 위한 효과적인 방법 중 하나는 "내일은 좋아질 거야, 난 내가 좋아, 나를 사랑해"를 계속 되뇌이는 것이다. 예전에 포항제철 카운슬러로 있다가 그만 두고 광주에 상담소를 열었는데 상담이 한 케이스도 없는 날이 많았다. "괜히 그만 뒀네" 이런 생각도 많이 했었다. 이때 내 방을 천천히 걸으면서 "내일은 좋아질 거야"하고 되뇌였는데 이것이 당시의 걱정을 낮추는데 많은 도움이 되었다. 긍정명상을 할 때는 앉아서 하는 것보다는 걸으면서 하는 것도 좋다. 왼발 오른발에 맞춰서 "내일은 좋아질거야"(왼발), "내일은 좋아질거야"(오른발) 또는 "내일은 좋아져! 좋아진다고. 아! 진짜로 좋아진다고" 이렇게 되뇌이는 것이다.

④ 실패에 대한 두려움

실수하지 않고 완벽하려고 기를 쓰는 이유는, 실수나 실패에 대한 두려움 때문이다. 이들은 실수나 실패를 수용하지 못해 견디기 어려워한다. 또 '난 이 실패를 딛고 다시 일어설 것이다'는 자신감도 없다. '이제 끝나는 게 아닌가' 하는 두려움이 많을수록 실패에 대한 두려움이 커지고 강박성은 더 높아진다.

 그림 5 강박의 구조

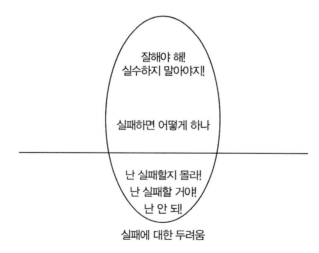

실패에 대한 두려움을 극복하는 1차적인 방법은 부정적인 삶의 태도를 긍정적인 태도로 바꾸는 것이다. 부정적인 삶의 태도는 대부분 부모로부터 물려받거나 잘못 학습된 것들이다. 삶의 새로운 버전으로 업데이트가 필요하다.

'실패하면 어떻게 하나' 이 생각을 계속 들고 있으면 불안이 커져갈 뿐이다. **'난 잘 할 수 있어! 잘 하고 있어!' '내일은 더 좋아 질 거야'** 라고 긍정적인 생각에 집중해 있으면 부정적인 생각이 마음속에 확산되는 것을 막을 수 있다. 또한 긍정적인 태도도 커져간다.

일이 잘못 되었을 때만 긍정적인 생각을 해보는 것으로는 실패에 대한 두려움이 사라지지 않는다. 긍정적인 생각을 일상생활 속에서 염불하듯이 마음속에 들고 다녀야 한다. 길을 걷거나 운전을 할 때, 지하철이나 버스로 이동 할 때, 잡생각을 하지 말고 '내일은 좋아 질 거야!'를 되뇌어야 생각이 긍정적으로 바뀐다.

⑤ 강박성이 높으면 자기 자신도 싫고, 다른 사람들에게도 화가 많이 난다. 완벽주의자는 감정이나 욕구보다는 이성을 중요시 한다. 그래서 부정적인 감정이나 욕구를 드러내지 않고 이성적으로 행동한다.

지극히 이성적이라는 건 감정이 없다는 것이 아니라 감정을 억압하는 것이다. 감정억압은 무의식적으로 이루어져 본인은 억압하고 있는 줄도 모른다. 이성만을 중요시하고 감정을 억압하면 말라비틀어진 나무처럼 찌들어간다. 억압이 풀어지면 마른나무에 물이 올라오는 것처럼 감정이 느껴진다.

행동 선택을 할 때, 이성을 따를 건지 감정에 따를 건지 선택하기 어려울 때가 있다. 지금까지 상담경험을 통해서 보면 이성과 감정의 비율이 1:1로 사는 게 잘 사는 것 같다. 여기서의 감정은 욕구나 충동도 포함된 것이다. 욕구를 너무 절제하고 살면 단정하게 살겠지만 삶이 재미가 없고 의욕도 없어진다. 욕구 충족을 통해 우리는 삶의 활력을 얻는다.

⑥ 내가 신이냐!

강박을 낮추기 위해서는 초자아를 작게 만들어야 한다. 神이 되라고 요구하는 초자아를 향해서 '내가 신이냐!'고 초자아에 부딪히면서 초자아를 깨보는 것이다. 이 방법은 개인상담이나 집단상담 장면에서 내담자가 자아역할, 상담자나 집단원이 초자아 역할을 하면서 역할극을 하는 것도 좋다.

상담자(초자아)가 계속 집단원(내담자 자아, id)에게 '똑바로 하라고!' 소리치고, 집단원(내담자)이 "내가 신이냐고!"라고 반박하면서 실패를 수용하게 한다. 집단에서는 집단원들이 초자아 역할을 하게 한다.

> ex) 상(초자아) : 야! 똑바로 해.
>
> 집단원(자아, id) : 내가 신이냐?
>
> 초자아 : 이것도 일이라고 했어?
>
> 집단원(자아, id) : 아! 내가 신이냐고!
>
> 초자아 : 그렇게 하려면 그만 둬.
>
> 집단원(자아, id) : 내가 신이냐고! 아! 내가 신이냐고!

8. 강요성에 대응하기

강요성은 자기의 감정, 욕구, 충동에 사로잡힐수록 강해진다. 자신의 욕구를 관철시키려고 할수록 제안→권유→강요→명령으로 태도가 점점 강해진다. 상대방이 설명을 하고 있으면 '듣기 싫어', '집어치워', '닥쳐'라고 한다. 이들은 상대방의 말을 듣지 않는다. 상대방이 말을 하면 듣지 않고 자기 할 말만 생각한다. 이견이 생기면 상대가 자기 말을 안 받아들인다고 답답해하고 신경질을 낸다.

강요적인 사람은 강요받는 것을 엄청 싫어한다. 이들은 '왜 내게 밀어 부치냐?' '밀어 부쳐서는 안 된다'는 생각을 상대에게 강요하면서 화가 많이 나게 된다.

① 전체를 보기

옛날 중세시대에 어느 도둑이 수행자를 찾아 가서, 평생 도둑질만 하고 살아서 이제 참회하고 수행을 하고 싶다고 말했다. 수행자는 내 제자가 되려면 '항상 전체를 봐라'고 했다. 도둑이 수행처에서 보낸 지 한 달이 지났지만 배운 것도 없이 나무하고, 쌀 얻으러 가고, 청소 하는 등의 허드렛일이나 하다 보니 따분해져서 술이나 한 잔 하려고 멀리 있는 동네의 큰 집을 털러 갔다. 동전 몇 냥을 훔쳐 나오는데 스승이 했던 말이 생각났다. "전체를 봐라". 여기에서 전체를 본다는 것이 무슨 말인가?

전체를 본다는 말이 그 집 전체를 잘 뒤져서 돈이 될 것을 다 찾아보라고 생각했다면 그 사람은 앞으로 큰 도둑이 될 것이다. 그러나 전체를 본다는 것은 돈에 대한 나의 욕구만을 보는 것이 아니고, 돈을 잃어버린 사람의 화나는 마음도 같이 보는 것이다.

내가 화났을 때는 항상 나의 입장, 나의 감정, 욕구에 사로 잡혀 있다. 이때 내 말을 받아들이라는 자기의 욕구를 밀어부치면서 강요가 올라온다.

얘기하면서 답답할 때는 상대의 입장이나 감정을 헤아려 보는 것이 전체를 보는 시작이다.

말을 하면서 내 말만 계속 하지 말고 중간 중간 '내 말을 듣고 너의 감정이 어때? 내 말에 무슨 생각이 들었어?'라고 물어보면서 상대의 감정이나 생각을 확인하면 강요를 줄이는데 도움이 된다.

상대의 말이 답답할 때는 내 주장을 미루고 상대편 얘기에 재진술이나 바꿔 말하기를 해본다. "지금 네가 한 말은 ~~~ 뜻이지" "네 말은 ~~~뜻이구나"

② 그냥 바라보기(주시)

"똑바로 해! 제대로 하란 말이야! 생각을 잘해야지! 바르게 살아야지!"

사람들은 이렇게 요구하는 것들이 많다. 날씨가 더우면 왜 덥나? "비가 왜 많이 오나?" 이렇게 자연에게까지 요구를 한다. 간섭을 많이 하는 사람에게 나를 바꾸려 하지 말고 있는 그대로 봐주라는 말을 많이 한다. 있는 그대로 보는 것이 힘들긴 하다.

있는 그대로 보는 자세가 가장 성숙한 사람의 모습이기 때문이다. 있는 그대로 보기 위해서 먼저 타인을 바꾸려 하지 말고 '나나 바꾸자'고 마음먹어야 한다. 이에 도달하기 위해서 상대의 마음을 판단하지 말고 마음의 흐름을 읽어본다. 사람의 마음은 ○, □, △, × 등의 형태로 되어 있다. '저 사람의 마음상태가 △로 되어 있으니, 지금 하는 말이 가시 돋게 삐딱하게 △로 표현하는구나!'라고 생각 하는 것이다. '저 사람의 마음은 ×로 되어 있으니 모든 것을 다 부정 하는구나!'라고 생각한다.

내가 저 사람의 △, × 마음을 ○로 만들어 보겠다는 생각은 말아야 한다.

'저 사람은 마음 상태가 △이기 때문에 잘못한 것만 보이고 짜증이 잘 나겠구나!' '저 사람은 마음 상태가 × 이다 보니 모든 것이 다 마음에 안 들고 다 부정을 하겠구나!'라고 생각하는 내 욕구를 끼워넣지 않고 **그냥 바라보는 마음**을 갖는 것이다.

사람들은 자기가 표현하기 위해서 가까이에 있는 사람들을 변화시키려 한다. 이는 나 자신이 맞고 정당하다고 생각하기 때문이기도 하다. 사람들은 자신의 문제를 보지 않으려하고, 부정적인 피드백은 받아들이지 않고 방어한다. 다들 자신이 옳고 잘났다고 생각하고 산다. 그래서 자신이 옳다고 밀어붙이고 나와 생각이 다른 상대를 바꾸려 한다. 우리는 내 입장이 틀릴 수도 있다고 생각해야 한다.

구름을 볼 때, 땅에서 보면 구름이고, 구름 속에서 보면 안개이며, 구름 위에서 보면 솜털처럼 보인다. 세상을 보는 관점은 정말 다양하다. 그래서 내 생각이 틀릴 수 있다고 생각하면서 말해야 한다. 사람들은 자신이 틀린 것을 알아도 자신을 고치는 것은 자존심 상하고 귀찮으니까 덮어버리려 한다.

성숙한 사람은 자기 통제를 하고 미성숙할수록 외부 통제를 하려한다. 내 말을 따르라 하고 명령하기도 한다. 자기 통제의 핵심은 마음에 안 드는 상대의 모습을 보고 부정적인 감정이 덜 생기게 하는 것이다. 꼴 보기 싫고 화나고, 못마땅한 마음이 가능한 덜 생기도록 하는 것이다.

예전에 내 아버님이 KBS에 계시다가 전두환 대통령이 되면서 언론인들 300명을 해고시킬 때 해고를 당하셨다. 퇴직금은 삼촌 장사하는데 빌려주고 받지도 못하셨다. 자식이 7남매인데 많이 불안하셨는지 길에서 헌 라디오나 TV를 주어서 집 옥상에 잔뜩 쌓아 두시니 어머니가 장독에 가기가 불편하셨다. 내가 이런 것 좀 치우시라고 말씀드리고 서울가면 어머니 머리를 쥐어 박으셨다. 헌 고물을 거실에도 쌓아 두셔서 아버지와 형제들의 싸움도 자주 발생했었다. 아버지가 동생에게 낫을 들기도 하였다. 내가 서울에 있으면서 이걸 생각하면 화가 치밀고 "저 영감탱이는 죽지도 않나?" 이런 생각이 자주 들었었다. 그러다 어느 날 퍼뜩 이런 생각이 떠올랐다. "아버지가 살고 싶어 하는 방식으로 살다 가시게 도와드리자" 이 생각이 들면서 나의 강렬한 강요성이 조금은 줄어들 수 있었다.

③ 마음의 흐름에 공감하기

상대편 마음의 흐름을 무념으로 들여다보면, 그의 마음에 흐르는 감정이 내게 느껴진다. 감정의 흐름을 읽으려 노력하면 판단, 평가 과정이 보류된다. 그러면 상대의 마음을 읽을 여유가 생길 수 있다.

공감은 상대의 감정의 흐름을 보고, 그 흐름 속에 있는 상대의 감정을 느껴보는 것이다. 상대의 감정을 내가 느껴보려고 하는 것이 아니다. 공감은 내 마음이 비어 있으면 상대의 감정이 내 빈 가슴에 스며들어올 때 이루어진다.

내가 세상을 보고, 타인을 보고, 나 자신을 볼 때 있는 그대로를 보는 것이 아니고 참조체제를 통해서 보게 된다. 참조체제가 맑고 투명해야 하는데 참조체제 속에는 나의 경험, 감정, 방어기제 등이 쌓여 있다. 이것을 자아라고 한다. 이들은 대부분 무의식 속에서 작용하기 때문에 자신도 모르게 이 참조체제를 통해서 세상을 본다.

수행을 한다, 마음을 비운다 하는 것은 참조체제를 맑고 투명하게 비우는 과정이다.

그림 6

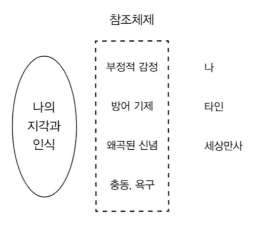

01. 집단상담의 목표 _ 21

<그림 6>에서처럼 참조체제에 있는 방어기제나 쌓여 있는 부정적인 감정이나 충동, 잘못된 지식이나 신념 때문에 나와 타인, 세상을 객관적으로 보기 어려우므로 타인이나 집단원들의 피드백을 통해서 나의 자아를 봐야 한다. 여러 명의 공통된 피드백은 강력한 힘이 되어 집단원의 방어를 허물 수 있다. 대체로 4~5명의 집단원들이 공통되게 하는 피드백은 맞다고 봐야 한다. 집단상담이 명상이나 참선보다 탁월한 점은 집단원의 피드백을 통해서 자아를 본다는 점이다. 상담오기 전에 많은 사람들이 심리서적을 읽고 오는데 이런 책들이 별로 도움이 되지는 않는다. 오히려 아는 체하니 상담에 방해가 되기도 한다. 심리적 문제는 왜곡된 자아에 있다. 먼저 왜곡된 자아를 보면 책이 도움이 될 수도 있다. 책은 왜곡된 자아를 보게 할 수 없다. 집단원의 피드백이 자아를 보는 가장 효과적인 도구이다.

9. 인정욕구에 대응하기

사람들은 자기감정을 솔직히 드러내는 것을 정말 어려워한다. 타인의 눈치를 보고 체면 지키는 것을 생명처럼 중요시 한다. 무시 받거나 욕을 먹었을 때, 이런 상황에서 인정욕구가 강할수록 화가 많이 난다. 인정욕구는 자존감에 반비례한다. 인지치료 이론에서는 "인정받아야 한다"는 신념을 바꿔야 한다는데 이런 신념만 고쳐서 바꿔지는 문제는 아니다. 든든한 자존감이 있어야만 인정욕구가 낮아진다.

필자는 잡단상담 중에 주로 자신의 인간성 점수를 질문해서 자존감을 확인하는데 '자기 자신의 속을 다 드러내면 남들이 나를 몇 점으로 볼 것 같은가?'(100점 만점으로 볼 때)를 질문해서 자존감을 파악한다. 어떤 집단원은 95점, 98점이라고 하는데 90점 이상이라고 대답하는 사람들이 문제가 더 많았다. 이렇게 주장하는 사람들은 자기 성찰이 낮은 사람들이다.

몇 년 전, 필자가 진행하는 1박2일 집단상담에서 젊은 집단원이 자신은 80점이라고 대답했었는데 이 집단원은 리더가 묻는 말에만 대답하고 집단이 10시간이 지났는데도 거의 참여하지 않고 있었다. 집단을 진행하면서 이 집단원이 대인관계에서 어떻게 자기 개방을 하는지를 다루었는데 결국 자신의 점수가 40점이라고 낮추었다. 80점은 자신의 이상 점수임을 인정했다. 자존감은 자기 수용과 타인의 수용, 자기개방, 감정표현에 의해서 높아진다.

① 자기수용

자기수용은 자신을 사랑하는 것인데, 자신의 단점도 수용해야 자기수용이다. 나의 단점이나 문제점을 집어던져 버리고 싶지만 그게 내 뜻대로 되지 않는다. 어떤 사람들은 뇌를 씻어버리고 싶다고도 한다. 내게 문제가 많이 있지만 이 문제를 감수하고 살자, 내가 지금까지 무엇을 성취했는지가 중요한 것이 아니다. 지금 내가 어떤 태도로 사는 지가 중요하다. 과거나 미래보다 지금 현재에 집중하는 것이다. 잘못이나 나의 부족함을 받아들이고, 지금이라도 최선을 다하는 자세가 자기수용이다.

필자가 예전에 덕유산에 혼자 등산을 갔었다. 비오는 북덕유에서 남덕유로 1박2일 종주하면서, 무거웠던 배낭이 조금씩 가벼워 질 때 느낀 점이 내 삶의 짐들도 살다보면 짊어진 배낭처럼 가벼워진다는 것이다. 내 문제나 단점을 버리려고만 하지 말고 짊어지고 가는 것이다. 눈에 보이는 현상이나 성취만 보면 자기수용이 어렵다. 남들에 비해 내가 이렇게 뒤쳐져 있는데 이 모습이 어떻게 수용이 되겠는가? 과정에 집중하면 내가 일을 처리하는 방식이나 능력이 성장하면서, 만남 자체에서 기쁨이 커짐을 느끼게 된다.

어떤 사람들은 자신의 단점이나 문제가 뭔지를 알지 못한다. 그래서 그들은 자기를 수용할 것도 없다. 그의 생각에 자신은 다 옳고 잘난 놈이다. 그러나 이렇게 방어기제로 덮여진 문제들로 인해서 타인과 계속 마찰이 생기고, 타인으로부터 비난 받고, 존중받지 못한다. 그래서는 자존감이 높아질 수 없고 외로워질 뿐이다. 과거의 상처나 잘못은 마음속에서 다 지워지지는 않는다. 시간이 지날수록 많이 풀어지기는 하겠지만 어느 정도는 남아 있다. 현재를 즐겁게 살면 이 과거의 상처는 드러나지 않는다. 밤에 촛불을 보면 촛불이 환하고 밝게 보인다. 그러나 낮에 보는 촛불은 불이 아니다. 지금 내가 힘들고 우울할 때 과거의 상처를 보면 과거와 현재가 서로 겹쳐지면서 더 힘들어진다. 그러나 지금 내가 잘 살면 과거의 문제는 낮에 보는 촛불처럼 희미하게 보일 뿐이다. 과거를 지울려고 애쓰는 과거형이 되지 말고 현재에 집중하고 충실하면 현재가 행복해지고, 그러면 과거의 아픔은 수용되고 사라져 갈 것이다.

내성적인 성격을 착하다고 하는데 이는 사실이 아니다. 사람들은 말이 없는 사람을 좋아하지 않는다. 속을 알 수 없으므로 조심하고 경계한다. 술자리나 대화 시에 반응을 잘 하지 않아서 서로 간에 공감대가 형성되지도 않는다. 친밀감이 들지 않고, 믿을 수 있다는 마음이 생기지 않아 타인으로부터 호감을 얻기 어렵다.

타인으로부터 수용되려면 자기를 개방해야 한다. 자기개방은 자신의 부정적인 경험을 개방하는 것과 상대의 말에 대한 자신의 느낌을 표현하는 두 가지가 있다. 말하지 않고 듣고만 있거나, 기분이 상해도 괜찮다며 감정을 드러내지 않으면 이런 사람을 성격이 나쁘다고는 생각하지는 않는다. 그러나 대부분의 사람들은 이런 사람의 속을 알 수 없다고 생각해 거리감이 생긴다. 이러한 사람과는 이야기를 나누고 싶거나 술 한 잔 같이 하면서 내 얘기를 터놓고 싶다는 생각이 들지 않을 것이다.

자기를 개방하면 내가 염려하는 것만큼, 사람들은 나를 비난하지 않는다는 것도 알게 되고, 내가 수용됨을 보기도 한다. 사람들은 속을 터놓는 사람을 좋아한다. 문제가 많다고 그 사람을 비난하지 않는다. 문제가 많지만 자신의 문제를 인정하고 피드백을 받아들이고 이제라도 자기문제를 고치려고 하는 진지한 사람을 좋아한다. 상담자로 살면서 느낀 것 중 하나는 사람이 얼마나 많은 문제를 가지고 있느냐는 중요하지 않다는 점이다. 정말 중요한 건 문제가 많고 적고가 아니고 자기문제에 얼마나 진지하게 대응하며 사느냐가 중요하다는 것이다. 집단원들의 부정적인 피드백을 받아들일 때는 참담하기도 하고 자신이 무너지는 느낌이 들기도 한다.

자신이 60점인 것을 안다고 해서 자기수용이 된 것은 아니다. 내가 60점이라고 솔직히 드러내고 나를 60점으로 보는 타인의 시선을 감수해야 자기수용이 된 것이다. 내가 60점이면 60점의 대우를 받아야 한다. 자신이 60점인 것을 감추고 80점의 대접을 받는다면 양심을 속이는 것이다. 자기수용은 내가 60점일 때 60점임을 드러내고 60점의 대우를 감수하는 것이다.

② 타인의 수용

내가 나 자신을 완전히 수용한다면 내 자존감은 50점이고, 타인으로부터 내가 완전히 수용된다면 50점이 더 해져서 내 자존감은 100점이 된다. 타인에게 수용되려면 자기를 개방해야 한다. 그런데 자기를 개방하는 것은 몹시 두려운 일이다.

성숙하기 위해서는 자아를 보고 자아를 비워야 하는데 집단원의 피드백처럼 자아를 냉철하게 보게 해주는 것이 없다. 이 세상을 아직 살만하다고 느끼는 이유는 사람들이 자기를 개방했을 때 비난하기보다는 수용해주는 사람이 많기 때문이기도 하다.

③ 자기개방

자기개방은 성숙의 시작이다. 성장하려면 자기의 자아를 봐야 한다. 내가 나 자신을 객관적으로 보는 것은 불가능하다. 나의 참조체제 속 무의식에 있는 방어기제는 끝없이 나를 옹호하려고 하기 때문이다.

개방에 대한 두려움이 있을 때, 이를 이겨내는 방법으로 '역설지향'의 태도를 갖는 것이 도움이 된다. '내가 얼마나 못난 사람인가를 보여주자!', '내가 얼마나 성질이 더러운가를 보여주자!', '내가 50점이라는 것을 증명하겠다!', 이런 역설적인 태도는 개방에 대한 두려움을 많이 줄여준다. 그리고 다음과 같이 긍정적인 마음도 필요하다. '지금은 내가 50점이지만 그래도 난 지금 솔직하게 개방하고 진지하게 살아! 그래서 난 변화되고 있어!'

④ 감정표현

부정적인 감정을 표현하는 것은 자존감을 높이는데 중요한 역할을 한다. 자존감이 낮으면 부정적인 감정을 표현하지 못한다. 자신을 비난하지 않을까? 사이가 멀어지지 않을까? 를 두려워하기 때문이다.

타인으로부터 무시당했는데, 기분 나쁘다고 표현하지 못한다면 내가 바보 같다는 느낌이 들고 내 자존감은 −1점이 된다.

기분 나쁘다, 화난다는 표현을 하지 않을 때마다 내 자존감은 1점씩 줄어든다. 그러나 '나를 무시해서 기분 나쁘다'고 표현한다면 '아! 내가 당당했구나!' 이런 마음이 들면서 내 자존감은 1점씩 올라가게 된다.

자존감을 높이는 가장 효과적인 방법은 그때그때 내 감정을 표현하는 것이다. 감정표현은 '나−전달법'으로 해야 한다. 그렇지 않으면 부딪쳐서 역효과를 보게 된다.

집단상담 과정에서는 집단원의 얘기에 대해 감정을 표현하면서 참여하게 된다. 그래서 감정표현을 계속 연습하게 되고, 감정표현으로 불편해지면 이를 해결하면서 감정표현이 관계를 악화시키지 않는다는 것을 경험하게 된다. 감정표현으로 관계가 나빠졌다고 하는 경우는 대부분 '나−전달법'으로 말하지 않고 신경질적이고 공격적으로 말하는 경우이다.

10. 의존성에 대응하기

배우자, 가족, 연인사이는 강한 의존성으로 연결되어 있다. 의존성이 없는 사람은 없다. 성장과정에서 애정결핍이나 애정과잉을 겪으면서 의존성이 더 강해지기도 한다.

의존성은 줄이려고 하기 보다는 여러 사람에게 분산시키는 것이 좋다. 한 두 사람에게 의존성을 집중하면 집착이 생기는데, 이는 분리에 대한 두려움 때문이다. 의처증이나 의부증은 의존성을 배우자 한 사람에게 집중한 것이다. 이들은 의존성의 100%를 배우자에게 쏟고 친구들은 잘 만나지 않고, 만나더라도 터놓고 개인적인 얘기는 하지 않고, 정치나 사회적인 얘기만 한다. 이러한 만남은 외로움을 줄이는데 도움이 되지 않는다.

소수의 사람에게 집착하는 사람들은 사회성이 부족하다. 대인관계 능력이 부족한 것이다.

의존성이 강하면 자기가 좋아하는 사람에게 너무 잘해준다. 힘들고 손해를 보면서도 계속 잘해준다. 우유부단하고 맺고 끊고를 못하며 많이 이용당하기도 한다. 그리고 자기가 좋아하는 사람이 다른 사람에게 관심을 가지면 엄청 분노한다. 의존적이면서 감정표현도 못하면 "봉"이라고 한다. 이들은 남 좋은 일만 하고 자기를 챙기지 못한다. 이들이 남에게 잘해주는 것은 마음이 따뜻해서가 아니고 의존적이어서, 남의 싫은 소리 듣는 것을 어려워해서, 거절하고 나서 불편해지는 것을 못 견디기 때문이다. 이것은 타인에 대한 사랑이 아니고 나를 위한 이기적인 행동이다. 의존적인 사람은 거절을 잘 못하기 때문에 거절하는 것을 배워야한다. 거절하고 나서 불편하고 서먹한 상태를 견디는 것을 행동 목표로 해야 한다. 부정적인 감정을 표현할 때도 조금씩 관계가 불편하고 서먹해진다. 이런 사소한 분리 경험을 통해서 분리에 대한 두려움이 줄어든다.

11. 부정적인 감정에서 벗어나기

행복해지려면 부정적인 감정의 정도가 낮아지고 부정적인 감정에서 빨리 벗어나야한다. 부정적인 감정을 벗어나기 위해서는 그때그때 감정을 표현해야한다. 몇 일이 지나서 카톡으로라도 표현해야 한다. 사람들은 작은 부정적인 감정을 표현하면 쩨쩨하다고 생각한다. 사소한 일에 누구나 조금씩 서운하고 속상한 느낌이 든다. 친구가 1만 원을 빌려가서 안 주면 누구나 다 속상하거나 서운한 느낌이 들기 마련이다. 이런 느낌을 표현하는 것은 쩨쩨한 것이 아니라 솔직한 것이다.

감정이 풀어지지 않으면 욕구를 생각하지 말고 감정에 집중하는 방법도 있다.

부정적인 감정은 욕구가 좌절되면서 생겨난다. 누군가가 나를 무시했을 때, '자식이 나를 무시해?'하고 이 생각을 계속하면 샘에서 물이 나오듯이 분노가 계속 올라온다. 이때 욕구에 대한 생각에서 벗어나야 한다. '분노 – 분노 – 분노 – – – – –' 이렇게 그때 생겨난 감정에 집중해 있으면 욕구가 마음속에 비집고 들어올 틈이 없어지게 된다. 그래서 화나는 것이 줄어들게 된다.

그림 7

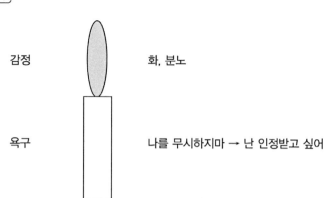

감정   화, 분노

욕구   나를 무시하지마 → 난 인정받고 싶어

II
집단상담사례

자기소개

이 집단은 2016년 10월 1일~3일까지 총 26시간 이었고, 참가자들은 10명의 지원자들로 구성되었으며 무료집단이었다. 전북 순창의 펜션에서 반말로 진행했다.

우선 시작하기 전에 반말로 집단을 하는 이유를 설명하였다. 나이나 신분을 떠나서 격의 없이 말하자는 것이 반말 집단의 취지이다. 이 집단에 참여할 때는 계속 감정표현을 하면서 참여해야 하는데, 반말은 감정표현을 편하고 쉽게 할 수 있게 해준다. 15년 정도 반말집단을 했는데 대부분의 참가자들이 편하게 참가했고 속마음을 드러내기가 쉬워서 좋았다고 평가했다. 다른 집단원이 반말하는 것을 들으면서 집단에 대한 긴장감이 줄어들고, 반말하지 않고 경어를 쓰면서 실수하는 것이 웃음을 유발하기도 해서 집단원간의 분위기를 편하게 해주었다. 반말 집단은 집단에서 반말게임을 같이 하는 것인데, 처음에 불편해하는 집단원은 1~2시간 지나면 대부분 반말에 익숙해졌었다. 자존감이 낮고 자기주장을 잘 못하는 집단원들의 경우 반말로 참여하는 것에 어려움을 겪었다. 집단에서 반말을 하면 억압이 풀어져 자기 내면의 모습이 잘 드러난다.

참여자들 중에는 멀리서 온 사람들도 있어서 차 한 잔 마시고 시작했는데, 먼저 참여 규칙을 설명했다.

※ 참여규칙

1. 휴대폰 울리면 노래 부른다. 진동은 노래와 춤을 춘다.
2. 반말 하지 않으면 벌금 1,000원을 낸다.
3. 1시간 반 진행하고 20분 휴식, 식사시간은 1시간 15분.
4. 힘들거나 불편했던 경험과 당시의 감정을 개방하고, 집단원의 얘기나 태도에 대한 자신의 감정을 표현한다.
5. 집단리더와 집단원 4-5명이 같이한 피드백을 받아들이지 않는 건 방어하는 것이다.

※ 집단원 소개

1. 보들이 → 3초(바뀐 별칭) 43세, 직장인
2. 구들장 → 44세, 상담사
3. 쨈 → 39세, 상담사
4. 들꽃 → 58세, 주부
5. 육회 → 단계(바뀐 별칭) 40세, 상담사
6. 실천 → 55세, 교사
7. 티나 → 45세, 군인
8. 사랑 → 47세, 상담사
9. 소망 → 52세, 상담대학원
10. yes → 52세, 상담사
11. 定 → 진행자(리더)

보들이1: 나? 마흔 셋.

쨈1: 내가 마흔 셋인데.

구들장1: 나는 닉네임이 원래 루시인데. 구들장이 마음에 들어 가꼬. 쓰고 보니까 구들장처럼 따뜻함 이런 거에 대해 좀 지향하고 사는 거 같아. 마흔 넷인 건 안 밝히려다 밝혀버렸네! 우리 아들은 대전에 살고, 대전에서 고등학교 다녀. 그리고 딸하고 시어머니 하고 편하고 같이 살고. 이 직장에 올해 3월 달에 들어왔어. 쨈이 이 집단상담에 가자고 해서 얼른 신청하고 왔어.

쨈2: 나는 쨈인데, 요즘 사는 게 재미가 없다고 많이 느끼거든. 왜 이렇게 사는 게 재미가 없지? 그걸 좀 알고 싶어서 집단에 오게 됐어. 왜 이렇게 재미가 없을까 이런 생각이 자주 들어서, 재미라고 그냥 쓰면 재미가 없잖아, 그래서 또 쨈으로....그랬어... 응...

(다들 웃음 하하하하하)

들꽃1: 58세고, 옛날 집단에서는 이름이 달이었어. 이번에는 지금 철이 가을이기도 하고 나도 꽃 한번 해보자 해서 들꽃이라고 그랬어.

육회1: 난 애는 없고 결혼이 삼년차인데, 애 낳으려고 최근 일 년 동안 노력을 꽤 했는데 애가 안 생겼어. 임신이 안 되는 세 가지 남자들 문제가 있대. 하나는 정자 형태, 근데 나는 정자 형태는 정상이고, 정자 양 그것도 정상이고, 다만 정자의 운동성이 지금 40이 기준인데 37이라는 거야. 3%모자란다는 거지.

실천1: 나는 이름 정할 때 쫌 고민했어. 내가 좀 잘 안 되는 부분을 생각하니까 집중도 안 되고, 또 내가 생각이 좀 많아. 생각이 좀 많은데 근데 실천을 잘못해. 그래서 이번엔 실천으로 이름을 지어놓으면 잘할 수 있을까 하는 생각에서 별칭을 바꿔 봤고, 나는 아들만 셋인데 큰아들이 임용고시 준비를 하느라 지금 집에 있어. 스무 살 이후로는 타 지역에서 대학교 다니고, 이번에 같이 지내고 있는데, 이번이 애하고 살 수 있는 마지막 기회이기도 하면서 정말 앞으로 아들하고 같이 살 수 없겠구나를 깨달은 거야. 최근에 뒤차가 내 차를 받아 버려가지고 운전에 대한 두려움이 생겼어. 이 주일간 병원에서 있다가 지금 통원 치료 하고 다음 주부터 학교를 나가.

티나1: 아이디가 짱나인데 비슷하게 티나로 했어. 군 생활 22년 하면서 교관생활을 한 4년 정도 했어. 그게 적성에 맞는 거 같더라고. 그래서 제대하고 난 다음에 항공 학원 쪽으로 가볼까 그런 생각도 하고, 앞으로 어떻게 살아야할지, 그게 걱정이 좀 많아. 오케이, 질문 없으면 패스~

사랑1: 나는 닉네임이 사랑이고, 사랑이라고 한 거는 좀 식상 할 수도 있는데 이제 범우주적인 사랑도 있지만 가장 기본적으로 먼저 내 자신을 사랑하자는 의미에서 이렇게 지었어. 나이는 마흔일곱.

소망1: 그냥 소망으로 지어봤고 나이는 오십 둘. 대학원 다니고 있고 상담공부 하고 있어.

yes1: 나는 그냥 예스이고, 일은 상담센터에서 일하고 있고, 나도 나이 얘기하기 진짜 싫은데 52세. 딸 둘이고, 딸들 좀 떨어져 지내가지고 내 삶에 불편함을 주는 것은 별로 없어. 돌싱이고 혼자 가볍게 지내.

정1: 이런 자리에서 만나게 돼서 너무 반가워. 시간 내줘서 너무 고맙기도 하고, 나는 아침부터 너무 긴장 됐어 오면서... 맨날 하던 집단인데 오늘은 좀 잘해야 되지 않을까? 이런 생각이 상당히 많이 들더라고 그래서 긴장이 됐는데 도착 후 자기소개하기 전까지 뻘 소리 잡담하는 시간 한시간정도 가져서 긴장이 많이 풀어 졌어. 뻘 소리하는 시간을 가진 게 아마 나를 위해서 했던 거 같아.

티나2: 나는 요즘 우울에 좀 빠지기 시작했고, 이박삼일 집단은 처음 해보거든. 매주하는 *화요반 집단은 좀 오래 됐는데, 잘 해야 된다는 생각을 많이 하고 살아. 뭐든지 잘해야 한다. 직업상 그런 것도 있고. 그런 걸 많이 고치고 싶어. 지금은 우울 하고 기대도 되고 설레고.

들꽃2: 남들이 내게 되게 솔직하게 말한다고 그래. 그런데 감정을 표현해야 할 때 내가 감정표현을 못해. 그래서 이 집단 참석할 수 있겠냐고 물어왔을 때, 어휴~ 해본지도 오래됐고, 그 때도 잘 못했는데 내가 잘할 수 있을까? 걱정이 됐고, 정이 보낸 카톡에서 '내가 감정이 뭐냐 물어보지 않게 감정표현 잘 해라'고 카톡이 딱 떴는데, 또 한 번 걱정이 되더라고. 에이, 그냥 지금까지 안했으니까 못하겠지 뭐 그냥 가서 놀다오자 그러고 왔어. 그리고 뭐 긴장되거나 그러진 않고, 어떻게 되는가 보자 하고 있어.

※ **화요반:** 광주심리상담센터에서 매주 화요일 저녁 7시부터 9시반까지 진행하는 집단 상담 프로그램.

보들이

정1: 자 이제 본 마당을 시작할까?

보들이1: 내가 먼저 말 할게요!

쨈1: 반말 걸렸다~

보들이2: 다들 자기 인생들에 대해서 잘 산다고 생각하고 있을까? 나는 요근래 들어서 내가 왜 사는지도 잘 모르겠고, 컵을 깬다거나 하는 사소한 것에도 저것들이 나를 무시하네! 이런 생각들이 들거든. 나는 배움의 길도 짧지만, 내가 인생을 살아가면서 이 순간 순간에 내 자신한테 만족을 하고 사는데, 많이 배운 사람들은? 정말 나랑 다를까? 막 이런 생각이 요즘 많이 들더라고. 남편도 이번 집단에 가서 여러 사람들을 만나보고, 나한테 아무 말도 하지 말고 입 다물고 듣기만 하라 그랬어.

정2: 말해야지!

보들이3: 그래 뚫린 입을 닫고 있으면 안 돼 그런 생각이 들더라고. 많이 배웠다고 정말 본인의 삶에 만족하며 산가 나는 그게 참 궁금해!

실천1: 나도 '사는 게 뭔가?' 같은 생각이야.

보들이4: 그래, 왜 사는지 모르겠어 나도... 저 째깐한 것들한테 무시 당하고 내가 왜 이런 대접을 받고 살아야 되가?

정3: 너는 술 먹는 재미로 살잖아. 그래도 무시당하면 속은 상하겠어.

보들이5: 술도 내가 적당히 취했을 때 먹는 재미로 먹는 것이지 나도 생각 많이 해라우! (다들 웃음 ...하하하하) 개념 없는 사람 아니어라 왜 그요?

※ 정3: 보들이의 술에 대한 얘기는 장이 시작해서 처음엔 가벼운 분위기를 만들기 위해서 꺼낸 말임. 그리고 보들이가 이번 집단에서 술에 대한 의존성(알콜 중독 직전 상태)을 바꿔보게 하려는 의도에서 시작된 언급이기도 함.

yes1: 보들이가 컵이 넘어진 것에서 자기를 무시한다고 생각하는 발상은 적절한 표현은 아닌 것 같아서 이해가 안 돼. 그런 생각을 들게 하는 최근의 사례 같은 거 있잖아. 그런 게 분명히 있을 거 같아.

보들이6: 최근에 그런 게 많이 있었지.

yes2: 그치, 그 사례가 굉장히 궁금해져.

※ yes2의 구체적 상황을 묻는 질문은 적절했음.

보들이7: 딸하고 지금 굉장히 부딪혀서 진짜 콱 죽어 불고 싶어. 내가 극단적으로 가니까, 근다 해서 딸이 겁을 먹고 '네, 잘못했어요' 이게 아니야. "그럼 내가 뒈지면 쓰겠네~ 너하고 나하고는 둘이 닮아서 붙으면 안 된다고야" 내가 글거든. 딸하고 엊그제도 싸웠어. 왜? 지가 한 거는 지가 치웠으면 좋겠는데 안 하는 거야. 내가 몇 번 주의를 했어. 내가 강요를 많이 하는 거 같더라고 보면, "이거해!" 이게 딱 명령이잖아. 이렇게 해주면 고맙겠다, 이렇게 나오는 게 아니라 이거해! 빨래 개! 음식물 쓰레기 버려! 이렇게 되더라고. 그동안 그렇게 내가 살아왔기 때문에, 우리 딸도 이런 반항적인 마음이 많이 생겼나봐. 둘 다 니가 잘했냐 내가 잘했냐 이거지, 너하고 나하고는 진짜 똑 같아서 누구하나 안 질라고 해. "그럼 내가 누구 피를 받았게?" 우리 딸이 그렇게 덤비는 거야. 니 분신이 나한테 이렇게 덤빈다 저 째깐 한 것도 무시하고 덤비는데 어떻게 생각하냐고 남편한테 말했더니 나한테 그날 술을 마셨다고 트집을 잡는 거야. 남편은 술을 먹으면 항상 딸하고 싸움이 된다 이거야, 술 먹었으니까 감정이 격하니까. '야~ 이거해 내 눈에 거슬린다. 이게 안 되어있어서 짜증이나! 왜 이거 안했냐?.' '엄마는 왜 명령이야?' "야~ 그럼 내 자식한테 내가 명령하지 그럼 누구한테 명령한데?" 내가 글거든. 그러다 보니까 둘이 자꾸 대립이 되더라고. 딸이 TV 앞에 있었어, 애가 또 앞에서 달랑 달랑거려. 그만해라 했더니 어쩌구 저쩌구 그냥 글더라고. 그래서 콱 TV를 엎어버렸어.

(다들 어어어어어~~~~~~~~~)

※ 보들이7 보들이는 강요성이 강해서 화가 많이 나고, 딸이나 남편에게 매우 공격적인 태도를 보인다. 술 마시면 이러한 공격성이 더 심해져서 자주 딸과 싸우게 됨.

쨈2: 깨졌어? 엎어진 게 아니라?

보들이8: 깨진 게 아니라 금이 간 거야. 근디 웃긴 게 깨져야 된디 금만 간 거야, 꼬라지 나게. 그래갖고 인제 TV 한 대 새로 바꿨고, 엊그제 남편하고 대판 싸웠어. 그래서 내가 진짜 그때는 이혼까지 말을 했어. 서로 그만 살자고 얘기가 나왔어. 근데 나한테 그냥 맨몸으로 나가래. 어차피 서로 따로 살 거면 가전제품은 내가 가져갈 게 아니잖아. 그래서 내가 이 김치 냉장고고 뭐고 다 깨 불고 가겠어! 1억 해준다고 얼른 말해. 망치 들고 진짜 깨 불라고… 그랬더니 남편이 비싸게 돈 모아갖고 샀는데 왜 깨냐고 내 손을 잡았어!

※ 보들이 남편은 보들이의 알콜 중독 때문에 너무 힘들어서 이혼할 생각이 강한데, 그동안 보들이가 이혼 생각이 없었음.

티나1: 그때가 언제야?

보들이9: 추석 전. (집단하기 보름 전)

yes3: 근데 그 싸울 때가 항상 술 마셨을 때야?

보들이10: 내가 술을 먹었다고 해서 남편은 그걸로 항상 탓을 하는 거야.

정4: 술 얘기 하지 말고 우선은 딸과 싸운 것에 집중하는 게 좋을 것 같아. 딸이 달랑달랑 대드니까 정말 기분도 나쁘고 짜증났겠어!

※ 정4 술에 대한 얘기는 불안이나 화에 대한 증상이어서 길게 얘기 할 필요가 없었고 보들이의 화나 강요성을 다루려고 했었음. 보들이는 매일 술(소주)을 많이 마심. 그래서 남편에게도 술 문제는 거론하지 말고, 보들이의 감정표현에만 집중하라고 말했었음(보들이 남편은 화요집단에 참여하고 있어서 이때 얘기 했었음).

보들이11: 내 자존감을 잃어가는 거 같애.

정5: 자식이 대들면 얼마나 속이 상하겠어.

보들이12: 나를 왜 낳았는데! 이제 그 말도 하더라고. "내가 낳고 싶어서 났냐?" 내가 그랬거든. 그니까 내가 태어나고 싶어서 나왔어? 또 요러더라고. 이거를 내가 어떻게 대응을 해야 할지 모르겠더라고.

정6: 화가 머리끝까지 났겠다!

※ 정6에서는 우선 공감하려고 했음.

보들이13: 완전히 진짜 콱 죽여 불고 싶었어. 그 정도로 내 감정이 확 올라오더라고. 이게 한 두 번이 아니고 이렇게 계속 나하고 부딪쳐, 그것도 나하고 단 둘이 있을 때...

※ 보들이13 보들이는 강요성이 심하기 때문에 자기 뜻대로 안 되면 분노심이 솟구침. 분노는 강요성이 가장 심할 때 올라옴. 아직 강요성에 대한 해석은 미루고 있었음.

티나2: 아들하고는?

보들이14: 아들은 안보이니까.

티나3: 아니 있을 때...

보들이15: 고3때 한참 싸웠재! 고3때는 애가 민감하니까.

티나4: 고2 때는?

보들이16: 고2때는 안 싸웠지. 지금은 아들이 먼저 전화 해 가꼬, 우리 어무니 뭐해요? 밥은 드셨어요~? 식사도 잘하시고? 그래.

※ 보들이의 아들은 이 집단 1개월 뒤 定의 ○○대 학생 집단상담에 참가했을 때 엄마 보기 싫어서 집에 안 간다고 말했음.

육회1: 살갑네.

보들이17: 살갑게 해 근데 딸은 나하고 성격이 똑 같은 거 같더라고. 애도 탁탁 튕겨 말 자체도 그렇고... 진짜 피는 못 속여. 보고 자란 것이 '애가 짜증내고 화내고 그런 것만 보고 자랐구나' 그런 생각이 들더라고. 근데 남편도 진짜 피곤했을 거여. 내가 남편에게 화요집단 가서 돈지랄 하면서 배운 것이 맨날 이상한 소리나 한다고 욕했어.

정7: 네가 맨날 하는 소리잖아. 상담 배우면 뭐 하냐고? 돈이 아깝다고.

※ 보들이는 자신은 전혀 변하려 하지 않고, 남편만 변하라고 요구하고 있음.

구들장1: 딸이 몇 살인데?

보들이18: 고2. 아들은 ○○ 대학교 물리 교육과.

육회2: 딸이 왜 이렇게 덤비는 거야? 그저께 같은 경우에도 뭔 사건이 있었던 거야?

보들이19: 사건이 있재. 날마다 집안일 때문에.

육회3: 청소 안하고 이런 거?

보들이20: 이거 해놓으라 하면 안 되 있어. 우리 딸이 어떤 습성이 있냐면 어차피 하기는 해. 근데 나는 이게 눈에 보였을 때 바로바로 되야 해. 이게 안 되면 짜증이 올라 와! 그날도 딸이 쉬는 날이여. 내가 일 나가면서 빨래 개놓고 저기 좀 해주라 했어. '어' 말은 잘해, 갔다 왔더니 그대로야. 너 뭐 하냐? 뭐 했냐? 그랬더니 "이제 할 라고~" 그리고 지가 먹은걸, 또 그거는 우리 신랑 닮은 거 같아. 우리 신랑도 게을러. 지 먹고는 다 놔둬. 그니까 내가 항상 하는 말이 진짜 치우는 사람은 한사람이고 어지르는 사람 몇 명이냐고 도대체, 그럼 나는 돈도 벌어야 되고 집안일도 해야 되고 남자들은 돈만 벌면 되자네. 그런 게 짜증이 나더라고. 그릇도 책상에 있지, 지

먹었던 과자 부스러기도 다 그대로 있지, 지 손톱 깎은 것도 지 책상 위에 있지, 짜증 나, 안나?

육회4: 나겠네!

보들이21: 짜증정도가 아니지. 여자가 됐으면 좀 기본적으로 깔끔하니 말 안 해도 해줬으면 좋겠는데 그게 안 되더라고.

쨈3: 나도 남편한테 짜증 많이 내. 청소 안 되어 있을 때도, 짜증이 많이 나더라고.

정8: 남편은 좀 봐줄만한대, 그래도 딸이 안 치우는 것은 성질나겠다!

보들이22: 나는 이해를 못 하겠어. 진짜 너 앞으로 시집가서 어떻게 살래? 진짜 이 정도까지 생각이 되더라고. 나는 초등학교 때부터 냇가 가서 빨래하고 동생들 다 업고 김치 담그고 살아왔거든. 엊그제는 화장품을 하나 샀더라고 입술 바르는 거. 그런 거 하지 마라고, '왜? 엄마는 하면서?' 내가 너하고 같냐? 너는 학생이고 나는 성인이여 나는 직장인이여, 나는 하기 싫어도 해야 해. 좌우지간 나는 애들이 크면 딸이 나처럼은 안 살았으면 좋겠는데 성격이 똑같다보니까 나처럼 될까봐.. 그게 우려가 되는 거재.

실천1: 딸이 집안 정리, 청소 안 하고 미루고 이런 거 때문에 화가 나는데 또 엄마한테 빠득빠득 대들고 하니까 더 많이 성질이 나겠어. 그리고 엄마 피를 받았다고 그런 말까지 하면은 많이 속상할 거 같애. 아빠 있을 때는 그런 말 함부로 안하나봐?

보들이23: 응, 지그 아빠가 잡거든.

정9: 그런 것도 기분 나쁘겠다.

실천2: 딸이 엄마한테 말을 함부로 하는 거 같애서 속상 할 거 같애.

정10: 딸의 말에서 엄마한테 빈정거린 듯한 무시하는 태도들이 보이는데.. 기분 나쁘겠어!

보들이24: 뭣 때문에 내가 걔한테 무시를 당하는지 모르겠어.

정11: 그래 진짜 기분이 더러울 거 같애...

보들이25: 기분 더럽지!

티나5: 죽고 싶은 마음까지 들었다니까 되게 힘들 거 같아.

실천3: 진짜 그럴 거 같아. 죽고 싶은 마음 들 거 같아. 자식한테 이런 말까지

들어야하나 이런 생각이 들겠어. (20초 침묵. 눈물고임)

※ 실천3: 딸에 대한 보들이의 분노심에 공감하고 있음.

보들이26: 애하고 부딪히면 서로 상처 주는 말을 많이 하게 돼.

티나6: 상처 주는 말들을 많이 하지...

들꽃1: 서로 상처 준다는 말이 맞아! 나도 우리 엄마가 새엄마였어(친엄마는 2살 때 도망가버림). 근데 나는 되게 얌전해가지고 대들지도 않았는데, 엄마는 막 술 먹고, 내게 그렇게 욕을 해 막!

정12: 많이 속상했겠다!

들꽃2: 응, 뭐 씨발은 보통이고 막 대갈통을 조사분다! 뺨을 콱 찢어분다! 그리고 막 성적인 말도 심하게 했어.

들꽃3: 나는 그래서 욕 들으면 정말 긴장돼. 그때는 죽고 싶은 생각이 들었던 거 같아. 그러면 막 넘실넘실한 광주천 물에 빠지고 싶었어.

정13: 그래, 너는 아주 어렸을 때부터 욕을 들었는데 그땐 정말 견디기 힘들었겠어.

육회5: 주눅이 많이 들었겠다!

들꽃4: 그니까, 어디 가서 내 주장도 잘 못하고 결혼해서까지. 다른데 가서는 말을 안 하고 이런 집단에 오면 말을 잘해. 여기는 그런 거 하러 오는 데니까, 또 편한 데서는 말을 하는데 다른 데 가서는 안하고. 말을 너무 잘 들어서 고등학교 다닐 때 옆집 아줌마들이 저 큰 애기는 시계라고. 끝나는 시간에 바로 집에 온다고 했었어.

육회6: 시계?

들꽃5: 응. 나를 엄청 착한 애인 줄 알았어. 그래서 나는 착한 애가 칭찬이 아니라는 걸 알게 됐어

티나7: 그렇지!

육회7: 보들이 딸이 그래도 대드는 건 좀 힘이 있는 건가? 어디 가서 주눅 들지 않고.

※ 육회6. 7은 들꽃의 얘기에 대해 공감이 필요했음: '어려서부터 계모에게 욕먹고 자라서 기가 죽었겠다. 그래서 참고만 사느라고 힘들었겠어!' 라고.

보들이27: 딸이 상처 주는 말을 할 때, 나도 견디기 힘들다 이거지. 내가 애들을 어떻게 낳아서 키웠는데...

정14: 애들이 대들면 많이 속상하지. 그런데 싸움이라는 것은 먼저 싸움을 도발하는 쪽에 더 책임이 있어. 너하고 딸하고 싸움의 도발은 네가 먼저 하는 거 같애.

보들이28: 긍께, 우리 집안의 싸움은 나여!

정15: 문제는 도발을 누가 먼저 하느냐 인데, 부부싸움에서도 먼저 도발을 한 사람, 너무 성질을 냈다던가, 말을 짜증내면서 한다든가 먼저 공격 한사람이 싸움의 70% 책임이 있다고 생각해.

※ 정15: 싸움의 1차 책임이 선공격자에게 있다는 것은 먼저 화를 내고 공격적인 태도를 보이는 사람에게 차분하게 말하기가 더 어렵기 때문이다.

보들이29: 도발은 제가 먼저 합니다.

정16: 그럴 거 같애.

육회8: 아까 딸하고 싸움도 네가 도발을 한 거지? ※ 직면반응

보들이30: 치우는 게 안 되어있으니까 도발을 하게 되지.

육회9: 이거 치우라고 얘기하면 되잖아. ※ 육회의 감정표현이 빠져 있음.

보들이31: 딸이 "인자 할라고 했어" 라고 말하는 게 마음에 안 드는 거지, "할라고 했으면 너 하루 종일 뭐 했냐고!"

육회10: 그럼 말이 쎄게 나가는 거야?

보들이32: 여자가 됐으면 이 정도는 기본적으로 말 안 해도 해야 되는 거 아니여? 내가 이렇게 나가니까 개도 인자 반항심이 생겨서 틱틱 거리지.

정17: 너의 두 번째 그 말 "하루 종일 너 뭐 했냐" 이 말속에 든 짜증이 싸움을 도발하는 거잖아.

※ 정17: 네가 말을 안 들어서 짜증난다고! 이렇게 '나-전달법'으로 감정을 표현하지 않고 짜증스럽게 말한 것이 딸의 도발을 유도했다.(직면)

보들이33: 그래, 긍께.

정18: 그런 말투를 좀 바꿔야 될 거 같아.

보들이34: 그럼 하루 종일 뭐 하셨어요~?

(다들 웃음 하하하하하)

구들장2: 나도 힘들게 일하고 퇴근해 왔는데... 설거지 쌓여있고 이러면 화가 나는데.

보들이35: 그래, 그럼 뭐했냐? 딸, 잤는데... 내가 "밥은 먹었냐?" 그러면 이제서지 혼자 뽀작뽀작 뒤져가꼬 라면 끓여먹고, 나도 나가서 고생하고 왔는데 식구 해봐야 네 명이잖아. 그러면 어지를 사람도 없어. 근데 지 먹었던 거 그대로 있고 지 손톱 깎아 놓은 거 그대로...나 진짜 그거 밀고 다니고 쓸고 짜증나. 애가 이제 한두 살 먹은 애기도 아니고 진짜 옛날 같으면 시집 갔을 나이여.

정19: 하여간 참 답답한 일이지.

보들이36: 답답한 거보다는 짜증나 !

정20: 복창 터지지...

보들이37: 진짜 이 집에 살아야하나? 나 진짜 집 나가불까 했어.

티나8: 현재 상황 인식을 조금만 한다면 짜증이 안 올라올 거 같거든, 뭐냐면 요즘 애들, 아까 구들장이 얘기했던 것처럼 요즘 애들은 초등학생 때부터 화장을 하거든. 고등학교 일이학년만 되면은 '어디 나가요' 처럼 화장을 하고 다니더라고.

들꽃6: 내 조카가 중학생인데 내가 서울에 갔을 때 빨갛게 바르고 오더라고.

티나9: 방을 치우는 거, 이런 것도 기대수준을 조금만 낮추면, 보들이가 짜증나는 게 조금 더 낮아지지 않을까?

보들이38: 나는 낮추고 싶지 않네!

※ 티나8은 "짜증나겠다!"고 공감 먼저하고 반응하는 것이 필요했음. 티나9에서라도 공감을 먼저하고 해결책을 제시했다면 보들이38의 거부감이 줄어들 수 있었음.

티나10: 그럼 이 싸움은 계속 이어지는 거지.

※ 티나10은 답답함이나 아쉬움의 감정표현(답답함)이 빠짐

보들이39: 그럼 딸이 나가면 되지 직장 구해갖고.

yes4: 고등학생 정도 되면 우리 딸은 화장한건 기본이라고 봐야 돼. 귀 여기 한 일곱 개씩 뚫어버리고 있잖아. 근데 나는 그게 되게 용서가 안 되서 정말 많이 싸웠어. 근데 화장을 못하게 하는 이유는 피부가 상하는 게 안타까운 거잖아. 걔는 클렌징을 얼마나 하겠어? 안타까운 마음을 전달하는 것보다... "너는 어리니까 안 돼!" 이렇게 전달을 하는 거 같애. 그니까 걔가 엄마는 되고 왜 나는 안 돼? 이렇게 되는 거지.

보들이40: 그니까 내가 표현하는 방식에 문제점이 있는 거 같기도 하고, 지도 정말 하고 싶으면 내가 아무리 말려도 할 거야. 근데 지도 그렇게 하고 싶은 마음은 없는 거야. 화장품을 사기는 사. 대신에 내 껄 사

(다들 웃음 하하하하하)

티나11: 아 착하네.

yes5: 걔가 선택할 수 있는 애잖아. 진짜 너무 강하게 '넌 미성년자니까 안 돼' 이런 표현 보다는, 나는 니 피부가 진짜 걱정된다는 부분을 표현해야 할 거 같아.

보들이41: 내가 좀 표현하는 거에 있어서 미흡한가봐.

티나12: 아이 메시지로 딸에게 말해.

보들이42: 그놈의 아이 메시지!

(다들 웃음 하하하하하)

티나13: 강박적인 엄마, 강요적인 엄마한테 자랐던 애가 나중에 결혼을 했을 때에 어떻게 살 것인지 그걸 생각을 하면 보들이가 이렇게 하면 안 된다는 거지. 딸에게 욕하는 것도 좀 자제해야 된다는 거지.

※ 티나13은 훈계하는 말.

보들이43: 부드럽게?

티나14: 아니 부드럽게 하라는 게 아니고 이제 자제를 해야 되지 않을까?

보들이44: 아니 내가 살아온 인생이 있는디.

※ 보들이44: 티나13.14의 훈계에 대한 감정표현이 없음.

티나15: 자기 지금 현재의 모습처럼 애가 이렇게 됐으면 좋겠냐는 거지. 애는 조금 더 나아야 되는데...

※ 티나13, 14, 15는 훈계인데, 보들이의 말투가 마음에 안 든다고 감정표현으로 바꾸면 훈계, 강요적인 말투를 바꿀 수 있다. 답답한 감정표현을 하지 않고 있음.

보들이45: 이렇게 안 되기 위해서 지금 내가 애하고 부딪히고 싸우고..

티나16: 그렇게 안 되기 위해서 보들이가 지금 바뀌어야 된다는 얘기야. 나쁜 애 들은 없어 나쁜 부모가 있을 뿐이지.

※ 티나16: 보들이에 대한 답답함을 충고하지 말고 감정표현으로 바꿔야 했음. 티나는 계속 충고하고 있음. 이 충고에 대해 보들이는 난 나름대로 하고 있다고 계속 반박얘기 하고 있음.

보들이46: 나쁜 사람도 없어.

정21: 지금 티나 얘기 듣고 어떤 느낌이 들었어?

보들이47: 짜증나 어? 자꾸 나한테 계속 니가 바꿔야지 하잖아. 그러면 본인은 잘 하고 있는가? (몇몇 웃음)

티나17: 못 하고 있어...

※ 티나17에서 보들이47에 대한 공감이나(내가 계속 쪼아대서 속상했겠어) 감정표현이 필요했음.

정22: 티나는 충고반응을 많이 해서 아쉬워. 방금 보들이 말에 대한 감정표현도 안 했어.

보들이48: 그니까 자기도 못하고 있으면 말하지 말라고. 나도 내가 살아온 세월이 있고 이렇게 살아왔는디 그럼 어쩌라고.

정23: 너도 티나의 계속된 충고가 성질나겠어. 티나가 너한테 훈계를 여러 번 했는데 감정이 뭐야?

보들이49: 짜증나!

정24: 그렇게 짜증난다고 말을 해야 하는 데, 넌 빈정거리는 투로 말 하잖아 '너는 잘해?' 이런 식으로. ※ 직면

보들이50: 그렇게 하잖아 지금.

정25: 그게 아니고, 반응 패턴을 빈정거리지 말고 감정표현으로 바꾸라고.

보들이51: 티나 너나 바꿔. 내 얘기 하지 말고~

티나18: 애써 말 했는데 너 진짜 답답해!

보들이52: 나 괜히 왔어. 꼬라지 나면 진짜 가부러!

정26: 너 티나에게 진짜 화 많이 났구나.

보들이53: 그래. 너무 짜증나서 집에 가고 싶어.

정27: 티나가 너무 쪼은 것 같애. 진짜 성질나겠어

보들이53: 어! 짜증나 인자 내 얘기 이제 그만해. 나 그냥 그대로 까칠하게 살래.

(다들 웃음 하하하하하)

정28: 티나도 보들이한테 강요 많이 하네. 티나에게 불만이야.

티나19: 나는 내 인생이 상담하기 전과 후라고 집단에서 얘기를 많이 했었어, 어느 정도 강요가 심했냐면 식당에서 애가 기어 다니고 이런 꼴을 못 봤다니까.

육회11: 기어 다니는 꼴을 못 봤어?

티나20: 말도 알아듣지 못하는 애를, 식당 화장실 세면대에 올려놓고 한 시간 씩 훈계 하고 그랬거든 엄청 심했다니까...

보들이54: 나보다 더 하고만.

티나21: 아들이 네 살 땐가? 다섯 살 땐가, 애기엄마가 회식이라고 해서 화요 집단에 데려 왔어. 그래가지고 내 옆에 앉혔어. 한 시간 반 정도하고 쉬잖아. 아들이 한 시간 반을 허리 펴고 꼼짝도 않고 그대로 앉아서 듣고 있는 거야.

육회12: 애가?

티나22: 나는 그게 정상인줄 알았어.

실천4: 나도 봤는데. 다섯 살짜리가 이렇게 앉아 있었다니까!

티나23: 사람들이 다 놀랬어. 그때 yes가 애는 애답게 키워야 된다고 했어. 지금 열 세 살인데 애가 내게 받아치는데 내가 말이 막히기도 해. 요즘은 "내가 아빠고 너는 내 아들인데, 네가 그런 식으로 대드니까 아빠 맘이 아프다"고 표현해. 집단상담 안했으면 나도 보들이처럼 애한테 계속 욕하고, 성질 부렸을 거야.

보들이55: 인자 내 얘기 그만해!

정29: 티나 얘기 들으면 거북하지. 티나의 강요성은 옛날엔 엄청 심했고 지금은 많이 심해.

보들이56: 나도 내 마음에서는 딸한테 아이메시지로 말하고 싶어. 근데 순간순간 그게 안 되더라고

들꽃7: 그래 연습 많이 해야 되, 어려워 진짜. 난 내 감정이 뭔지 지금도 몰라. 나 여기올 때 감정표현 딱 떠 올렸을 때 아 이거 무슨 외계어냐는 생각이 들더라고.

yes6: 나 이말 "공감, 아이메시지" 진짜 힘들어. 근데 우리 딸들은, 내가 화가 막 나는 거를 아이메시지 한다고 내가 소리 빽빽 지르면서 하니까 아이메

시지 진짜 싫다고 해. 힘들다는 거 공감해.

※ yes6: yes도 강요성이 높아서 자기 뜻대로 안되면 화가 많이 남. 화를 많이 내지 않고 줄이는 작업이 필요함.

실천5: 나도... 아들하고 아이메시지 많이 하려고 했었어. 근데 어느 순간에 화를 놓쳐 버리면 아들한테 퍼붓거든. 근데 언젠가 굉장히 화가 나서, '개새끼 염병하네' 그랬더니 아들이 '내가 엄마한테 이런 욕이나 듣고, 나는 쓰레기 같은 사람이란 말이죠?' 그래서, 내가 욕을 했을 뿐이지 너를 그렇게 생각하는 건 아닌데. '그 말이 그 말이죠!' 결국엔 지도 화나게 한 것은 미안하다고. 나도 욕한 것은 미안하다고 했어.

들꽃8: 보들이가 좀 열심히 해보겠다는 태도를 보였으면 좋겠어. 니가 막 답답하고 안타까워. 애정을 갖고 말을 하잖아! 사람들이 너한테.

정30: 보들이가 감정표현 방식을 바꾸려는 마음이 나도 강하지 않다고 생각해.

보들이57: 난 자동적으로 화가 튀어나와.

정31: 넌 화나면 '화난다'고 표현을 안 하고, 딸에게 화를 내거나 톡 쏘거나 빈정거리잖아.

보들이58: 그니까 싸움이 되고...

정32: 그래서 딸 비위를 건들고 그 때부터 싸워.

보들이59: 그러면 내 감정이 많이 상하고,

정33: 짜증나는 순간 3초를 참고, 너의 감정을 찾아봐. 짜증, 화... 이런 감정을 찾고, 그리고 '너 진짜 짜증난다!' 이렇게 표현해!

보들이60: 정 진짜 짜증난다.

(다들 웃음 하하하하~~~~~)

정34: 그렇게. 내게는 표현 잘하는데 넌 왜 딸한테는 그렇게 못하냐?

보들이61: 그 순간에 내가 그 조율을 잘 했으면 이 자리에 오지도 않았어. 남편에게 내가 집단에 왜 가야하는데 설명을 해보라고 그니까 "질 좋은 삶을 향해서" 그러는 거야. 그래서 지금 질 안 좋아? 그랬더니 '응' 그러는 거야.

(다들 웃음 하하하하~~~~~)

보들이62: 그거는 본인이 느껴야지, 내가 만족을 하면 질 좋은 삶이고, 내가 만족을 못하면 질이 안 좋잖아. 다 살아가는 거 그거 아닌가? 나는 그렇게 생각을 하는데.

티나24: 딸에게 그렇게 짜증내고 사는데 만족이 되?

들꽃9: 보들이는 지금 이렇게 살아가고 있는 것에 만족 못 하는 것처럼 보이는데, 아니야?

보들이63: 지금은 괜찮애. 근데 싸울 때 문제가 되지. 정말 그때는 견디기 힘들더라고.

들꽃10: 내가 이런 집단상담에 참석하고, 막 애쓰고 그럴 때 우리 남편은 배우면 뭣 허냐? 자기 여동생들이 초등학교 중학교도 다니다가 말고, 그래가지고 '못 배운 동생들이 더 잘한다.', '니 그렇게 해가지고 뭐 제대로 하냐?' 이렇게 내게 말해서 나 그런 말에 상처를 많이 받았어. 그리고 방통대 공부할 때도, 일하고 집안일하고 힘드니까, 내가 집안일 중에 한 가지만 정해놓고 해주라고 말했을 때도, '그러면 남자가 돈 벌어오고... 집안일도 하고' 그래서, 아니 방을 닦아주던지 몇 가지 집안일 중에 하나 골라서 해달라고 했더니, '그러면 남자새끼가 무릎 꿇고 방바닥 닦으란 말이냐?'고, 그럼 세탁기 좀 돌려주던지 그랬더니, '나 그런 거 할 줄 몰라!' 그러더라고. '그럼 남자가 집안일하면 여자가 집에서 하는 건 뭐야?' 나도 일하고 있었거든 그때. 그러더니 그 말끝에 대고는 '당신 내가 벌어온 돈으로 공부 할라고 결혼 했냐?' 이렇게 말하는데, 하~~(한숨) 그 말이 정말 크게 상처가 됐어. 근데 그렇게 말 안하고 "당신 공부한다고 다니니까 부럽다" 이렇게 얘기했으면 상처 안 받았을 거야. 그때는 내가 방통대 공부하니까 그게 엄청 부러웠던 거야. 그래서 결국엔 자기도 방통대 다녔어. 순천대 석사과정하고, 박사과정하고 지금 논문만 남겨놓고 있는데, 남편에게 '나이 먹어가지고 공부하지 말고 그 돈 가지고 놀러나 다니지.' 나이든 교수님들이

다 그랬나봐. '아 마누라가 공부를 한다고 다니는데 엄청 부럽더라'고 이렇게 말했대. '그게 그렇게 부러웠어? 부럽다고 말을 하지. '나 당신이 벌어온 돈으로 공부 할라고 결혼했냐?' 이래서 진짜 상처 많이 받았다'고 말했어. 남편하고 관계가 참 힘들었어.

※ 들꽃10은 우울하고 힘이 없어 보였다. 세 딸이 일류대학을 졸업해서 잘 지내지만, 들꽃은 남편에게 배려나 존중을 거의 받지 못하고 살아 왔다고 말했다. 보들이 애기 중에 자기 남편 얘기 꺼내는 이유, 남편이 집단상담에도 보내주는 보들이가 부럽다는 감정표현이 있어야 했음.

보들이64: 당연히 힘들지 그런 관계에서는...

들꽃11: 보들이는 재미있고, 예쁘고, 아까 보니까 또 되게 애교스럽더라. 그런 것들이 나한테 없는 거야.

보들이65: 애교 말 들으니까 기분 좋네. 나 어디 가면 애교 있다는 얘기는 못 들어 봤거든.

정35: 되게 아쉬운 것은, 지난 번 집단상담 하면서 둘이 맨날 술 때문에 싸우니까, 술 먹는 거 가지고 절대 말하거나 시비 걸지 말고 '아이메시지로 말하기' 이걸 목표로 제시를 했었어. 근데 별로 그 노력을 안 하는 것 같아서 아쉬워.

보들이66: 뭐 내가?

정36: 네 남편이 요즘 너한테 술 먹는 걸로 시비 안 걸잖아. 대신 아이메시지로 대화 하는 거 하기로 하고, 술 먹는 거는 시비 안 걸기로, 내가 그렇게 대응방법을 제시 했었어.

보들이67: 그래 별로 안하긴 한다, 남편이 버럭버럭 한 번씩 한다고. 그니까 그때마다 짜증이 난다고, 그래서 늘상 술이 땡긴다고.

정37: 남편이 가끔 짜증내면 너도 그 때는 짜증이 나겠다. 보들이가 남편에게 너무 완전한 걸 요구 하는 거 같애. 너는 딸하고 싸우는 것 줄이려는 노력도 안하고 남편이나 딸에게 짜증나면 난 무조건 술먹어야 이런 식으로 하는 것이 답답해.

보들이68: 노력하거든!

정38: 어떻게?

※ 보들이는 문제의 책임이 다 상대에게 있다고 생각해서, 자신이 변하려는 노력을 거의 안하고 모든 스트레스를 술로 풀고 있음.

보들이69: 두 병 먹을 거 한 병 먹고, 세 병 먹을 거 두 병 먹고.

실천6: 네 병 먹을 거 세 병 먹고?

정39: 대단한 변화네.

yes7: 그거 엄청난 노력인데?

들꽃12: 줄여먹기 어려운데

육회13: 그래 줄여먹기 어려워.

보들이70: 술 한잔 단숨에 먹을 거 반잔 먹고

정40: 남편이 너한테 술 먹는 거 시비 안거니까 네가 술을 줄이고 있잖아. 내가 너를 얼마나 많이 보호해줬어? 술 먹는 것으로 시비 걸지 못하게 해줬잖아.

보들이71: 그래 그니까, 버럭버럭 하지 말라는 거지...

※ 보들이78은 定의 말을 듣지 않았다. 定은 남편이 술 문제로 시비 걸지 않아서 좋다든 가 정에게 고맙다는 말을 기대했었다.

육회14: 그래

실천7: 얼굴색이 좋아지긴 했어 그때보다. 맑아졌어.

정41: 3달 전 집단 때보다 훨씬 좋아졌어.

※ 정41: 보들이에게 서운함을 말했어야 하는데, 집단원들의 반응에 편승했음.

들꽃13: 보들이가 좀 노력을 하면 남편이 잘 받아 줄 거 같아. 좀 잘못해도...

우리남편은 내가 이렇게 말해도 뭔 말인지 몰라. '긍께 어찌라고...' 이 말만해!

육회15: 보들이 남편이 되게 좋은 사람인가보다!

티나25: 이혼하면 채갈 여자들 많아. 여자들한테 인기 얼마나 많은데.

보들이72: 나도 많아.

※ 이 말은 솔직한 표현이 아닐 것 같은데 확인하기가 어려웠다. 보들이 남편은 집단에서나 동호회(등산)에서 매우 인기가 많다. 보들이는 '나도 많아' 라고 표현하지 말고, '걱정이 된다' 고 솔직한 느낌 표현이 있었어야 했다.

티나26: 그럼 헤어지면 되겠네.

정42: 그래

※ 정42에서 남편이 인기 있다는 것에 대한 보들이의 느낌을 물었어야 했음.

티나27: 각자 갈길 가면 되겠네.

보들이73: 늘상 귀에 딱지가 얹게 듣는 얘기가 '야! 니 신랑 인기 많아~' 꼭 그래

쨈4: 오호호 그래?

육회16: 진짜 같아 보여, 난 모르잖아 신랑을.

보들이74: 아 진짜여~

티나28: 아니 남자가 봐도 매력 있어!

보들이75: 매력 같은 소리하고 있네.

※ 보들이75는 자신의 느낌을 얘기했어야 한다. 남편이 어떤 점이 좋다고 말할 수 있는데 안함. 남편이나 딸의 장점을 안보고 있음.

정43: 남자가 봐도 매력 있어.

보들이76: 우리 신랑은 나를 떠나서는 못살아!

(다들 웃음 하하하하하)

※ 보들이76은 남편이 떠나면 더 두렵고, 알콜 중독이 더 심해질 것이다. 보들이는 이렇게 계속 솔직한 감정을 드려내지 않음.

티나29: 대단한 자신감이네?

정44: 과대망상증이 좀 있어, 그 반대 아닐까?

보들이77: 난 진짜 그렇게 생각해

정45: 황당하다, 난 반대라고 생각해.

보들이78: 절대 못 떠나

티나30: 오 그래~? 참 문제가 심하네.

정46: 네가 그런 자신심을 갖고 사니까 그렇게 맘 놓고 사는구나!

※ 정46 보들이에게 남편이 떠날 거라는 두려움이 있는지 다시 확인 했어야 하는데(물어도 솔직하게 말하진 않겠지만), 보들이가 너무 자신 있게 남편이 자기를 못 떠난다고 말해서 다시 묻지 못하고 지나친 아쉬움이 있음.

들꽃14: 아이메시지 연습할 때 네 남편이 좋은 연습상대가 될 거야. 우리 남편 같으면 그게 뭔 말인지도 모른다니까. 말할 때 나는 아~~~ 벽 같다 이런 생각이 들어.

보들이79: 나도 3달 전에 천안집단 갔다 와서 노력은 했지. 솔직히 니가 이러니까 엄마가 지금 굉장히 속상해 짜증나! 이런 식으로. 몇 번했지 근데 딱 올라 왔을 때는 그게 안 되더라고.

쨈5: 다 똑같아, 뚜껑 열려 버리면.

보들이80: 나는 당신이 이러니까 지금 굉장히 서운하고 기분 나빠요 이렇게 돼야 하는데. 기분 나쁘네! 짜증나네! 이렇게 되불더라고. 내 성질이 급하니까.

들꽃15: 괜찮아, 그렇게 노력했다는거 자체만해도 잘 한 거야.

보들이81: 알겠어. 앞으론 그렇게 할게!

정47: 넌 성질이 급해서 화가 금방 튀어나올 텐데, 가끔이라도 그렇게 표현해서 다행이야.

※ 정47: 여기에서는 주로 감정표현을 '나 – 전달법'으로 해야 된다는 것을 설명했다. 이런 감정표현은 보들이의 강요성을 줄이고 화나 신경질적인 말투를 온건한 말투로 바꾸는데 도움이 될 것이다.

보들이82: 그러긴 하재. 까칠한 것보다는 부드럽게 나가는 게 좋지!

정48: 꼭 부드럽게 하라는 게 아니야. 넌 화를 내버리는데, 화를 내지 말고 '화났다'고 말을 하라는 건데. 나는 니가 화났다고 말하는 것의 중요성을 인정하지 않는다는 생각이 들었어.

보들이83: 나도 노력은 했재. '○○야! 이렇게 어지러져 있으니까 엄마가 기분이 좀 나쁘다' 그러면 애도 '응, 알겠어!' 애도 그래. 근데 '야! 너 뭐했냐? 이러면 전투적이잖아.

육회17: 그럼 딸도 전투적으로 나온다는 거지?

보들이84: 그러지, 내가 전투적으로 나가면 지도 전투적으로 방어를 해!

구들장6: 아까 보들이가 딸한테 명령을 안 하면 누구한테 명령하니 했잖아. 딸한테 명령해도 된다고 생각하는 거야?

보들이85: 나는 그렇게 생각을 했어. 근데 지금 들어보니까 그게 아니야.

육회18: 고1이라했지?

보들이86: 고2

티나31: 집 안 나간 것만 해도 다행이다 야!

(다들 웃음 하하하하하)

티나32: 나 같았으면 나갔겠다.

보들이87: 아 나 때문에? 그래 그럼 신랑도 짐 싸갖고 나갔을 텐데.

정49: 내 아들이 세 살 때, 내가 '야, 이놈' 했더니 그 애가 내 뺨을 때리더라고.

티나33: 정 아들이?

정50: 어.

(다들 웃음 하하하하하)

구들장7: 아~ 대단하다.

정51: 세 살만 먹어도 혼내면 기분 나빠해. 보들이가 요즘 딸한테 그런 말들을 함부로 해서 딸 자존감을 팍팍 깎고 있어 답답해.

※ 사람들은 자기 마음을 어떻게 설명할지 어려워한다. 내 마음을 가장 잘 드러내 주는 것은 감정이다. 그러니 감정을 찾아서 '짜증나, 화나, 답답해' 라고 바로 말 하는 것이 설명하는 것보다 더 쉽다. 그리고 내 마음을 훨씬 간략하게 드러내 준다. 감정을 말하다 보면 감정의 이유도 생각이 난다. 화가 심하게 나면 바로 공격적인 표현이 나오기 때문에 3초 정도 감정을 억제하는 것도 좋은 방법이다.

보들이88: 주제가 왜 나한테만 저기 된 거야?

정52: 부담스러워? 방금 그 말도 느낌을 먼저 표현을 해봐!

보들이89: 자꾸 내 쪽으로만 흘러가니까 부담돼 솔직히. 다른 사람 얘기도 듣고 싶어. 남편이 가만히 듣고만 오라 했단께! 말하지 말고...

(다들 웃음 하하하하~~)

티나34: 언제부터 그렇게 신랑말 잘 들었다고...

보들이90: 원래 잘 들어

정53: 별칭을 3초로 바꿀까?

보들이91: 그럴까?

정54: 응 그래!

티나35: 정이 아까도 얘기했지만 거의 대부분의 사람들은 머리에서 2~3초 정도에서 10초정도 정리한 다음에 표현하지. 바로 안 해!

보들이92: 나는 바로 나오던데?

티나36: 그니까 니가 바꿔야겠지!

정55: 티나는 계속 바꾸라고 요구해. 그러다가 강요성이 올라오잖아. 네 감정만 얘기해. 보들이를 바꾸려고 하지 말고.

보들이93: 내가 회사에서 짤렸잖아. 겁대가리 없이 감히 갑(사장)한테 내가 욕을 막 했어.

티나37: 바로바로 하지 말고 3초 참았으면 안 잘렸지.

보들이94: 딱 열이 받으면 즉흥적으로 나오니까. 나한테 불이익이 되더라고, 진짜 후회했어. 거기 그만두고 요즘 정말 힘들어.

들꽃16: 조금만 참을 걸?

※ 들꽃16 '속상하겠어!' 라고 공감이 필요함.

보들이95: 사장이 와가지고 뭐라 하는데, 내가 '니미 씨벌 놈 새끼 좆만한 새끼'라고 내가 막 사장한테 해브렀어. 니미 씨벌 그만 둘란다고 그랬더니 사장이 허~. 내가 그래갖고 회사 짤리고 한 달 동안 진짜 힘들었어. 응급실 두 번가고... 내 분에 내가 못 이기니까, 화를 내가 참지를 못하니까. 그래 갖고 지금 이렇게 체중이 빠져분거야 나 원래 더 뚱뚱 했어.

육회19: 어 그럼 도움 많았네!

보들이96: 아니 도움이 아니라 근력이 없어. 진짜 힘들어

쨈6: 사장도 씨~ 진짜 너무한다. 지가 권력으로 그런다고 짜르고.

※ 쨈6은 사장에 대해서 말하지 말고, '그런 사장에게 보들이가 화났겠다!' 혹은 '너의 그런 말투가 답답하다'고 표현해야 함. 쨈의 반응은 동조반응임.

보들이97: 너무 한 거 아니야. 내가 너무 했재.

육회20: 근데 욕을, 그렇게 쌍욕을 거기다가 사장한테 해버리면 안 되지.

※ 육회20 감정표현이나 공감이 필요함.

쨈7: 그건 잘못인데 그래도 그걸 권력으로

※ 쨈7은 보들이게게 감정표현이나 공감이 필요함. 계속 동조반응을 하고 있음.

육회21: 근데 나도 진짜 해보고 싶다

보들이98: 해!

육회22: 씨벌 진짜.

실천8: 누구 떠오르는 인물이 있는 거 아니여?

(다들 웃음 하하하하하)

보들이99: 같이해! 인생 뭐있어?

육회23: 그건 못해! 그렇게 했다가는 진짜 날아가니까.

보들이100: 후회 돼. 지금은...

육회24: 쎄긴 쎄네. 그거 하면 날아가는 거야. 너 조심해.

※ 육회24는 보들이에게 감정표현을 했어야 함. '답답해'라고.

쨈8: 보들이가 아무리 쎄다고 사장이 그렇게 콱 자르냐?

정55: 생각하면 후회되지? 속상하고?

육회25: 그럼 어렵게 간 자리인 거 같은데

쨈9: 난 자른 게 화가 나.

※ 쨈9 계속 사장에 대해 얘기하고 있음. 보들이에 대한 감정을 표현해야 한다. - 공감하
    거나 부정적인 감정표현을 해야 함. 계속 맞장구(동조)치는 반응을 하고 있음.

보들이101: 그 뒤로 내가 아파버렸다니까. 먹도 못하고...

정56: 너 할 말 다해놓고 니가 왜 아프냐? 이해가 안 되네. 쨈은 계속 보들이 편
    드는 말을 3번했는데 아쉬워. 여기 없는 사장에게 말하지 말고 보들이에

대한 네 느낌을 말해.

yes8: 덜했으니까 그렇지, 할말을...

티나38: 아 욕을 덜해서?

들꽃17: 하고 나서도 시원하지가 않겠네. 욕을 하고나서도

보들이102: 내 분을 내가 못 이기니까, 근데 또 이 분풀이가 가족한테 가는 거야, 그래서 매사가 짜증나!

정57: 화가 너무 많이 나고 분노의 감정이 없겠어. 분노심이 들면 풀어지는 데 오랜 시간이 걸려. 한동안 감정이 안 풀어져서 힘들었겠다.

보들이102: 그러게 아들도 언어순화를 하라고 나한테 그러더라고.

정58: 네가 그렇게 화가 많이 난 책임이 넌 사장 때문이라고 생각하지, 그런데 그 분노심의 많은 책임은 사장이 아니고 네 책임이라고. 너의 심한 강요성 때문에 분노심까지 감정이 올라갔어. 보들이는 부정적인 감정의 원인이 대부분 너에게 있다는 것을 받아들였으면 좋겠어.

— 휴식 —

육회

티나1: 육회 말한댔지?

육회1: 응, 나는 일에서 스트레스가 많은데... 그 스트레스 때문에 여러 가지 갈등이 있어. 최근에 뭐가 힘들었냐면, 내가 장학사고 우리 과에 파견교사가 4명 있어. 우리가 학교를 하나 세웠는데, 파견 교사가 그 일을 다 했어. 그리고 어저께였지 교장들을 불러가지고 큰 행사를 펼치는데, 이 파견교사들끼리 역할을 맡아서 했어. 그래서 사회는, 사회 잘 보는 파견 교사가 보기로 했지. 그저께 연락이 온 거야 위에서, 장학사가 해야지 왜 그 파견 교사가 하냐고?

티나2: 너한테 하라고?

육회2: 위에서 나한테 하라는 거야. 그래서 내가 해야 하는데, 국민의례 그런 절차 격식 이런 게 너무 답답해 숨이 조여 오는 거야. 어쨌든 내가 사회를 보게 됐고, 내키지가 않아서 내가 계속 요거 이렇게 했으면 좋겠다, 저거 저렇게 했으면 좋겠다고 말했어. 근데 이게 다 반영이 안됐어. 원래 양식대로 하라는 거야. 그래서 답답함이 좀 컸고, 내가 초등학교 때 말을 심하게 더듬었어. 사회를 보는데 나는 국민의례하고 이런 게 너무 싫은 거야. 국민의례 할 때 "국기에 대한 경례"라고 할 때 이 말이 잘 안 나와. 교장들도 오고 큰 행사니까 되게 긴장도 되고, 교장들이 있으면 어쨌든 실수 하면 안 되잖아. 국기에 대한 경례할 때, "경..." 하는데 숨이 막히더라고. 그 순간 멈칫하는 그런 게 있더라고. 그래도 잘 끝났어. 또 우리 지역에 사건이 좀 많았어. 최근에 애들이 심각한 폭력 사건도 있고, 학교에서 또 어떤 직원이 자살도 했는데, 그걸 애들이 보기도 하고, 그런 일들 책임 자리에 있다 보니까 힘들더라고. 최근에 막 여러 가지 행정적으로 감사도 있고, 제출해야 할 것도 너무 많아. 장학사 이 자리를 빨리 정리를 해야 되지 않을까 싶은 마음이 가는 거야. 애도 안생기고, 애 안 생긴 이유는 스트레스 같아. 행사 많이 해야 되는데 신경이 많이 쓰이고, 약간 숨이 막혀.

티나3: 스트레스 받을 때 신체가 어떤 식으로 나와?

육회3: 우선 말이 좀 더듬어 지는 거 같고. 눈 깜빡임도 커지는 거 같고,

티나4: 그래, 뭔 트라우마가 있을 건데. 거기에 대한...

※ 티나3, 4에서 "걱정되겠다!"는 공감이 필요함.

육회4: 군대 있을 때, 사회를 본다든가 신고하는 게 있었어. 그때 내가 경례를 하면서 보고하는 말을 할 때 많이 더듬었어.

티나5: 보고장애였구나?

육회5: 분위기가 이상해지는 거지. 그런 과정에서 몇몇 부하 애들이 웃으니까 더 창피해지고. 큰 행사 할 때는 두려움이 막 강하게 오더라고.

정1: 걱정되고 불안하기도 하겠어. '경례' 라고 말 할 때 다른 사람들이 눈치 못 챘어?

육회6: 어, 전혀. '경례'라고 할 때 '국기에 대하여' 하고 약간 텀 두고 '경례' 한 거야. 그러니까 사람들은 몰랐어. 텀 이라고 해도 일초도 안 되는 시간이었던 거 같아.

정2: 잘 넘어 간다.

육회7: 잘 넘어 갔지. 사회를 볼 때 먼저 그런 두려움이 엄습해 오는 거 같애. 많이 긴장이 됐어.

정3: 그런 자리에서는 다 긴장 될 거 같은데.

육회8: 그렇기도 하지, 교장들이 한 100명 넘게 모였거든.

정4: 나도 그런 데에서 사회를 보면 긴장할 거 같은데.

육회9: 그렇지.

정5: 너 ○○○에서 집단상담 행사하고, 장학관이랑 같이 폐회식 할 때 사회 잘 보더라.

육회10: 응

yes1: 우리가 보기에는 잘 하는데 본인은 내적 긴장도가 너무 높으니까, 힘들 거 같애.

티나6: 그치

육회11: 내키지 않는 게 중요한 거 같아. 내가 필요한 얘기들을 사람들이 많다고 못하진 않거든. 근데 내가 내키지 않는 거를 하려고 하니까. 그런 요식행위에 대해서 내가 그렇게 긴장까지 하면서 해야 하나 하는 생각이 내안에 있는 거야. 안 하면 안 되나? 내가 내키지 않는 걸 하려다 보니까 신경 쓰지 않아야 할 것을 더 신경 쓰는 거 같애. 내가 좀 그런 거 강박이 있거든

정6: 내키지 않은 것을 하려니까 더 신경이 쓰이긴 하지. 그렇게 긴장될 때는 그냥 버벅 대고 살았으면 해.

육회12: 그냥 살아?

정7: 그걸 왜 고쳐... 다른 거 잘하잖아, 사회 보는 거 잘하더라고. 그러지 않아 쨈? 너가 봤을 때.

쨈1: 잘하지.

정8: 너무 백점 맞으려 하지 마. 너무 욕심 많은 거 같아 짜증나!

※ 정8은 실제로 짜증난 건 아닌데, 육회의 긴장을 풀기 위해 역설적인 태도를 갖게 하려고 한 말임.

쨈2: 어 짜증나!

육회13: 그 얘기 들으니까 맘이 편안해지네. 그 부분은 내가 그냥 평생 가지고 가야 하나?

정9: 아홉시 뉴스 앵커, 그 사람들도 너무 깔끔하게 하는 사람보다도 가끔 버벅 대는 사람이 인기가 더 높대. 국기에 대하여 경,경,경,경례... 그렇게 한번 해봐봐.

티나7: 그럼 다음부터 안 시키겠다.

육회14: 국기에 대하여 경.경.경.경례. 이렇게? 어 재밌네.

티나8: 난 강의나 브리핑 할 때 처음 십분 이십분이 제일 힘들어. 한 백 명 정도 브리핑할 때...장성들 앞에서.

육회15: 그렇지.

티나9: 군에 바이어들 오고, 외국 사람들 오면 국방부장관이 오는데 수행원들 이 얼마나 많겠어. 그러면 사무실에서 얼마나 연습 시키겠냐고.

육회16: 그렇지. 연습을 또 엄청 시키겠네.

티나10: 한 오 분 정도 되는 걸 달달달 외우지. 처음에 국방부장관한테 경례를 해. 국방부장관 같은 경우는 사복을 입고 오니까 괜찮아. 근데 옆에 별이 보이잖아. 별이 네 개가 보이면, 진짜 포인터가 떨려.

(다들 오오오오~~~~~)

티나11: 떤다니까. 포인터가 사정없이 떨려.

(다들 웃음 하하하하~~~)

yes2: 그럼 빨간색이 왔다 갔다 하고...

티나12: 진짜... 어떤 때는 한 십 센치 정도

(다들 웃음 하하하하~~~)

티나13: 진짜 어 이게 막...

쨈3: 상상이 너무 된다.

티나14: 그래서 절대 눈을 봐야지 생각해. 계급장을 봐버리면 통째로 한마디가 없어져버려. 문맥도 안 맞고 힘들어. 이렇게 브리핑 한 오 분, 십 분하는 것 도 엄청 힘들더라고.

정10: 그래 힘들겠어.

육회17: 행사 할 때, 요식이 어떻게든 하면 되는 거지, 그렇게까지 해야 하나? 그런 생각을 계속 막 하게 돼.

정11: 교사들만 모였다던가 상담자들만 모였으면 그럴 때는 이무로우니까 잘 하잖아. 나이먹은 낯선 교장들이 보니까 당연히 긴장하지.

육회18: 어쨌든 난 정의 그 말이 내 마음에 와 닿았어. 그거 하나(경례 할 때 더 듬거리는 것)은 내가 실수하면서 가져가는 거다. 그래도 될 거 같기도 하고.

정12: 그래 너 그런 거 백점으로 잘하면 직업 바꿔야해 사회자나 MC로.

※ 정12. 잘하려고 할수록 긴장하기 때문에 좀 역설적인 태도로 사회 볼 때의 긴장을 받 아들이게 해 봤음.

육회19: 그래

구들장1: 맞아. 평소에 되게 자연스럽고 위트도 있는데 더 잘하면 직업 바꿔야 되겠네.

육회20: 그니까 그건 내가 가져가도 될 거 같아

정13: 고치지마!

육회20: '고치지마!' 음... 정이 되게 전문가인 거 같아... 바로 긴장이 쫙 놓아지 네. 어...

정14: 섭섭하다, 너 전문가인 것 같다고 하니까.

육회21: 나는 정이 심리치료 못할 줄 알았거든. 야~ 이렇게 하는구나.

(다들 웃음 하하하하~~~)

사람한테 문제점을 알려주고 이런 거는 많이 봤는데. 어떻게 앞으로 실수 를 안 할까만 생각 했는데. 실수를 가져가라 하니까. 진짜 그 문제가 다 해 결이 된 거 같아. 그렇게 가지 뭐... 경.경.경.경.경례

정15: 그래, 큰소리로 한번 해봐봐. 국기에 대하여 큰소리로...

육회22: 국기에 대하여 경례! 봐봐 너무 잘하잖아.

정16: 안 돼! 그렇게 하면 안 돼.

육회23: 안 돼? 그렇게 하면 안 되는 거야? 국기에 대하여 경.경.경.경.경례

정17: 잘했어.

(다들 박수~~~~~~)

육회24: 이렇게 하라고?

티나15: 응

육회25: 또 그렇게 하라면 그것도 못할 거 같은데...

yes3: 장내 분위기 너무 화해질 거 같은데?

티나16: 화기애애해지지. 누군 인상 쓰고 있고, 내빈들은 웃고 있고.

정18: 옛날에는 시내버스에 안내양이 내릴 때 돈을 받았었잖아. 어떤 말더듬이 소년이 버스를 탔는데 돈이 없었어. 그러면 걔가 혼나잖아. 그래서 안내원한테 더듬어서 말하면 혼내지 않을 것이다 생각하고 말을 막 더듬으려고 했대. 근데 말이 술술 되게 잘 나왔대.

(다들 웃음 하하하하~~~)

육회26: 내가 또 완벽 할라고 하는 그런 게 좀 있었던 거 같아.

※ 처음 육회는 사회 보면서 말이 더듬어지는 것이 하기 싫고 내키지 않아서라고 주장했는데, 定은 내키지 않음보다는 긴장감이 문제라고 생각했다. 결국 육회도 자신의 긴장감이 문제라는 것을 인정하고 있다. 육회는 강박성이 높았었기 때문에 중요한 순간에 긴장을 많이 할 것으로 생각되었다.

실천1: 나도 삼십년 이상을 교사생활 하면서, 학부모 공개수업 하면 매번 긴장을 하더라고. 내가 잘 하려고 했던 것이 문제였고... 그래도 횟수가 지나면서는 있는 그대로 보여주자는 생각을 하면서 하니까는 좀 더 낫더라고. 남앞에서 보여준다는 것은 아무리 오랜 경력이 있어도 힘들었어. 그래서 공개수업 시작하면서 '긴장이 되네요, 떨리네요' 라는 표현을 한 적도 있었던 거 같아. 그러면 그 다음부터는 편해지고 분위기도 좀 더 나아졌던 경험도 있어. 얼마 전에 jtbc에서 처음으로 데스크에 나와 가지고 보도를 하는 단발머리가 초짜야! 김영란 법에 대해서 손석희가 물어보고 답하는데,

애가 정말 떨리는 게 막 느껴지는 거야. 정말 왜 저렇게 못 하냐 하는 거보다, 되게 인간적이고 애쓴다. 이런 마음이 들더라고.

육회27: 하, 너무 고맙네. 그거였던 거 같네. 진짜 실수해도 되는데...

정19: 근데, 사회보기 전에 "경.경.경례" 이걸 열 번 하고 올라가.

육회28: 어... 십분 전에?

정20: 응

육회29: 어 알았어.

쨈3: 진짜 하는 거야?

정21: 진짜 연습해!

쨈4: 아니 그렇게 연습을 해서 결국은 진짜 실제에서는?

정22: 근데 실제상황에서는 그때 되는대로 하는 거고.

쨈5: 10번씩 연습하는 거는 왜?

정23: 긴장 낮추는 거지.

육회30: 그러다가, "경.경.경" 할까봐 걱정도 되는데, 긴장 낮출 수 있을 거 같애.

정24: 긴장 낮출 수 있어. 보통 사회보기 전부터 긴장이 되고 사회 보는 게 시작되면 긴장이 많이 올라가잖아. 근데 시작하기 전에 계속 긴장을 풀고 있으니까 시작되도 긴장이 덜하지.

육회31: 심리치료 잘 하네~

들꽃1: "내가 가져가도 될 것 같아" 이렇게 말하는 육회가 더 멋있어 보인다. (육회20)

티나17: 그 뜻은 뭐야?

들꽃2: 육회가 아까 계속 말하고, 말이 많았잖아. 장학사라고 들었는데... 일곱 살 유치원생같은 이미지였어.

들꽃3: 그런데, 그렇게 말하니까 ... 좀 달라 보여

정25: 왜 달라 보인다는 거지?

들꽃4: '그렇게 하면 되는구나'하고 진지하게 받아들이는 모습이 좋아보였어.

실천2: 근데 그 편안하다는 것은 나도 느꼈거든. 정이 말하는데 '아 바로 그거야' 바로 수용하면서 마음이 놓이는 편안함이 내게도 전달이 됐어.

육회32: 실제로 마음이 편해졌어. 이제는 다른 얘기 할게. 이건 한 달 정도 전에 있었던 일인데. 내가 술을 마실 때, 조금 비위가 상하는 일이 있으면 내가 너무 극도로 화를 내는 거야. 어떤 행사가 있었어 내가 담당자였어. 여러 기관이 같이 모이는 자리였는데, 술을 한 이차까지 마시고 자기들끼리 이야기하는데, 기관들끼리 서로 기분 나쁜 게 있었나봐. 소리를 막 지르더라고 어떤 사람이. 그런데 갑자기 '장학사도 문제야' 이렇게 얘기를 하는 걸 듣고, 내가 그 사람한테 가 가지고 굉장히 뭐라고 했던 기억이 나. '당신 이러면 안 된다 이 자리에서는' 그러면서 굉장히 극도로 내가 화를 냈던 거 같애. 그런 일이 보면 굵직굵직하게 있는 거야. 그래서 그 이후로 내가 술을 많이 안 먹어. 내가 주관하는 자리인데 실수를 한 거지 나도.

티나18: 아는 사람은 아니었고?

육회33: 몇 번 본 사람은 아니지. 같이 잘 해보자고 모인 자리였거든. 거기서 굉장히 화를 냈고, 그리고 나서 숙소에 들어갔는데 또 다른 사람이 얘기하는 게 거슬려서 또 굉장히 화를 냈던 기억이 있어. 그날 밤 내가 세 명한테 화를 냈던 거 같아

티나19: 그럼 주산데...

※ 티나19: 이 얘기만 듣고 충분히 공감하기 어려우면 "넌 흥분을 잘 하는구나"라고 반영을 하거나 감정표현을 했어야 함.

정26: 후회스럽고 착잡했겠어.

육회34: 날 되게 따르고 내가 아끼는 후배가 하나 있었어. 1차에서 얘기가 잘 됐어. 그리고 2차를 갔어. 근데 또 거슬리는 얘기가 나온 거야. 그것도 내가 엄청 버럭 소리를 내고 막 쌍욕도 해 버린 거야. 그 다음날 후회스럽더라고. 나와 연결된 지점에서 내가 섭섭함이 있었어. 근데 그거를 섭섭하다고 얘기하지 않고 내가 맹비난을 하는 거야. 육 개월에 한 번씩은 그런 일이 있어... 서로 으쌰으쌰하고 좋은 자리에서, 내가 어느 순간 기분 좋은 마음이 화로 막 돌변되니까. 어 내가 진짜 술을 먹으면 안 되겠다, 너무 많

이 마시면 안 되겠다. 내가 그래서 쨈한테 얘기를 좀 했어. 그니까 쨈도 내가 그렇게 버럭 버럭 하는 거 같다고 해.

구들장2: 거슬리는 게 무슨 말이었는데?

※ 구들장2: '걱정 되겠다' 공감을 하고 질문하는 것이 좋겠음.

육회35: 술 잘 먹고 나서… 큰소리로 나를 비난 하니까, '이사람 봐라?' 이런…

티나20: 장학사가 혼자였어?

※ 티나는 공감이나 감정표현보다는 질문, 충고를 자주 함.

육회36: 난 혼자였지, 이사람 안 되겠다. 술 먹고 이러면 되는 거야? 경우에 맞지 않네! 가만 놔두면 안 되겠네 혼을 내줘야겠어. 이런 게 나는 컸던 거 같아. 권위의식을 부렸던 거 같기도 해. 근데 내가가서 제재를 하는 건 맞았는데, 너무 심하게 나무라듯이 했던게 나중에 후회가 되더라고.

티나21: 그래서 옆에서 막 말리고 있고?

※ 티나21: 질문을 계속하고 있음.

사랑1: 주로 거슬리는 말이, 자기를 비난하는 말?

육회37: 좀 그 건방져 보이는 말.

티나22: 격노한?

정27: 그렇게 화를 심하게 내고나면 되게 후회되고 쪽팔리겠어. 티나는 질문이 너무 많아서 아쉬워.

육회38: 쪽 팔리지…

정28: 나도 예전에 공개사례발표 지도 하는데 사례발표자가 다른 수퍼바이저를 마구 까는 거야. 근데 이 수퍼바이저가 아무 말도 못 해. 그래서 내가 그 수퍼바이저를 보호해 주려고 발표자에게 그렇게 심하게 말하면 안 된다고 말하다가 흥분해가지고 막 화를 냈는데, 한 백명 앉아 있는데서...쪽 팔리더라고. 근데 그 수퍼바이저는 나한테 고맙다는 말도 안했어. 괜히 나 섰다고 후회도 되고.

(다들 웃음 하하하하~~~)

육회39: 그래, 쪽팔리더라고...

티나23: 사과했어?

육회40: 그 다음날 화해를 했어. 내가 생각하기엔 나는 문제가 있다는 생각이 들었어. 처음엔 굉장히 기분이 좋았거든. 근데 어떻게 그렇게 화를 극단적 으로 내는 지 나도 문제가 심각한 것 같애. 너무 화를 냈지?

티나24: 언제부터 그랬어?

육회41: 아니야... 한 2~3년 사이에 그런 거 같아.

쨈6: 예전부터 그랬어!

육회42: 예전부터?

쨈7: 그래. 예전부터

(다들 웃음 하하하하~~~)

육회43: 예전에도 술 먹으면 그랬어.

쨈8: 더 심했어! 집요하게 화를... 심하게 내!

육회44: 인사불성이 되가지고 막 소리 치는 게 아니고, "그때 니가 이렇게 했고 이렇게 했잖아..."

쨈9: 소리도 치고, 그래서 내가 육회랑 관계를 끊으려고 했었어. 내가 너무 힘 들어가지고. 너무 화가 쎄니까, 내가 너무 안 되는 거야. 인제 더 이상 만 나면 안 되겠다. 그런 적이 있었어.

육회45: 내가... 화가 많았던 사람이긴 하지.

정29: 그런 일을 겪을 때 쨈 네 감정은 어땠어?

쨈10: 내 감정이 너무... 절망, 힘들었어! 너무 일방적으로 나한테 퍼부으니까.

정30: 기분도 나빴겠네.

쨈11: 기분이 너무 나쁘고 기분이 정말 더러웠어.

정31: 육회한테 분노심이 들진 않았어?

쨈12: 많이 들었지. 나도 소리를 질렀는데, 내가 너무 안 되는 거야. 너무 쎄니까. 아무리 해도 당할 수가 없었어. 너무 힘들었어!

보들이1: 성격 좋네. 나 같으면 너 죽고 나 죽자고 덤벼버리지.

육회46: 내가 미안하다고 했지...

※ 육회46: 이런 미안함에는 진정 미안함이 안 느껴짐. '그때 정말 내게 화나고, 기분 더러웠겠다' 고 공감했어야 함. 지금도 가끔 그렇게 화내는 내 모습에 반성이 된다거나 부끄럽다는 자기 감정표현이 있어야 함. 미안하다고 하는 것 보다는 공감하는 것이 쨈의 기분 나쁨을 푸는데 훨씬 도움이 된다.

보들이2: 미안하다고 해서 되는 건 아니지.

육회47: 그렇다고 내가 쌍욕하고 이러진 않아.

정32: 쨈이 기분 나쁘고 힘든 것에 대한 공감은 안 되나봐? 미안하다고만 하니까 너의 미안함이 안 느껴져서 아쉬워. 공감하고 미안하다고 하면 미안함에 진정성이 더 느껴지겠어.

보들이3: 어찌됐건... 당사자는 기분 나쁘다고. 기분 더러웠잖아.

육회48: 그렇치! 기분 나쁠 거야!

※ 보들이는 당사자의 입장에서 말하지 말고 육회에게 직접 피드백을 해야 함.

쨈13: 육회에게 아무리 얘기를 해도... 너무 말이 안 통하고, 내 얘기가 네게 전혀 전달이 안되 상처가 됐어. 술 먹었을 때... 근데 그 다음날 아침에 바로 문자가 온 거야. 미안하다고. 문자가 왔는데 이게 너무 싫은 거야. 나로서는 그때 정말 관계를 끊고 싶었어.

육회49: 야, 근데 너는 그게 내 생각엔 한 오년 된 얘기인가 그런데 그게 아직도 리얼하게 남아 있냐?

※ 육회49는 비난받으면 지금도 화가 많이 나서, 반성된다고 말하거나, '지금도 그렇게 리얼하게 말하는 것 보니 그때 네가 정말 화가 많이 났구나' 라고 공감하는 것이 좋겠음.

쩜14: 응 그니까 예전부터 술을 먹으면 내게 쎄게 화를 냈어.

정33: 쩜 그동안 성질 많이 났겠다.

쩜15: 지금 많이 좋아 진거야. 지금 자기가 '화를 내는 구나'하고 알아차리는 게 다행인거지.

육회50: 나는 스트레스가 화로 가는 거 같아.

소망1: 자기에 대해서 비난이나 평가가 나타나면, 술 마실 때는 바로 성질을 내 잖아.

yes4: 나하고 똑같다고 생각한 게. 나와 친밀한 사람하고 술 먹을 때, 내가 상처를 주는 말을 자주 해.

보들이4: 그렇게 하니까 관계가 멀어지더라고, 관계가 끊기고.

yes5: 후유증이 엄청나지.

정34: 쪽팔리고.

육회51: 그날 행사에 나 정말 쪽팔렸어.

구들장3: 평소엔 안 그러다가 술 먹은 사람에게 당하면 상처가 더 클 거 같아. 나 같으면 저 사람이 정말 평소엔 참았구나, 술 먹으니까 진심이 나오구나, 이런 생각이 들고.

육회52: 내가 잘 마무리한 행사에서 그러고 나니까, 그 다음부터 일주일 동안 술을 안 먹게 되더라고.

티나25: 위험이 컸네. 나도 주사가 좀 있었는데, 하사 때... 한번 맞았지. 그 뒤로는 주사 안 했어.

정35: 고참한테 맞은 거야?

티나26: 아니 동기한테. (다들 웃음 하하하하~~~) 내가 45년 동안 필름 끊겨 본 적이 한 두 번? 술에 대해서 관대했는데. 큰 계기가 있으니 고쳐지게 되더라고.

정36: 동기한테 맞았으면 기분 진짜 더러웠을 텐데.

육회53: 근데 맞을 짓을 했을 거 같아.

(다들 웃음 하하하하~~~)

티나27: "네가 힘드냐 내가 힘들지"... 우리는 힘든 일을 해도 월급은 똑같이 나가니까. 걔는 통신 대대에 있던 애고, 나는 항공기 엔진파트에 있으니까 뭐 액면적으로 봐도 내가 힘들잖아. 근데 막 우기는 거야. 나도 막 되게 집요하거든. 막 따지다가 그랬지

육회54: 집요함이 또 화랑 연결 되는 거 같아.

※ 육회54에서 공감이 필요했음. 육회53에서도 티나가 자기에게 공감 안 한 것에 대해 보복하는 것처럼 보임.

티나28: 내가 집요하게 설득해도 안 받아 들여서 화가 났었어.

정37: 답답했겠어! 넌 기어이 납득시키려는 경향이 강해보여.

들꽃5: 우리 애들 아빠도 명절 때 정치 이야기 하다가 막 싸우고.

정38: 형제들 간에?

들꽃6: 응, 형제들 간에. 지난번에도 모임에 가서, 또 자기는 화 안 냈다고 하는데 막 큰소리로 하니까. 상댄 여잔데...'어이구 나한테 왜 이러냐.'고, 그러고는 완전 화나가지고 가버렸는데. 왜 화냈냐고 하니까 화 안 냈데.

육회55: 사과해야지.

※ 육회55에서 '그런 남편을 보고 답답했겠다!' 라는 공감이 필요함. 육회는 계속 공감을 안 하고 있음. 해결책 제시하고 놀리고 질문하고.

들꽃7: 사과? 자기 잘못한 거 하나도 없다는데 남편이...

육회56: 남편도 여기 한번 보내야겠다.

※ 육회56은 계속 해결책을 제시하고 있음.

티나29: 그거 빨리 안 고치면. 나이가 먹을수록 아집이 커지잖아.

육회57: 그럴 거 같아.

정39: 사랑도 네 느낌 표현해야지. 좀 전에 질문만 한 거 같은데

사랑2: 술을 마시면 다 그런가. 나는 내가 술을 못 마시기도 하고 음... 사람들이 술을 마시면 다 자기 통제를 못해서 답답하고 짜증나. 특히 내가 지금 사귀고 있는 남자친구가 있는데, 그 친구도 술 중독인데, 날마다 먹으면 중독 아니야? 원래도 그런 성향이 있는데 술을 먹으면 그런 성향이 더 강해져.

육회58: 그런 성향이 뭔데?

사랑3: 공격적인 거. 시비 걸고, 트집 잡고... 이래서 싸우게 만들어. 너무 짜증나 사람을 지치게 하는 거 같아. 그래서 답답해.

들꽃8: 술이 문제를 일으키고 있는데도, 본인은 술이 문제를 일으킨다고 생각 안 해. 스트레스도 풀고, 속 이야기도 하고 관계를 좋게 한다고 생각해.

※ 들꽃8은 자기상황을 얘기 했는데 사랑3의 힘듬에 공감하는 것이 필요했음.

보들이4: 아니야, 본인도 느껴! 알고는 있어.

들꽃9: 아니, 우리 남편이 그렇다는 거야.

보들이5: 나 진짜 공감이 돼. 솔직히 나도 술 때문에 싸우는 거잖아. 우리 신랑하고.

육회59: 보들이도 술 먹으면 화가 올라오는 거야?

보들이6: 나도 공격성이 올라오지. 누가 나한테 한마디만 해도, 술을 먹었을 때는 화 나는 것이 배로 되는 거야.

※ 보들이6도 자기의 경험에 비추어서 '사랑과 들꽃에게 힘들겠다' 는 공감이 필요했음.

육회60: 그렇지.

보들이7: 듣고 있으면, 나하고 똑같네! 공감이 돼. 뭐 한 가지가 내 귀에 거슬리

면, 그거는 못 참아. 거기서 언성이 높아져. 그러다 보니까 나도 싸움이 잦게 되.

육회61: 그거는 너무나 후회스럽고 아쉬웠을 거야.

보들이8: 그래 나도 진짜 후회 많이 하고 있어.

정40: 딸에게 미안하겠어.

보들이9: 내가 왜 걔한테 이런 막말을 했을까? 내가 이런 말을 했었을 때 우리 딸도 상처를 굉장히 많이 받았겠구나. 그리고 가끔 내가 문자를 넣어. '어제는 엄마가 미안했다, 저녁에 와서 얘기 좀 하자.' 해놓고는 저녁에 '어디 부모한테 함부로 대드냐?' 그러면은 '알겠어요!'하고 수긍을 해. 내가 '너하고 나하고 관계 좋게 지내자~' '너 사랑한다!' 그러면 '저두요'해.

(다들 웃음 하하하하~~~)

보들이10: 그러면 우리 통닭 하나 시켜서 맥주 하나 먹을까?

티나30: 기승 전 맥주고만.

(다들 웃음 하하하하~~~)

정41: 니가 미안하다고는 했는데, 딸의 마음을 헤아리지는 않아서 아쉬워. 다음날 정신이 돌아 왔었을 때, '엄마가 너한테 먼저 신경질을 부렸는데 많이 미안해, 너도 되게 기분 나빴지? 네가 대드니까 나도 서운했어'라고 말을 해야지

보들이11: 알겠어. 여기서 배워서 가면 되잖아

정42: 딸에게도 '엄마도 네가 나한테 대들고 빈정대는 소리하니까 미쳐 버리겠더라, 정말 화가 나!' 라고 네 감정표현도 하고.

보들이12: 화가 난다고 했어 엊그제.

정43: 딸이 대들고 빈정거려서 비참하지는 않았어?

보들이13: 응, 진짜 비참했어!

정44: 그런 식으로 감정을 나누면 좋잖아. 술만 나누지 말고 감정도 나눠.

육희62: 그래.

보들이14: 이놈의 술 진짜.

정45: 우리는 술 먹으면서 감정을 나눠. 술만 나누는 게 아니라,

구들장4: 멋지다! 그 말.

티나31: 나이가 먹어 가면 먹어갈수록, 거슬리는 단어가 더 많아지지 않아? 취했다싶으면 싸우게 되니까 그냥 잠 자버려!

보들이15: 그게 맘대로 되나?

티나32: 어 연습하면 돼. 술 먹고 백날 얘기해봤자 원점이야. 한 말 또 하고 한 말 또하고 원점이더라고. 난 그래서 자려고 누워.

보들이16: 어차피 술 먹고, 한 얘기 또 하고, 또 하고 그래. 근데 그게 맘대로 되냐고?

티나33: 난 되잖아!

보들이17: 할 말 없어.

정46: 나도 술 먹으면 바로 자. 평소에 할 말 다하니 술 먹고 더 할 얘기가 없더라고.. 술 먹고 말하면 상대 말을 안 듣고 자기말만 해. 그래서 말이 많아지고 싸우게 되고. 술의 힘을 빌어서 말하려 하지 말고 술 먹으면 잠이나 자라고. 소망도 느낌이 궁금해.

※ 정46: 감정표현에 대한 것을 다루고 있어서 소망도 참여시켜야겠다고 생각해서 불렀음.

소망1: 정도의 차이인데... 그 말 듣고 나는 내 남편이 생각났어. 내 남편도 이야기를 하면 자기 감정에 더 치우치지. 상대방의 감정을 생각하기보다는 자기감정에 더 몰입이 돼서 지른단 말이야. 난 굉장히 힘들고 고통스럽거든.

육희63: 그렇지.

소망2: 그거를 자기 논리로 질러버리기 때문에 난 한마디도 못해. 내가 말을 하면 남편이 내게 더 분노해.

육희64: 맞아. 나도 그런 식으로 해.

소망3: 남편 말이 틀린 게 없거든 논리적으로... 남편은 질러버리고 땡이야. 그

걸로 끝나. 근데 나는 성질 받지. 남편이 시간 지나고 나서 잘못했다고 하지는 않는데 말을 붙이는데 난 말하기가 싫은 거지. 감정이 오래 가. 그래서 내가 대화를 피해.

사랑4: 술을 마시고 지르는 거야?

소망4: 술 안마시고... 근데 술을 한번 마시고 상사한테 내질러 버렸나봐.

정47: 최근에?

소망5: 직장 다니던 옛날에. 그니까 자기가 갖고 있는 기준이 있어 이 사람은. 이 기준에서 벗어 나면 굉장히 싫어해. 사실은 최근에 몇 달 안됐는데 한 사건이 터진 게 있었어. 남편하고 내가 관계가 원만하지가 않아. 서울에 교육 있어서 남편이 터미널에 나를 태우러 왔는데, 집에 도착해서 나는 먼저 내려서 들어오고, 우리 집이 주차하기 애매해. 그래서 남편은 좀 늦게 들어왔어. 근데 선풍기 선이 방에서 길게 연결 되가지고 걸리적 거렸나봐. 그게 걸리적거리니까 딸에게 치우라고 얘기 한 거야. 근데 딸이 대답만 하고 바로 움직이지를 않았어. 보통 아이들이 그러잖아. 근데 남편이 그 꼴을 못 봐. 바로 안 움직이니까 화를 내더라고. 딸도 인제 대들고 그러자 남편이 딸 뺨을 때렸어. 애가 못마땅하니까, 좀 안 좋게 대답을 했지. 뭐라고 약간 말대꾸를 했나봐. 나는 씻으러 들어가서 몰랐고, 씻고 나오는 상황에서 아이가 뺨을 맞은 거야.

티나34: 몇 학년이야?

소망6: 대학생... 뺨을 때리고, 거기서도 남편이 '네가 잘못했어! 아빠가 말하면 바로 해야지', 그러는 거야. 막 이런 식으로 하고 끝내고 가더라고. 근데 그때 내가 한 대 맞은 기분이었어. 이 상황을 어떻게 해야 되나 이 생각이 들고, 눈앞이 캄캄해갖고 답답했지. 그래 가지고 애 방으로 들어갔더니 애가 완전히 해까딱 할 정도로 분노에 꽉 차가지고 완전히 처음 보는 모습인데, 지금까지 그렇게 화가 나고 못마땅해 하고 그래도 그런 모습은 처음 봤거든. 지 머리카락 집어 뜯으면서 막~이러면서, '이제 아빠가 없다'고 하면서. '나한테 말하지 말라'고 자기한테 어떠한 말도 하지 말라고. 딸이 흥분한 상태니까 내가 방에서 나와 버렸거든. 다음 날 딸하고 저녁 먹고 차 한 잔 마시고 하면서 거기에 대해서 얘기를 하려고 했더니 아빠의 '아' 자도 꺼내지도 말라고 해서, 그렇게 시간이 지나 버렸지. 그런 케이스라서... 그게 답답해.

정48: 답답하기만 하겠어? 못마땅하고 분통터지겠어. 뺨 맞은 딸을 보면서 마음도 아프고. 딸이 아빠에게 화나 있을 때 소망이 남편에게 '딸 뺨때린 것 나도 화난다'고 딸이 보는데서 말해 줘야했어. 자식들은 그럴 때 아무 말 못하는 엄마를 원망해. 소망의 모습이 아쉬워.

소망7: 못마땅하고, 답답하고, 싫고, 밉고, 근데 그 남편 때문에 내가 사실은 상담공부를 한다고 하고 있으면서도... 남편하고 그 부분에 대해서 이야기를 하고 싶지가 않아. 지금까지 그 부분에 대해서 이야기를 안했어. 대화를 안 하고 싶어!

티나35: 두려운 거지, 수용을 안 하니까.

소망8: 아니, 두려운 게 아니라 하기가 싫은 거야. 아예 하고 싶지도 않고. 그런 노력도 하고 싶지가 않고

육회65: 포기지 포기!

※ 티나35. 육회65에서는 남편이 못마땅하고, 암담하겠다고 공감하는 것이 필요함.

들꽃10: 우리도 막내딸하고 남편하고 그런 비슷한 일이 있었는데. 나도 그 생각이 나는데, 그 것에 대해서는 남편하고 언급을... 지금까지 다시 안 했어.

소망9: 지금까지도 다시 안 해?

정49: 딸이 아빠에 대해 얘기하기 싫다고 했을 때 딸에게 무슨 말이 더 필요하겠어. "너 진짜 분통터지겠다. 엄마도 화나고 원망스러워."라고 공감만 해주면 되지. 들꽃은 얘기하기 전에 소망 얘기 듣고 어떤 느낌이 든다 이런 표현을 먼저 하면 좋겠어.

※ 정49: 질문할 때는 감정표현을 먼저 하고 질문하는 것이 필요함. 질문만 하면 무관심하게 보여 진다. 감정표현 할 것이 없을 때는 바로 질문을 해도 됨.

들꽃11: 공감이 된다고...

정50: 그냥 공감이 된다! 이렇게 얘기하면 너무 약한 거 같아. 공감이 되는 마음을, 너의 ○○한 마음이 공감이 된다고 좀 더 상세 하게 설명해 봐.

들꽃12: 둘째가 중학교 때, 아빠가 술을 마시고 치킨을 먹으라고 사갖고 왔는데, 그걸 애는 먹고 싶지가 않았어. 자기는 사와서 애가 별 반응을 안보이니까 남편이 화가 나가지고 콜라 잔을 던져서 애 콧잔등을 다쳤는데 내가 굉장히 마음이 아프더라고. 밤에 응급실에 데리고 가고.

소망10: 남편이 상대방에 대한 배려가 없는 거네.

들꽃13: 자기 기분만 중요해. '넌 아빠가 우습게 보이냐?'

소망11: 내 남편도 자기 기준대로야, 상대방이 먹기 싫을 수도 있고 하기 싫을 수도 있어. 그런것 생각 안 해. 안하면 왜 안 해! 자기 말에 거부하지 말고 복종 해! 말 안 들으면 화를 내. 폭력을 쓰지는 않아.

정51: 폭력 썼잖아. 딸 뺨 때리고...

소망12: 딸한테 그런 거는 큰 사건이고... 아들한테는 폭력을 썼었어. 못마땅할 때는 때리기도 하고 그랬는데 말은 공격적이지. 근데 자기가 공격적이라고 생각도 못해.

사랑5: 엄청 답답하겠다! 가슴이 탁 막히는 거 같아.

소망13: 내가 안 되겠다 싶어서, 한번 싸운 적이 있었지 대판. 내가 안 살았으면 안 살았지... 그런 각오로 싸우면서 이야기를 했어. '남편의 화내는 말투가 정말 무섭고 주눅들게 하고 말을 못하게 할 정도로 무섭다'고, 자기는 평상시대로 말하는데 왜 니가 그렇게 받아 들이냐고 해. 무서운 표정으로.

정52: 소망이 그런 남편에게 화나고 답답할 것 같아.

소망14: 받아들이는 내 감정도 내 문제라고 생각하면서 남편이 그렇게 나왔을 때 내 감정을 읽으려고 노력을 많이 했어. 순간 남편에 대해서 나도 같이 욱하고 나오려고 하는 거를 알아차리고 내가 멈추는 거지.

yes6: 나는 답답한 게, 남편이 되게 강요적인 태도잖아. 애를 때릴 만큼의 막 화가 많이 올라 온 건데, 난 소망의 말이 되게 비겁한 변명으로 느껴져. 아~ 남편이 그렇구나하고 이해하고 넘어 가는 게 진짜 답답해.

소망15: 아니 그건 이해하고 넘어간 건 아니었고.

yes7: 남편이 '나 화가 안 난거야, 나 그냥 평상시대로 얘기한 거야' 그런다고 아~ 남편의 성향이 저런 거구나 내 감정도 문제구나 하고, 자기 문제로 받아들인다는 게 이해가 안 되고 답답해.

소망16: 귀찮아서 물 떠먹었던 컵도 안치우고 나중에 내키면 치울 수 있잖아. 근데 남편은 이거를 못 봐 잔소리를 해 빨리 치워야 된다고.

yes8: 그게 되게 강요적인 거잖아!

※ yes8에서 그럴 때 '짜증이 나겠어' 라고 공감이 필요.

※ 소망13,14,16은 소망이 자신이 느끼는 남편의 부당함을 말하지 않고, 남편의 입장을 설명하고 있다. 심하게 의존적인 사람은 자신의 입장이나 감정을 말하지 못하고 상대의 입장을 설명하고 대변한다. 이들은 그 말을 당연히 따라야 하는 것으로 말한다. 자신의 두려움 때문에 감정억압을 심하게 하는 것을 인지하지 못 하고 있음.

보들이18: 그럼 지한테 하라해.

소망17: 그러면 싸움나지.

보들이19: 싸우면 어쨌대?

소망18: 싸우기가 싫은 거지. 싸우려고 하면 내게 에너지가 있고 힘이 있어야 되는데, 그냥 넘어 가는 거지.

보들이20: 소망이 남편하고는 에너지 소비를 하기 싫다 이거구만 괜히 별것도 아닌 거 가꼬.

정53: 보들이는 소망의 이런 모습에 대한 감정표현도 좀 해.

보들이21: 나 진짜 아까 듣는데...열 받았어. 애기 아빠가 우리 애들에게 손을 대면 그럼 그 뒤로 난 안 봐. 내가 남편을 갈겨버려. 다 큰딸이 얼마나 화가 나겠어! 싸대기 한 대 쳐 맞는디.

정54: 지금 여기 소망의 모습에 대해서 감정표현을 먼저 해야지.

보들이22: 답답하고 짜증나 막 미쳐 불거 같애.

쨈17: 난 보들이 얘기가 시원하거든. 나는 소망이 보들이처럼 했다면, 딸이 엄마를 든든하게 느꼈을 거 같아.

yes9: 딸이 보호받는 느낌이 들 거 같아.

쨈18: 그런 느낌이 들 거 같아.

소망19: 그런 에너지가 없었어. 내가.

쨈19: 나는 그 말이 답답하고 변명 같애. 남편 입장이 뭐라고 설명하는데, 그게 되게 단절하는 건데, '에너지가 없다'는 말은 변명하는 걸로 들려.

소망20: 아 그냥 하고 싶지가 않아. 싸우고 싶지도 않아!

육회66: 그러니까.

yes10: 이해가 되는 게 그런 남편하고 이십년 가까이 살잖아 그럼 예측 가능한 답이 나온다고. 그걸 아는 상황에서 또 해봤자 소용이 없고, 그니까 재껴 놓는다는 거 있잖아. 난 공감은 안 되지만 이해는 됐어.

※ yes10: 소망에 대한 감정을 말해야 함. 공감이 아니고 이해했다면 불편한 감정이 있을 수 있음.

소망21: 다른 말로 악 받지는 않아. 딸 그랬을 때는 그때 바로 남편한테 화난다고 내가 했었어야 하는데.

정55: 남편에게 대들고 말할 에너지가 없다고 했는데 이 말은 용기가 없다는 것을 변명하는 것 같아. 딸 때린 것에 대해 남편에게 화난다고 말했어야지. 많이 답답해.

소망22: 그 부분에 대해서는 지나고 나니까 후회가 되네. 진짜... 내가 어떻게 딸한테 그럴 수 있냐고 화내고 내질렀어야 했는데, 그걸 못한 게 후회가 되네!

육회67: 그렇지

정56: 후회스럽지! 자식들이 부모한테 맞았을 때 가만히 있는 부모를 보고 그 부모에 대해서 진짜 원망을 많이 해.

yes11: 딸 데리고 집을 나가버려야지.

티나36: 아직도 ing 인가 보지?

소망23: 응, 계속 가고 있지. 냉전...한 달 됐어.

정57: 이럴 경우에는 딸한테 진심으로 당신이 사과를 해라, 아직까지 사과를 안 한 당신이 실망스럽다. 이 정도는 말해야 된다고 생각해. 니가 그런 말을 못하니까 되게 답답해.

※ **정57:** 이 상황은 남편에게 감정표현하는 역할극을 했으면 더 좋았을 것이다. "당신의 이런 공격적인 모습에 화가 나고, 아직까지 딸에게 사과하지 않아서 실망스럽다"고 소망이 너무 에너지가 없다고 해서 시도하지 않았음.

실천3: 지금이라도 해야 되?

정58: 지금이라도 해야지.

티나37: 두 달 밖에 안됐는데 말해야지.

소망24: 근데 생각은 항상 있었어. 그 생각은,

정59: 그렇게 심각하고 중요한 것도 말 못한다는 것은 너의 회피성이 심각한 것 같애.

소망25: 그니까 그 생각만 있지, 남편한테 가서 너 이거 잘못한 거다. 딸에게 상처 되고 정말 이거는 아빠가 가서 무릎 꿇고 정말 잘못했다고 용서를 빌지 않는 한, 아이가 아빠를 받아들일 수 없을 거라고 수십 번 머릿속에서 생각 했어.

티나38: 근데 생각만 해?

보들이22: 왜 얘기를 안 해?

소망26: 진짜 말 섞기 싫으니까!

티나39: 아, 답답한 게... 이정도 되면 엄청 참고 사는 거잖아.

소망27: 내 감정을 알아차리고 있어.

육회68: 그거는 알아차림은 아니고, 그냥 참는 거야. 네가 그렇게 말 섞기 싫다고 말하는 건 지나친 합리화 같아서 아쉽다. 사실은 그때는 화를 내는 게 정직한 마음이지.

소망28: 아니 딸에 관한 그 문제에 대해서는, 그 문제 건으로는 ing중이지만 다

른 건 별로.

육회69: 다른?

소망29: 그거 말고도 집에서 소소히 부딪칠 수 있는 부분들이 있잖아.

육회70: 그거에 대해서 느낌을 알아차렸을 때, 소망이 충분히 얘기해야 한다고 생각해.

정60: 소망의 알아차림은 첫째, 내가 남편에게 화가 난다. 둘째, 내가 남편에게 화가 난다는 말을 못 하고 있다. 셋째, 이것은 남편과의 갈등상황에 대한 나의 두려움 때문이다. 넷째, 난 겁쟁이다. 다섯째, 난 의존성이 심해서 남편과의 갈등을 견디지 못한다. 이렇게 다섯 가지를 알아차려야 하는데 소망은 첫 번째만 알아차리고 있어.

※ 소망이 자신의 문제에 대해 충분히 자각하지 못했지만, 여기까지 하고 다시 소망의 장에서 다루려고 넘어갔음.

소망30: 왜 내 이야기로 넘어와 가자지고.

육회71: 아니 잠깐만, 지금 내 장 끝나고 가야지 기다려.

보들이23: 육회 네 얘기해! 하라고

육회72: 그날 깨달음이 있었어.

정61: 뭘 깨달았어?

육회73: 사실 쪽팔렸고.

정62: 인지적으로 깨달은 거는?

육회74: 작은 얘기에 내가 기분이 확 나빠질 수 있구나, 이걸 깨달았지!

정63: 너의 강박과 강요가 올라온 거 같애.

보들이24: 나도 강박이 심할까?

정64: 보들이 너는 강박은 별로 없는데 강요가 엄청 심해. 육회 경우는 앞에 얘기한 사례에서 너의 자존감이 상해서 엄청 화가 난 것도 있었어.

육회75: 강박적 강요... 그럴 수도 있겠다 싶긴 해.

티나40: 술을 먹다가 취한 상태에서도, 아 여기서 더 가면 옛날에 그 정도 까지

가겠구나. 술이 후딱 깰 정도의 뭔 큰 트라우마가 있어야 된다고... 뼈를 깎는 고통이 있지 않는 이상...

※ 티나40: 충고보다는 육회의 분노 원인에 대한 직면이 필요함. 육회는 분노의 원인이 자기 자신임을 아직 깨닫지 못하고 있음.

육회76: 점점 좋아지고 있다고 했잖아.

정65: 육회가 강박이 심해. 쟤가 저렇게 뒤에서 여러 사람에게 비난하는 말을 하게 돼선 안 되겠구나 자꾸 이렇게 생각을 했잖아. 자존심 상한 것 보다는, 쟤를 저대로 놔두면 안 되겠구나 그런 마음이 많이 있었구나.

육회77: 그렇지 그런 게 좀 더 강했지

정66: 저건 정당한 태도가 아니다는 강박이 많이 올라왔구나.

육회78: 그냥 냅둬도 되는데 왜 일을 그 정도까지 키웠나. 사실 철렁 하더라고. 아 또 내가 일을 키웠네...

yes12: 근데 한편으로 생각하면, 너를 지목해서 한 말이잖아. '장학사 이러면 안 돼' 이 말 이잖아.

육회79: 어!

yes13: 나 똑같은 케이스 하나 있었거든. 나에 대해 비난하는 사람이 내가 그 자리에 있는지 몰랐던 거야. 그래서 '진짜 너 그러면 안 돼!' 이 맘이 공감이 되는 거야. 나는 진짜 지금도 걔가 용서가 잘 안 돼.

육회80: 나도 화가 났지!

yes14: 그때는 화가 주체가 안 됐어.

육회81: 나도 주체가 안 되긴 했어.

yes15: 화가 났을 때 그 화를 조금 내고 수습하는 단계로 가야되는데, 화를 내다 보면 더 올라가는 경우가 있잖아. 안타깝긴 한데 그런 경우는 나도 있었어.

티나41: 그런 경우는 다 있지 않나?

정67: 나는 육회가 감정이 올라오고 나서, 자기감정에 대해서 알아차림이 정말 안 된 거 같아서 아쉬워. 이 감정이 어디서 올라 왔는가 그걸 봐야해.

육회82: 아니 그거 해달라고 내가 얘기 꺼냈는데, 그 문제 끝낼라고 말이야. 소망에게 넘어가고 이번 판은 조금 거시기 하네. 나는 진짜로 이걸 몇 년에 걸친 이 문제를 풀어낼라고 얘기를 했어.

정68: 급하게 요구하니까 불편해. 집단에서 딴 얘기 하다가 돌아오기도 하잖아. 이건 내가 의도한 건 아니고 진행과정에서 자주 생겨.

보들이25: 나는 백 프로 공감 했다니까. 어쩜 나하고 똑같을까

육회83: 내 강박이 올라온 거 같긴 해. 이 사람이 여기서 이러면 안 되는데 하는 게 컸던 거 같애. 내가 강박을 꽤 치료했는데, 술 먹을 때 확 풀렸나?

정69: 그랬나 보다. 그런 상황에서 강박에 대처하는 방법에 대해서 그동안 배웠던 거 한번 말을 해봐.

육회84: 저 사람이 저러면 안 되는데. 앞에 거는 대처하는 방법을 많이 알겠어. 근데 이번 건같은 경우에는, 글쎄 내가 어떻게... 이건 잘 안 되는 거 같애. 어떻게 해야 하지? 술먹었어, 누군가 나를 비난하는 얘기를 했어, 그것이 신경이 쓰였어!

사랑6: 그 자리에서 네가 비난받은 게 문제였던거야?

정70: 비난 받았다는 것에 대한 화가 더 있구나.

육회85: 그렇지 그것도..

정71: 강박성과 인정욕구 두 가지가 다 올라 왔구만.

※ 육회는 강박성으로 인한 화남과 인정욕구가 좌절됨에 대한 화가 같이 있었음.

육회86: 근데 그 자리에 전조가 있었어. 내 얘기를 하기 전에 그 친구가 어떤 기관을 막 욕을 했어. 그 때도 내가 좀 불편했거든. 우리가 이렇게 화합하는 자리인데, 고성방가 하듯이 다들 군데군데에서 실제로 그쪽 기관에서도 기분 나쁘다는 식으로 왔었거든. 그래서 싸움이 커졌었거든. 나는 조마조마하고 이렇게 되면 안 되는데 사람들도 많이 있고 하는데. 근데 이제 내 이야기 나오니까 꼭지가 확 돌아버린 거지. 이 새끼 가만두면 안 되겠구나 이렇게 되어버린 거 같아.

정72: 좀 전부터 화가 났는데, 이번에는 참기가 힘들었겠어.

육회87: 그때도 화가 났었는데 근데 그때는 참았지. 에이 저러다 말겠지. 그러다 내 이야기 나오니까 견딜 수가 없었어.

정73: 널 비난하니까 기분이 나빠서 참기 힘들었겠어.

육회88: 폭발이 돼가지고 어마어마했던 거 같애. 소리도 엄청 지르고.

정74: 여러 사람이 있는데서 그렇게 화내면 참담해져. 내가 '성격파탄자인가' 이런 생각도 들고 근데 너가 조금 더 일찍 개입을 해서 화났다고 말을 했었으면... 그렇게 폭발이 안될 수도 있잖아. 그 점은 아쉬워.

※ 감정을 몰아서 표현하면 폭발이 된다. 그때그때 조금씩 표현해야 함. 감정을 그때그때 표현하는 것도 폭발을 막는 매우 효과적인 대응방법이다.

쨈20: 미리 얘기 하는 게?

정75: 아니, 그때그때.

티나42: 아까 증폭되기 전에

쨈21: 나는 그 상황을 아는데.

육회89: 같이 있었지.

쨈22: 육회가 화나고 그런 거는 당연하다고... 걔가 잘못했어. 그거는 화를 낼만한 상황 이었다고 생각이 들거든. 근데 육회가 술 먹고 화를 너무 버럭 내는 게 10만큼 화낼 일인 데, 육회는 한 100만큼 화를 냈어.

육회90: 그 행사에서 담당자가 난데 굉장히 후회스럽고 죄책감이 들더라고.

yes16: 그럼 육회는 그 자리에서 내 감정을 억압하고, 내가 생각하는 세련된 방법으로 그걸 마무리 했어야 된다고 생각 하는 건가?

※ yes16은 공감이 필요했음.

육회91: 그렇지 그렇게 해야 된다고 생각이 드는 거 같애.

yes17: 육회가 너무 자책하는 걸 보면서 정이 강박이라고 하는 그게 인정이 딱 되네. 감정 퍼붓고 고민하고 이렇게 더 인간적이고 좋거든. 그걸 이렇게 공감을 많이 해주잖아. 다 그런 경험들 있으니까. 모자란대로 표현하고 그 다음날 또 고민하고. 화를 어떻게 줄여보려고 노력하고 이렇게 사는 게 더 낫지. 그때 감정을 세련되게 억압을 하지 못해서 아쉬울 거 같긴 해.

정76: 지금 육회에게 문제가 되는 것은 육회가 감정을 10만큼 표현을 해야 하는데 100만큼 표현 했다는 거야. 네 성격에 대해 후회스럽고 속상할거야.

육회92: 그건 인정해!

정77: 술 먹으면 감정절제가 안 되잖아. 넌 술을 엄청 많이 먹더구만. 넌 화가 나면 매우 심하게 화를 내네. 화가 나면 우선 표현 방법부터 바꿔야 해. 화가 많이 나는 사람은 참았다가 화를 내면 안 되. 너처럼 폭발하게 되.

육회93: 그렇지 그 전조증상이 있었지. 그때 내가 사실 화가 났거든 근데 옆에서 말 못하게 말렸어.

정78: 화가 난다고 말을 해야지.

쨈23: '그 사람이 화난 거를 표현하는 정도는 놔둬야 되지 않을까?' 나는 말하지 말라고 말렸어, 가지 말라고.

티나43: 거기서 그때 말리지 않고 갔었으면, 그 정도까진 증폭 안했겠지. 술도 덜 먹은 상태였고.

쨈24: 그 사람이 장학사 욕할 수 있는 거지. 그걸 가지고 '니가 그러면 안 된다 나는 이렇게 얘기하는 게 싫어'라고 말하면 안 되잖아.

정79: 장학사 욕하는 것을 말리라는 말은 아니야. 그 사람 말을 듣고나서 육회도 화가 났으니 화가 났다고 말하라는 거지. 쨈이 말한 것처럼 "그러면 안 된다"고 말하란 건 아니야. 얘기를 들어주고 공감도 하고, 육회 생각이나 감정도 말하라는 거지.

육회94: 내가 앞으로 진짜 화나는 거에 대해서 잘... 조절을 해야겠다는 생각이 강력하게 든 사건이었어.

정80: 진짜 화 날 때까지 기다리지 마. 감정을 조절하는 가장 기본적인 방법은 계속 참는 것이 아니고 그때그때 바로 얘기하는 거야!

육회95: 즉시적으로. 일 단계일 때 일 단계 얘기하고, 이 단계일 때 이 단계 얘기해야겠어.

정81: 화가 조금 났었을 때 얘기 하면은 상대편도 기분이 덜 상할 수 있잖아. 또 서로 입장을 이해하기도 쉬워. 그래서 상대도 조심해서 말하고 그러면 극한 상황이 안 될 수도 있고.

보들이26: 내 남편은 술 안 먹었는데 먹었다고 인식을 하고, '쟤 또 술 먹어서 저런다' 고 말해.

정82: 그게 되게 기분 나쁠 거라고 생각이 되. 술은 증상이잖아, 증상을 우리가 억제시킨다는 건 어려우니, 증상을 유발시키는 내면의 심리적인 것들을 다뤄야하잖아. 지난번에 천안 집단에서 네 남편이 자꾸 술 먹는 것에 대해서 너무 많이 거론을 하는 것이 보였어. 너무 술 가지고 와이프 비난을 하니까 내가 그 대안으로 술은 거론하지 말고 우선 감정표현하는 것을 서로 노력하라고 했어.

보들이27: 아니, 그 뒤로 나 술 먹는 거 갖고 뭐라고 안하더라고.

육회96: 어이구 효과 있네!

yes18: 그전에는 술이 원인인줄 알았던 거야. 사실은 증상인데.

보들이28: 술 안 먹었는데도 자꾸 술 먹었네! 그 얘기를 들으니까 나도 스트레스여 '짜증나네, 그만 하소' 인제 내가 그러거든. 그래 가꼬 어젠가 남편이 "내가 요새 자네 뭐 술 먹는 거 갖고 뭐라고 안 할라고 그래" 그러더라고.

육회97: 어~~~

보들이29: 그래서 술을 덜 먹게 되었어. 그리고 저기 한 거재 내가 나가서 술을 먹고 와도 옛날처럼 막 헬랠레 하고 다니는 것도 아니고 적당히 먹고, 집에서 이제 한두 잔씩 먹고 저기하니까 그 뒤로는 술에 대해서 얘기 않더만. 효과 있었어.

정83: 그래 나한테 고맙다 해라. 너.

보들30이: 고마워.

yes19: 그래서 오리 사왔잖아.

정84: 나는 많이 서운해. 너한테 애 많이 쓰는데, 맨날 넌 나한테 비난만 해. 날 싫어하고. 그래서 술 먹는 것 간섭 못하게 한 것 고맙다는 말 받아내려고

2번 말해서 성공했네. 옆구리 찔러서 절 받는 것 같긴 해.

보들이31: 비난 안했어.

정85: 너 맨날 그러잖아! "상담해서 뭐해? 뭐 하나도 나은 것도 없고만" 이라고.

(다들 웃음 하하하하~~~~)

보들이32: 사람이 화가 나면 뭔 얘기를 못해. 솔직히 막말로 상담 다녔으면 남 한테만 보드랍게 하지 말고, 내게 좀 보드랍게 해야지.

티나44: 합리화에 부정에... 엔간히 좀 해.

(다들 웃음 하하하하~~~~)

육회98: 아니, 내 얘기 좀 마무리 짓고 해!

정86: 마무리 짓고 있잖아. 단계별로 말을 하자고. 진짜 욕심도 많고 성질도 엄 청나게 급하네. 네가 화가 왜 많이 나는가는 다음에 다루자.

육회99: 아니 나는 좀 이상하게... 내 얘기하다가 막...

yes20: 집단 하다보면 또 다른 사람 스토리 할 때도 내 얘기를 하게 되잖아.

티나45: 자 쉬자.

소망1

※ 3마당 끝나고 쉬는 시간에 보듬이의 별칭을 3초로 바꿨음. 3초 참으며 생각하고 말하라는 뜻으로. 육회도 단계로 별칭을 바꿈. 한꺼번에 문제를 해결하려 않고 단계적으로 접근한다는 마음으로.

단계1: 이제 누가 할 거여?

3초1: 나 이거는 좀 짜증나. 솔직히

단계2: 3초만 하면 되!

3초2: 솔직히 지금 내가 3초라고 하는 것이 짜증나. 내가 왜 3초야? 사람이 감정이 폭발하면 3초가 안되거든.

단계3: 그렇지, 그러니까 3초를 해야 된다고!

사랑1: 아~ 근데 김○○ 아니야?

3초3: 기여~~

구들장1: 근데 왜 정숙이라고 썼어?

※ 별칭 밑에 이름을 쓰는데 3초가 자신의 본명을 쓰지 않았음.

3초4: 니미 씨벌 진짜 확.

구들장2: 3초 했어 안했어?

3초5: 3초 했어.

구들장3: 아니야 바로 나왔어. 바로 나왔어.

단계4: 1초 만에 나왔어.

정1: 천원 받아

※ **정1:** 3초 참지 않고 말하면 벌금 1,000원씩 받기로 규칙을 정했음.

yes1: 접두사 니미가 바로 나왔어.

3초6: 내가 왜 내가 왜 3초냐고?

정2: 3초 동안 참으라는 말인데, 이런 별칭 쓰라고 하니 자존심 상했구나.

티나1: 자, 엔간히 해!

단계5: 조금은 지루해지긴 한다야.

정3: 아까 소망 얘기하다 말았는데...

소망1: 이야기 했는데...

티나2: 나 소망 얘기 듣고 싶어.

소망2: 어떤 이야기?

티나3: 아까 그 얘기.

소망3: 그 얘긴 다 끝났잖아!

티나4: 아니야, 하다가 말았지.

단계6: 소망 안 할라면 하지 마. 하고 싶은 사람 순서 기다리는데... 내가 또 해?
　　　나 뽕 뽑고 갈라고.

티나5: 소망 아까 그 얘기해.

소망4: 어떤 얘기?

티나6: 신랑하고 자녀와의 관계...

소망5: 그게 큰 사건이었는데, 남편하고 이야기를 못한 부분이 있고.

티나7: 그 얘기를 해.

소망6: 그 얘기를?

단계7: 하고 싶으면 하고, 하기 싫으면 하지 말고.

※ **단계7**은 소망이 개방하지 않으려 해서 답답하다고 감정표현 할 필요가 있음.

소망7: 남편하고 이야기를 또?

티나8: 그 부분에 대해 더 얘기 하라고.

정4: 소망이 자기 문제에 대해서 얘기하기 싫어하나봐. 개방적이지 못한 거 같아 답답해.

소망8: 어떤 부분에서 답답해?

단계8: 내 얘기 할 때는 그냥 막 껴가지고 당황스럽게 해놓고는. 멍석 깔아 주니까 못하는 게 답답하다는 거지.

yes2: 나는 단계 마음이 이해가 돼. 네 얘기를 하는데...소망 얘기 다루면서 소망에게 공감 많이 해줬잖아.

단계9: 티나가 소망한테 다시 한번 얘기할 수 있는 기회를 줬는데, 그거를 '아까 다했잖아' 하니까 그럼 나 할 때 다 해버리고 지 할 땐 안 하는 거야? 뭐 이렇게 생각이 들고 좀 답답하네.

소망9: 어떤 부분에서 답답한지 얘기 좀 해봐.

단계10: 피하는 거 같으니까.

소망10: 피하는 거 같다고?

단계11: 응, 그거지.

소망11: 피한 거는 아니고, 별로 이야기 하고 싶지 않은 거겠지.

※ 소망11: 별로 얘기하고 싶지 않다는 것도 회피하는 것인데, 소망이 회피하는 방법은 상대방의 말끝을 질문식으로 반복해서 말한다. 필요 없는 질문을 하는 것이고 소망은 자기개방을 회피하고 있다는 것을 인정하지 않고 있음.

단계12: 그게 피하는 거지.

쨈1: 나는 소망이 아까 얘기 할 때도, 다른 사람들이 답답하다고 많은 얘기를 하는데도 그게 아니라고만 해서 되게 고집스럽게 느껴지고 답답했거든. 소망이...'내가 하기 싫고' 이렇게 말하니까 고집 되게 세다고 생각되.

단계13: 용기가 없어 보여 화가 나!

소망12: 용기가 없어 보여?

※ 소망12: 소망은 질문으로 말꼬리를 계속 잡고 있는데, 차라리 집단에서 말하는 것이
　　　　 두렵다고 말해야 함.

소망13: 내 표현이 화를 내는 것보다는 참는 걸로 많이 되있어.

티나9: 그래서 더 자기 얘기를 해야 되.

단계14: 하지 마, 하지 마, 하지 마!

※ 단계14: 다소 격앙된 목소리. 화났다고 감정표현을 해야 함.

정5: 단계 넌 우선 감정표현만 하라했잖아. 답답해! 소망은 계속 개방하지 않
　　 으려고 해서 많이 답답해. 자꾸 말꼬리 잡아서 질문만 하지 말고 개방하는
　　 것이 두렵다고 해.

쨈2: 이건 내 문제인데... 소망 같은 사람 보면 너무 답답해서...내 심장이 뛰는
　　 데, 막 무시하고 싶고 화가 나는 거야. 뭐야? 뭐 지 고집만 세우고 어...? 되
　　 게 착한 척하면서, 내 심장이 뛰면서 막 화가 나.

소망14: 기분 나쁘네 하하하~~~

3초7: 잠깐, 나도 너한테 그 느낌을 받았어. 왜 기면서 아닌 척 하냐고.

단계15: 그래서 3초 느낌이 뭔데~~~

쨈3: 소망이 고집스럽게 보인다고?

3초8: 가식이라고 느껴진다고.

정6: 쨈이 소망에게 느낀 것처럼 3초도 소망이 그렇게 가식으로 보인단 말이지.
　　 가식으로 느껴진다는 것은 느낌 표현이 아니고, 가식으로 보이는 것이지.

쨈4: 사실 나는 소망을 보면서 느끼는 내 감정이, 화가 나고 막 무시하고 싶은
　　 마음이 들어.

소망15: 어떤 부분에서 화가 나고 무시하고 싶다고?

정7: 너의 질문은 회피하기 위한 말 돌리기잖아. 계속 그렇게 회피해서 많이 답
　　 답해.

쨈5: 너무 고집스럽고 얘기하면 듣지도 않아.

소망16: 아 다른 사람 이야기를?

※ 소망16은 방금 쨈5. 정7의 말을 듣고 있지 않음.

쨈6: 전혀 얘기 듣지도 않고 탁 하는 게 나는..

소망17: 공감이 안 되니까 그러겠지.

정8: 공감이 아니라 인정이 안 된다는 말이겠지.

쨈7: 소망이 우리의 말을 전혀 받아들이지 않는 거 같아.

소망18: 받아들이지 않는다고?

쨈8: 소망이 '내 생각이 옳다, 내 생각은 이렇고'. '근데 나는 이래, 나는 얘기하기가 싫고' 이렇게만 얘기를 해. '나는 에너지가 없어서 그래' 이렇게 너무 정당화를 해버리는데, 그런 모습을 보면서 화가 나고 막 무시하고 싶은 마음이 막 들어. 사실은 내가 이런 심한 감정이 드는 거에 대해서 내 꺼를 꺼내놓고 싶은 마음도 들었어. 근데 이 장을 소망한테 집중하고 싶은 마음도 있고...

정9: 소망은 개방하는 것에 대한 두려움을 "나는 이래. 얘기하기가 싫어서, 에너지가 없어서" 라고 둘러대고 있어. 쨈은 무시하는 생각이 들어서... 그게 소망에 대해서 어떤 감정인지?

※ 정7 무시할 때, 자기의 감정을 보면 자신이 얼마나 거부적인지 알 수 있다.

쨈9: 내가 되게 못된 거 같고... 무시하고 싶어

정10: 한심한가?

쨈10: 바보 같애. 막 바보 같다고 생각이 들어...

정11: 구들장 느낌은?

구들장4: 나도 소망 되게 답답한데, 아까 그렇게 화가 날 때 '아 내가 화가 나는 구나' 알아차린다고 했잖아. 근데 지금... 지금 소망이 남편에게 갖는 감정을 못 알아차리는 거 같애. 그게 좀 답답해. 그리고 피하는 거 같애. 부딪혔으면 좋겠다는 바램이 있어.

소망19: 부딪히고?

구들장5: 피하기만 하고 말 안하고 싫다고 그러기만 하는 게 답답해.

소망20: 그러고 싶으니까 그렇게 하는 건데. 나는...

티나10: 그러고 싶은 거의 전면에는 뭐가 있는 건데? 그냥 트러블 상황을 만들고 싶지 않다는 거지?

※ 티나10 소망의 방어적인 모습에 답답하다고 하는 감정표현이 필요함.

정12: 소망은 자신이 참거나 피하려고만 한다는 것이 인정이 돼? 그런 소망 자신을 보면서 어떤 느낌이 들어? 또는 쩸이나 구들장이 막 답답하고 짜증난다고 했는데 이에 대한 소망의 감정은 뭐야!

소망20: 그런 나를 보면서 답답하다고 느끼는데, 그 답답하다고 할 때 그 말이 사실 지금 내 마음 안에 와 닿지는 않아.

정13: 쟤네들이 너를 보면서 답답하겠다...이런 마음은 안 들어?

소망21: 답답해하겠지?

정14: 그 말은 별로 공감을 안 하는 거 같애. 집단원들이 네게 엄청 답답하다, 짜증난다고 할 때 넌 어떤 감정이 들었어?

소망22: 나도 답답하고 짜증나지. 오랫동안 남편하고 의사소통 하는 방식이 그렇게 되어왔기 때문에 그게 더 편한데.

쩸11: 그거 변화 되고 싶지 않아?

소망23: 지금은 변화 되고 싶지 않아.

정15: 네가 적응해왔던 방식을 바꾸라고 하니까 너도 답답하겠다.

구들장6: 되게 위축 되 보여서 너무 안타까워. 너무 위축 되 보여.

소망24: 위축 되 보인다고? 그렇게 보일 수 있는데 내 속마음은 외롭다는 생각이 드는 거지...

티나11: 누가?

소망25: 내가.

정16: 지금의 참는 방식이 편하다고 했는데, 외롭다고 하잖아. 외롭다는 건 소통이 안 되는 건데 남편에 대한 다른 느낌도 있을 것 같애.

소망27: 답답하고 짜증나고 이런 부분에 있어서 소통을 하지 못하니까 외롭지...

사랑2: 외로울 거 같아.

소망28: 그 부분이 가장 크지... 지금까지 그렇게 살아온 거에 대해서 내 안에 크게 문제를 못 느끼고 살아왔기 때문에.

정17: 니가 그렇게 표현하는 게 맞나 싶어. 정확하게 너 자신을 표현했으면 좋겠어. 문제를 못 느끼고 살았다 이 말이 솔직한 표현일까 싶으네? 외롭다는 것은 서로 소통이 안된다는 것이잖아.

소망29: 문제지 문젠데.

정18: 그렇게 표현해야지. 넌 자꾸 문제를 덮으려고 해.

소망30: 내가 남편에 대해서, 대응하는 거에 대해서 답답하다고 피드백들을 줬는데, 그런 부분에서는 사실 내가 인정이 안 되고, 좀 적극적으로 문제에 대처를 해야 되는데 그러지 못하나보다. 그건 이해가 되 머리로는. 사실 아무 생각 없어.

3초9: 그니까 너도 나랑 똑같네!

정19: 네가 문제에 적극적으로 대처 안 한다는 것이 우리의 말이야. 그 외에 회피하고 개방적이지 않다, 집단에서 "감정표현 안 하고, 피드백 안 받아들이고 방어적이다"는 피드백은 받아들여지지 않나봐.

티나12: 정의 말에 동의해. 소망한테 답답한 게 뭐냐면, 지금 소망이 오십 점이면 오십 점인 걸로 그냥 보여 주고, 삼십 점이면 삼십 점인 걸로 보여줘야 하는데, 자기를 너~무 막 포장을 할라고 그러니까 그런 모습이 답답한 거야

소망31: 내가 포장 할라고 그런다고?

티나13: 그런 모습이 보여.

소망32: 아니야 난 그렇게 생각 안 해. 왜 포장한다고 생각을 해? 난 절대 포장한다고 생각 안 해. 지금 거기에 대해서 난 정말 화가 나.

티나14: 어... 포장 많이 하고 남의 시선을 지나치게 의식하는 것 같애.

소망33: 물론 그랬어. 그건 인정해.

티나15: 어어

소망34: 지금까지 나는 나 없이 살아왔어. 지금까지 나란 자신이 없고 남편, 가정, 자녀 그렇게 살아왔거든.

정20: 그렇게 사는 게 좀 힘들고 괴로울 텐데.

소망35: 그게 익숙하니까 받아들이고 사는 거지... (눈물)

정21: 익숙하게 받아들이고 살지만 그렇게 살았을 때 '내 감정이 어땠어.' 이렇게 표현했으면 좋겠어.

3초10: 사랑은 왜 울어?

사랑3: 소망이 우니까... 소망의 외로움이나 답답함이 느껴져서...

소망36: 근데 사실 아무도 몰라, 내 주변의 사람들은.

3초11: 그니까 너무 힘들었어. 그렇게 살지 말라고!

단계16: 외롭고... 남들은 그런지 잘 모른다고?

※ 단계16: '그래서 힘들고 외롭겠다' 는 공감이 필요함.

3초12: 그렇게 살지 말라고...

※ 3초12는 충고반응이다. '외롭겠다'고 공감하는 것이 필요함.

소망37: 모르지.

3초13: 솔직히 내가 힘들면 힘들다고 표현도 하고, 나 이거 아니니까 이렇게 하지마라고 표현도 하고, 그렇게 살아야지. 왜 네 자신을 억누르고 살면서 저기 하냐고.

소망38: 그렇게 말하는 건 쉽지! 그게 안 돼.

3초14: 아니, 나도 안 쉬워, 나도 어려워.

소망39: 남한테 그렇게 말하는 건 쉽잖아, 나는 그렇게 하는 거 힘들어. 안 돼.

3초15: 소망 너한테 짜증나고 화나!

정22: 소망 니가 남편한테 감정표현 하기가 어렵다는 것은 이해해. 근데 집에서 그렇게 하더라도 네가 느끼는 감정들을 이 장에서라도 더 시원하게 표현을 해봤으면 좋겠어. 네가 남편에게만 표현을 못하는 게 아니야. 집단에서 감정표현을 못하는 걸 보면 네가 모든 사람에게 다 감정표현을 안 한다는 거지. 방금 3초가 충고하고 여러 번 표현하라고 밀어부쳤는데 네 감정표현 한 번도 안했어.

단계17: 남편하고는 그렇다 치고 여기서라도 진짜 표현을 해봐. 쨈이 그렇게 얘기할 때 화가 났을 거 같애.

소망40: 그래 화났어. 화난다고 했잖아!

단계18: 화가 난다는 거를 이렇게 시원하게 말해서 좋다.

정23: 나도 단계와 동감이야!

소망41: 나에 대해서 잘 모르잖아! 그렇게 얘기 하지 마!

단계19: 화난다는 표현도 잘 못하는 거 같아서 아쉽다고.

※ 단계19: 먼저 소망이 단계에게 왜 화가 났는지 물어봤어야 함.

소망42: 익숙하지 않다고 했잖아. 그렇게 살아왔기 때문에 감정표현 하기가 쉽지가 않다고. 굉장히 많이 좋아진 거야 집단상담하고 수련하고 정말 많이 표현하는 거지, 그전에는 이렇게 표현하지 않고 살았지.

정24: 소망은 집단원들이 소망에 대해 잘 모르니 이러쿵저러쿵 말하지 말라고 하는데. 정말 표현하기 어려웠던 사정들이 많이 있었나봐. 방금은 나하고 단계가 너에 대해 칭찬하는 말 했는데, 그런 말조차 언급하지 말라고 하잖아. 아쉬워.

소망43: 그래, 내 입장만 생각하고 있었네.

구들장7: 근데 아까 소망이 남편 상관안하고 담담하고 신경 안 쓴다고 해서 그러면 외롭지도 않을 것 같은데.

소망44: 외롭지. 왜그냐면 지금까지 어떤 감정이나 이야기를 하는 소통이 없었고, 내가 힘들고 불만스럽고 이런 이야기를 하면 남편이 받아준 적이 없었으니까, 지금에 와서는 남편하고 그렇게 말하고 싶은 마음이 없어졌어.

정25: 남편에게 답답하고 절망감이 들 법도 해.

소망45: 그냥 익숙하니까 이대로 사는 거 같애.

3초16: 짜증나. 지금 이 자리에 있는 게 너무 짜증나.

소망46: 내가 더 짜증나.

※ 소망46: 집단원들이 소망에게 답답하다는 말을 하면 전혀 공감하지 못하고 왜 더 짜
증나는지 설명도 없음. 바로 짜증내고 받아치고 있음. 집단원의 말을 계속 안 받아 들
이고 있음.

3초17: 아니 그냥 여기에서

소망47: 왜 나의 이 모습 이대로 인정을 못 해주는 거야? ─ ─ ※ 화를 내며 말함.

3초18: 너의 모습을 인정을 못하는 게 아니라, 왜 자기 감정을 억누르고 그러
고 사냐고. 기면 기고 아니면 아니고. 갈라면 가고 말라면 말고

정26: 3초는 소망에게 감정표현하면서 말해. 야단치는 것 같아 아쉬워. 소망은
너에 대해 부정적인 말을 하면 "나에 대해 모르잖아" "이대로 인정해줘" 이
런 식으로 말하고 집단원의 말을 받아들이려는 노력을 계속 안 해. 답답해.

3초19: 안타까워. 마음이 아퍼. 꼭 우리언니 보는 거 같애. 부산 언니가 찍 소
리도 못하고 살잖아. 소망 니 그 따구로 살라면 이혼하라고.

티나16: 지루해 좀.

※ 티나16: 3초에 대한 공감이 필요했다 "언니 같은 소망을 봐서 답답하겠어." 라고.

3초20: 진짜 그렇다니까. 티나는 자꾸 나한테 태클 거는디 짜증나네, 짜증나.

정27: 3초는 티나한테 짜증나겠어. 소망은 남들이 너한테 답답하거나 짜증난
다는 말을 하면 넌 되게 거북해 하고 싫어하는 것 같아. 넌 싫은 소리 듣는
게 엄청 어려운 가봐.

소망48: 남들이 나한테 짜증난다고 할 때는 거부감이 있어.

정28: 남들한테 이런 소리 안 들어보고 살았지, 그래서 듣기가 거북할거라는

생각이 들어.

단계20: 안 들었다고?

※ 단계20: 지금의 주제는 소망이 싫은 소리 들으면 수용하지 않고 매우 싫어 한다는 것
임. 소망의 비수용성에 대해 피드백을 해야 했음.

정29: 아쉬워, 단계의 이런 질문이 흐름을 따라가지 않고 너의 궁금한 것만 묻
고 있어.

단계21: 안 들어봤어? 그럼 어떤 얘기 들었어? 주로 남들한테?

정30: 그런 질문 안했으면 좋겠어, 지금 주제에 집중해.

소망49: 응, 나도 남편에게 직접적으로 화난다고 말 한 건 없어. 남편한테 답답
하다는 소리는 듣지.

단계22: 남편한테?

정31: 남편도 말없는 네가 답답할 것 같아.

소망50: 내가 말을 안 하니까...

단계23: 안 했을 거 같애, 근데 부부싸움이 될 때에는 어떻게 해?

소망51: 입을 다물어버리지.

단계24: 봐봐! 내가 잘 물어 본 거잖아.

정32: 그 질문이 필요 없다는 건 아닌데, 지금 주제인 집단원의 부정적인 말에
왜 짜증이 나는지 먼저 알아보고 그것(답답하단 소리 안 들어봤다는 것)
을 물어봐도 되잖아. 네가 조급하다는 생각이 들어서 답답해.

※ 정32: 집단원의 부정적인 피드백에 짜증이 난 것은 자신의 약함에 대한 심한 방어이
거나 난 다 맞다는 자만심이 있어서이다. 이런 태도 때문에 지금까지 개방을 회피했
었다. 이 부분은 더 다뤘어야 하는데 단계의 질문으로 주제가 바뀌었음.

단계25: 내가 물어봐서 나왔거든.

※ 단계25: 내 질문을 제지시켜서 화난다는 감정표현이 필요함. 단계20의 질문은 지금 필요한 것이 아니었음. 워낙 표현을 하지 않으니까 남편과의 싸움에서도 표현하지 않는 것은 알 수 있음. 집단진행시 과거의 상황보다 지금 이 순간의 집단원과의 교류가 더 중요하고 의미가 있음.

티나17: 근데 지금 되게 답답하게 돌아가고 있다라는 것은 인식을 하지?

※ 티나17은 뭐가 답답한지 명확하게 표현이 안 됨.

단계26: 내가 남편이어도... 소망이 답답할 거 같애. 남편이 답답하다는 얘기가 나는 좀 공감이 되는데?

쨈12: 남편이 답답하다고 했을 때 뭐라고 반응했어?

소망52: 남편에게?

쨈13: 응

소망53: 남편이 답답하다고 짜증내고 가버리면... 그냥 뭐 나는 멍하니 있어.

쨈14: 그냥 듣고만 있고 반응이 없어 소망은?

티나18: 그냥 삭히는 거네?

쨈15: 하고 싶은 말이 있잖아. 소망은.

정33: 남편이 짜증내고 가버리면 소망의 감정은 뭐야?

소망54: 화가 나는데 심하게 싸우게 될까봐 말을 안 해. 내가 싸울 때는 정말로 이 사람하고 싸워야 하겠다는 마음이 있을 때 싸우는 편인데... 그게 많지가 않지. 거의 그냥 입 달아 버리고 이야기 나올라고 하면 내성에 복받쳐서 울어버리니까

정34: 싸우게 될까봐 참는다는 것 이해해. 집단원들이 너한테 짜증난다 했잖아, 그러면 너도 그 말에 대해서, '나도 짜증난다'고 말을 했어. 집단원들이 이런 소리를 엄청 많이 했는데 그런 소리 듣는 내 모습을 보면서 드는 다른 감정이 없었을까?

소망55: 거부반응? 거부감이 있었어.

정35: 너에게 답답해, 짜증나 이런 소리 자꾸 하니 거부감 들었겠어. 근데 이런 소리를 듣고 있는 네 자신을 보면서 드는 감정이 없었어? 네 자신이 마음에 안 든다든가.

소망56: 그 말에 대한 거부 반응 있었으니까... 그 상황에 대해서 날 얼마나 알아서 그렇게 표현을 하지? 그런 생각이 들었던 거 같기도 하고. 또 한편으로는 잘 이해가 안 되기도 했어. 왜 짜증스럽고 답답하다고 하지?

구들장8: 참는 게 미덕이라고 생각해?

소망57: 아 참는 게?

※ 구들장8은 소망이 피드백을 너무 안 받아들이니까 차라리 "그동안 참고 사는 게 힘들었겠다"고 공감하는 게 더 나았겠음. 소망56에서 소망은 자신의 문제가 무엇인지 전혀 모르고 있고, 집단원의 말도 전혀 받아들이지 않는 것이 계속되고 있음. 질문을 받으면 꼭 되묻는 습관도 계속 되고 있음.

구들장9: 응.

소망58: 참으면서 살아왔던 것들이 문제가 안생기고 그렇게 넘어가는 게...좋은 거 같으니까.

구들장10: 너무 힘들잖아 상처가 쌓이고...

소망59: 내가 젊었을 때 그런 표현.. '힘들다, 짜증난다' 이런 표현 하는 것도 못했고, 또 받아 주는 사람도 없었으니까 안 해버리고 살았던 거지. 결혼 일찍 해가지고 시동생 셋을 데리고 있었어. 애기를 하나 키우면서 같이 사는데, 막내 시동생이 고3때 도시락 2개씩 싸고, 대학생이 되니까 시간이 많잖아. 자기 방 정도는 치우고 정리해야 하는데 안 치웠어. 하루는 시어머니가 오신다니까 그 날은 내가 안 치웠어. 당신 아들이 방을 이렇게 어지르고 산다고 보여주려고. "컸으니까 이제 니가 좀 치우고 살아라. 형수 힘드니까" 이렇게 말 할 줄 알고. 그런데 어머님이 시동생 방 안 치웠다고 내게 야단을 치시더라고.

구들장11: 아~~

※ 구들장11: '황당했겠다'는 공감이 필요.

소망60: 어머님이 받아주시는 게 아니라, 오히려 날 공격하시는 거야. 그 때부터 내 마음이 닫혔어. 시동생 데리고 있으면서 애기를 혼자 키우는데, 남편은 퇴근하고 가정에 와서는 전혀 손 하나 까딱 안하고. 주말에는 잠만자. 자기 낮잠 자는데, 애기가 울면 운다고 짜증내고... 그럼 애기를 업고나가서 있다 오고 이런 생활이었거든

※ 티나19: 시어머니, 남편이 원망스러웠겠다는 공감이 필요.

티나19: 애 셋을...?

소망61: 아니, 시동생 있고 애기 하나 키울 때, 그 정도로 남편이 나에 대해서무관심 했던 거지. 참고만 살다가 그러다 어느 순간 폭발해서 싸웠지. '당신 말할 때 엄청 무섭고 두렵고 힘들다, 왜 그렇게 밖에 이야기를 못하냐?'이야기를 했더니 그냥 자기는 아무렇지도 않게 이야기 하는데, 왜 나한테그렇게 과민하게 반응 하냐? 그래서 좀 더 남편을 이해하게 되면서 이렇게살아와 졌던 거고...

구들장12: 근데 남편만 이해하고 시동생들만 이해하고 왜 자기 자신은 안 돌봐. 얘기 들으니까 너무 속상해.

소망62: 그게 익숙해졌다니까. 지금 내가 아무것도 안 해. 아무것도 할 의욕도없고. 애들한테도 부모로서 내가 그런 모습 보여주기가 그래서. 애들한테도 엄마 없다 생각하고 살아라, 남편한테도 나 없다 생각하고 살아라, 매일 청소를 안 하면 못 살 정도였는데, 지금은 쓰레기고 먼지고 있는 대로놔두고 안치우고 살고.

단계27: 그렇게 선언을 했어?

※ 단계27: "남편과 시어머니가 그래서 사는 게 힘들겠다" 고 공감 할 필요가 있다. 선언한 것이 중요한 것이 아니고, 소망의 지치고 무기력함에 대한 공감이 필요하다.

소망63: 아예 선언했지!

티나20: 오케이.

정36: 니가 자꾸 '그런 것이 익숙해졌다, 익숙해졌다' 하는 게 되게 답답해. 생각을 표현 하면서 그 속에서 "내가 어떤 심정으로 살았어" 이렇게 감정을 표현을 해야 되. 자꾸 감정에 대한 것은 빼고, 익숙해졌다고만 말하니까 난 죽을 때 까지 이렇게 살겠어, 이런 말처럼 들려서 답답해.

단계28: 근데 정말 이런 마음이야? 방금 정이 했던 말? 나 이대로 혼자 살테니까, 냅둬라! 이제 나 할 거 다했다 이런 마음인 것 같애.

소망64: 지금은 그러지.

티나21: 하...(한숨)

사랑4: 아까 소망이 남편이 '나는 원래 이렇게 말하는 사람이야' 라고 했을 때, 소망이 남편을 그렇게 이해했다고 하는 부분이 참 답답하고 이해가 안 가. 남편의 그 말이 되게 거부적이고 소망을 이해하지 않으려는 거 같이 들렸어. 분명히 소망이 나는 그런 거에 대해서 무섭게 느꼈다고 했었는데, 남편이 '아 너가 그렇게 느꼈냐. 내가 그런 부분이 있긴 하지' 이렇게 인정하는 게 아니라, 나는 원래 이렇게 말을 하는 사람이야 이렇게 말을 했다는 거는 소망을 하나도 배려하지 않고 완전 거부하고 사는 거잖아. 그냥 나는 이런 사람이니까 니가 나를 인정하고 받아들여 그냥 이런 식이잖아.

소망65: 지금도 그래.

사랑5: 너무 화가 날 거 같애.

소망66: 아니, 그런 부분에서는 굉장히 그런 부분에서는...

※ 소망66에서 '그런 부분에서는...' 계속 감정표현을 안하고 있음.

사랑6: 나 같았으면 답답하고 화나고 짜증나고 그랬을 거 같아. '아니 너는 사람이고 나는 사람이 아니라는 말이야?' 나 같으면 이렇게 말했을 거 같애

정37: 절벽 같은 남편 보면서 많이 답답했을 것 같애. 그 얘기도 한번 해볼래? 옛날에 나한테 했던 얘기, 터널에서 차 멈춘 거 있잖아.

※ 정36: 소망이 너무 감정표현이 안 되서 예전에 다른 집단에 같이 가면서 소망이 定에 게 했던 얘기를 꺼내보라고 요구했음.

소망67: 아... 근데 그게 남편에게 대응하는 습관인데...

정38: 니 남편이 어떤 사람인지 또 네가 어떻게 남편에게 대응하는지 쉽게 알 수 있는 사건이었어.

소망68: 그 날 내가 탔던 차가 남편 차야. 남편이 다른 차를 타게 되고 내가 남 편 차를 타게 됐는데 대학원 가느라고 목포로 매주 왔다 갔다 해. 아침에 120을 밟고 가다가 속도가 100으로 떨어지는 거야. 왜 속도가 떨어지지? 그러면서 악셀 밟으면서 2차선으로 옮기는데, 노안터널에서 속도가 100 에서 80으로 떨어지는 거야. 차가 좀 이상하다는 느낌이 딱 들어서, 배 모 양 있잖아 냉각수 부분 그림 봤더니 그게 하이로 가 있는 거야, 그래서 3 차선으로 빠졌어.

티나22: 그 다음 터널 또 있잖아.

소망69: 노안터널 지나서 바로 갑성 터널 앞에서 차가 멈추는 거야. 다시 시동 을 켜니까 안 살아나는 거야. 그 날 핸드폰을 안 갖고 나왔어. 연락할 길은 없고, 뒤에 오는 차를 세우려고 하는데, 고속도로에서 속도를 내고 가는데 안서지. 마침 길 건너에 터널 쪽에서 작업하는 분이 계시더라고.

정39: 길 건너 중앙 분리대 건너편 말하는 거지?

소망70: 음, 내가 중앙분리대를 건너서 작업하는 데로 갔어.

티나23: 건너서?

yes3: 고속도로에서?

소망71: 내가 아저씨를 불러서 다행히 한 아저씨가 시끄러운 데도 핸드폰을 빌 려준다고 했어.

정40: 니가 아저씨를 부르려면 너도 중앙분리대를 넘어서 또 고속도로를 건너 서 간 거지?

소망72: 전화기를 빌리려고. 다행히 아저씨 전화기를 빌려가지고 전화를 했어. 남편한테 '차가 멈췄다, 서비스센터에 연락을 해라' 왜그냐면 남편차이고 남편이 서비스센터 번호를 아니까 또 내가 핸드폰을 안 갖고 나와서 이거 지금 다른 아저씨 전화로 하고 있다 이러면서 알려 줬더니, 남편이 하는 말이 차 수납박스 열면 차 매뉴얼 있다고.

정41: 보험증서 말하는 거지.

단계29: 그걸 보고 소망이 신고하라고?

소망73: 어, 나보고

단계30: 야...

yes4: 그럼 차 있는 곳으로 다시 또 고속도로를 왕복 차선을 넘어 가야되잖아.

실천1: 그 상황을 말했었어? 이렇게 분리대 넘어가서 남의 전화로 한다고?

소망74: 전화기가 안 갖고 와서, 내가 중앙분리대 넘어가서 핸드폰 빌려서 전화하고 있다고 이야기 한 거지.

단계31: 긴박한 상황에서 고속도로에서 차가 멈춰 섰으면, 남편이 어디냐? 내가 전화안내에 AS센터 물어보고, 내가 빨리 조처해 주겠다, 이렇게 해야 되는 거 아닌가?

소망75: 그런 건 없었어.

단계32: 그래서 어떻게 됐어

소망76: 다시 넘어와 가지고 보험회사 전화번호 확인하고.

단계33: 그 아저씨 핸드폰 그냥 빌려가지고?

소망77: 아니, 다시 돌려주고. 아저씨 저기 차에 갔다가 다시 와서 전화를 써야 되겠으니까 그 때 또 전화 한번만 더 빌려 주세요라고 말했지.

티나24: 또 넘어왔어?

소망78: 응

티나25: 니미 씹할 욕 나오네.

정42: 그 뒤에 남편이 온 거야?

소망79: 나중에 남편이 왔어. 찾아오기는 왔어.

단계34: 서운하지 않았어?

※ 단계34: 이렇게 심각한 상황에서 서운했냐고 묻는 것은 감정을 너무 잘못 짚었음. ①

속상하거나 화나지 않았나? 혹은 ②그 때 감정이 어땠어? 라고 개방형 질문을 했어야
한다.

소망80: 화났지!

티나26: 화나지.

소망81: 원래 대응방식이 그런 식이야. 왜 그냐면 자기 일에만 집중하는 사람
　　　　이라...

티나27: 남편 직업이 뭐야?

소망82: 회사원 이었어

티나28: 긍깨 어디 회사원?

소망83: 그냥 노사 업무를 봤어. 노조 업무를 보니까 항상 긴장되고.

쨈16: 소망은 남편을 늘 이해하고 남편한테 다 맞추고 사는데.

소망84: 맞추고 살아왔지

쨈17: 맞추고 사는데...

※ 쨈17: 힘들고 답답함의 감정표현이 필요함. 소망81에서, 소망은 계속 남편의 입장을
　　대변하고 있음.

소망85: 그런 내 모습이 답답해 보여?

단계35: 어쨌든 서운하다 화난다고 표현 했어? 그 당시에.

※ 단계35은 소망에게 감정표현을 먼저 하고 질문을 해야 함.

소망86: 그런 표현 안 해. 내가 말했잖아 안한다니까. 신혼 초에 나를 그렇게
　　　　안 받아 들여서 마음의 문을 닫았다고. 둘째 낳고부터 내 얘기를 남편에게
　　　　안 했어. 아무튼 셋째 낳고 나서부터 남편이 없다고 생각하고 살았어.

정43: 그렇게 살면서 어떤 감정으로 살았어?

소망87: 감정도 모르고 참고만 살았어.

티나29: 참 답답한 게, 너의 대응방식이 문제가 있었다고 생각을 해. 그건 인정을 하나?

소망88: 응.

티나30: 네가 계속 불만을 말해야 하는데 말을 안 하니 당연히 남편은 이렇게 해도 되는가 보다 생각하지 않았을까 ?

소망89: 그랬겠지

티나31: 아씨...

※ 티나31: 감정표현이 선명하지 않음.

단계36: 너 씩씩하다!

소망90: 어, 씩씩하게 살아왔어.

단계37: 씩씩하네.

※ 단계36, 37의 씩씩하다는 건 맞지 않음. 남편이 없는 것처럼 사는 게 회피적이지 씩씩한 건 아님. 씩씩하면 회피하지 않음. 빈정거리는 것처럼 보임.

사랑7: 남편 없다는 마음으로 사는 거 남편도 알아?

정44: 네가 남편에게 거리를 두면 너도 답답하고 외로웠을 것 같애.

소망91: 많이 외로웠어. 원하는 것을 남편이 안 해주니까 내가 굉장히 힘들게 살았어.

단계38: 응.

소망92: 근데 그렇게 비워버리고 사니까...

단계39: 그게 낫긴 낫겠다. 비우는 게.

※ 단계39: "소망은 비운 게 아니다"고 직면시켜야 했음.

소망93: 그게 내가 살 수 있는 숨통이었던 거 같은데...

정45: 그건 네 감정을 회피하고 산거지.

3초21: 회피하고 사는 게 낫긴 뭐가 나아.

사랑8: 자꾸 요구해도 안 받아 들여졌던 거야?

3초22: 그렇게 살 거면 같이 안사는 게 낫지!

소망94: 왜그냐면, 남편은 맨날 힘들다고 그래.

3초23: 소망 본인도 힘들자네.

소망95: 남편 퇴근시간은 아예 기다리지도 않았어. 항상 밤늦게 들어 왔어. 노조업무가 그러기도 했고 본인이 그러고 싶어서 그런 것도 아니까

3초24: 아니 갑자기 머리가 깨져 블라하네. 공감은 해. 근데 왜 그렇게 살아?

소망96: 잘 살아왔어!

3초25: 억눌러 가면서, 감정을?

정46: 소망, '잘살아왔어' 이렇게 자꾸 생각만 말하지 말고, '그냥 이렇게 살면서 어떤 느낌으로 살았어!' 이렇게 느낌 단어를 써서 말을 해. 너의 억압된 숨겨진 느낌을 좀 찾아봐. '잘 살았어 익숙했어!' 이런 말보다도. 그런 속에서 어떤 느낌이 있었는지를 말 해. 누구나 자기 하는 패턴이 있으니까 익숙하긴 해.

소망97: 재미가 없고 외로웠어. 순간순간 아이들 모습 보면서, 즐거울 때도 있었지.

3초26: 그거는 그럴만해

티나32: 나는 답답하고 짜증나는 게...

정47: 티나도 이럴 때는 아쉬워. 공감 좀 해라.

티나33: 그랬을 거 같애. 지금 얘기를 하면서 자기감정을 계속 누르면서 얘기를 하거든.

정48: 누르고 살다가 지금은 집단에서 감정표현 하고 있잖아

단계40: 지금은 감정이 살아있는 거 같아서 반가운데.

소망98: 지금은 가장 힘든 게 외로움이라고,

정49: 되게 외롭기도 하고 힘들기도 했겠어.

3초27: 나도 외로워서 힘들어. 그래서 술 먹어

정50: 네 남편은 네가 술만 안 먹으면 엄청 잘해주잖아. 넌 외로워서 술 먹는 게 아니고 화가 나서 술 먹지. 소망은 많이 외롭겠어.

yes5: 소망이 얘기를 하는데 되게 짠한 생각 되게 많이 들어. 너무 짠하고 안쓰러운 거야. 고속도로에서 사고가 났는데 남편한테 전화해봤자 아무 도움도 안 되잖아.

소망99: 나는 남편한테 전화할 때 순간 뭘 생각 들었냐면, 아 남편한테 또…

티나34: 한소리 듣겠구나.

소망100: 응, 야단맞겠구나. 왜냐면 핸드폰을 안 갖고 갔던 거야. 내가 뭘 잘 놓치고 다녀. 깜빡깜빡 하는 거에 대해서 남편이 화내면서 지적을 많이 해.

yes6: 소망 머릿속에서 전화하기 전에 남편에 대해서 별별 생각을 다했을 거 같아. 119에 전화하는 게 빠르지. 진짜 안쓰러운 생각이 들어.

단계41: 남편은 그럴라고 있는 거야. 내가 실수했을 때, 위급한 상황에서 뭔가 도움이 필요할 때 쓰라고 남편이 있는 거지.

소망101: 그런데 홀로 서기를 너무 일찍 해버렸고,

※ 여기에서는 소망의 외로움에 주로 공감을 했음. 부부관계에서 홀로서기가 하나의 방법일 수 있지만, 남편과 어떻게 소통하는지를 모르고 살아왔다. 그러려면 소망이 더 강해져야 한다. 자존감도 더 높아지고, 감정표현, 공감능력, 외로움에 대한 두려움 등을 개선시켜야 한다. 소망은 너무 약하다보니 부정적인 감정표현을 일찍 포기하고 살고 있다. 본인이 약하다는 것을 인정하지 않고 홀로서기라고 합리화하고 있다.

단계42: 신혼 초에 너무 포기가 빨랐나?

소망102: 남편한테 의지를 하지 않고, 살아야겠다고 마음먹었었어.

단계43: 감정표현을 하니까 좀 소통이 되는 거 같애. 많이 외로웠을 거 같애.

티나35: 어떻게 살았어?

소망103: 애들보고 살았지.

정51: 외롭기도 하지만, 많이 힘들지 않았을까?

소망104: 엄마는 자식 보고 살아.

yes7: 소망 있잖아, 그 말은 어폐가 있는데, 우리 애들 키워봤잖아. 애들은 내 인생에서 끊임없는 책임감만을 요구하는 존재들이잖아. 그니까 애들만 쳐다보고 살면 안 돼. 그러면 진이 빠져. 진짜 껍데기만 남는 느낌을 되게 많이 받거든.

소망105: 둘째가 딸인데, 애가 이번에는 임용고시 합격해서 발령나가지고. 주변에서 다 부러워해.

단계44: 그럼, 부럽다야.

소망106: 근데 그 부러움이 하나도 마음에 안와. 막 즐겁고 기쁘고 막 행복하고 그러지가 않아. 그건 지 인생이고 이제 내 품에서 벗어나...독립해서 살 수 있게끔 됐구나하는 안도감이 들지.

정52: 그동안 니가 많이 힘들었겠어.

단계45: 그렇지 너무 에너지를 써가지고 더 에너지가 없으니까 좋아할만한 기뻐할만한 에너지도 없나보다야.

yes8: 내가 안쓰럽다는 게 그거야 그렇게 하나하나 내 책임감만 다하고 살다보면 껍데기만 남는 허무한 생각에 많이 빠질 거 같애...

소망107: 지금 되게 허무해, 쓸쓸해, 외로워.

yes9: 애들 하나하나 보내면 네가 잡고 있던 자식과의 관계마저 없어지니까, 허무함이 더 심해질 거 같애.

실천2: 난 소망의 이야기가 상당히 나하고 비슷한 과정을 많이 거쳐 왔기 때문에 마음이 너무 많이 와. 아이가 시험에 합격해서 취직생활해도 내가 기쁘다 그런 것보다도 한 가지 과제를 해결 했구나. 그러면서 밀려드는 허무한 마음 같은 거는 정말 너무나 비슷하게 느끼고, 나도 남편한테 소망처럼 표현 못하고 늘 두려웠는데... 고속도로 중앙분리대를 넘어갔다가 다시 차로 왔는데 그 말이... (눈물 보임) 너무 슬퍼.

정53: 실천 말처럼 슬픈 일이지. 중앙 분리를 넘어 왔다가 저쪽까지 또 간 거잖아.

티나36: 갔다가 또 왔다가 또 간 거지, 또 가서 전화를 써야하니까.

실천3: 그 참담한 심정이 가슴에 느껴져. (눈물 보임)

소망108: 그러기 전에 나는 이미 겪었기 때문에,

정54: 실천이 네 얘기 듣고 눈물을 흘리고 있는데 그것 보면서 넌 아무 느낌도 없어? "내 아픔을 같이 아파해줘서 내 마음이 따뜻해진다"고 표현할 수도 있어. 너의 이런 모습이 건조해 보여서 아쉬워. 그러니까 생각만 말 하지 말고 그 상황에서의 네 느낌을 표현하라고. 답답해.

소망109: 알았어. (짜증이 섞임) 미안해. 그냥 담담했다고...

쨈18: 지금 이렇게 되게 담담하게 얘기하는 게 안 믿어져.

소망110: 담담해 사실은,

정55: 담담한건 아니야

쨈19: 담담하게 얘기하는 거 같애.

정56: 아니야, 감정표현 하라는 내 말에 대해서 신경질적으로 '알았어'라고 했잖아. 그런 거 보면 소망이 담담한 감정 상태로 사는 건 아니야. 그래서 이번 일처럼 큰 일을 겪고서 몇 달이 지났지만 지금도 담담할 수는 없어.

쨈20: 그동안 힘들었던 얘기들도 너는 이러고 나는 이러고 글 읽듯이 말해.

정57: 담담한 느낌은 인간이 갖는 감정이 아니야. 그것은 깨달음을 얻은 성인들이 느끼는 감정이야. 여러 가지 힘든 상황에서 그림1 그래프를 보면 y축의 감정변화들 있잖아, 맨 밑에 담담함, 그 위에 약간의 아쉬움, 약간의 서운함, 아쉬움, 서운함 등의 그런 감정들이 있는데, 소망은 담담해 하지는 않는 것 같아.

쨈21: 뭔가 초월했을 때 담담함이 느껴지는 거지?

정58: 그렇지, 우린 인간이기 때문에 초월하고 담담해 질 수 없어. 성격검사에서 안정성이 높게 나오면 이것도 다 감정억압 때문에 안정성이 올라간 건데, 마음속에서는 많이 참고 있는 거지.

쨈22: 그럼 감정을 내려놓고 얘기를 했다는 말이네.

정59: 소망은 집단원들이 감정표현을 자꾸 요구하니까 신경질적인 반응을 보였잖아. 귀찮다는 그런 신경질적인 태도를 계속 보이고 있어. 이럴 때 답답하다고 자기감정을 숨기지 말고, 자기감정을 말하면 좋겠어.

티나37: 그것도 있고 나는 아무것도 못 느끼는데 왜 나한테 이런 걸 강요를 하지? 뭐 그렇게 생각하는 거 같아.

단계46: 그때 느낌하고 다시 접촉하기가 싫어하는 거 같아서 아쉬워.

사랑9: 난 좀 이해가 갈 것도 같애.

소망111: 그런 감정들이 내 안에서 어느 정도 소화가 되니까...

티나38: 하...

단계47: 소화가 아니라, 니 감정들을 소외 시키는 거 같은데,

실천4: 니가 너무 힘이 없어 보이잖아.

소망112: 그전에는 내가 분노도 많았어, 화가 머리끝까지 올라가고 설거지를 하다가 나도 모르게 그릇을 내쳐버렸어. 그리고 치우지도 않고 나가버렸 단 말이야. 그렇게 하고나서 내 모습이 나는 싫더라고. 왜 그렇게밖에 감 정표현을 못하지? 라는 생각이 들었고...

실천5: 나는 이 말을 꼭 해주고 싶다. 아까 정이 그 부분을 지적을 했는데 막내 딸이 아빠한테 뺨맞은 사건은 굉장히 심각한 사건이고, 이제 소망이 지금 엄마로서 해줘야 할 것은 아빠가 딸에게 사과를 하게 해야 해. 그거 딸에 게 굉장히 큰 상처로 남거든. 소망이 해주지 않으면 두고두고 딸 마음에 남을 거 같애. 나도 큰아들이 과외를 받느라고 과외선생이 와있었어. 근데 지아빠가 무슨 말인가 했는데 아들 말투에 남편의 기분이 나빴나 보지. 뺨 때린 소리가 철썩 나더라고. 아들의 자존심이 무너진 것을 못 세워줬거든. 지금도 마음에 걸려 마음이 무거워.

소망113: 그 순간은 너무 무기력하고 아무 생각이 안 났어. 그냥 무너지는 거 같았어.

티나39: 하늘이 무너지는 거 같은?

소망114: 나, 더 이상 못 살겠다 그 생각이 들었지.

실천6: 이를 악물고 그 말을 네 남편에게 했으면 좋았겠다, 너무나 안타깝고.. 마음이 아프네.

정60: 그... 고속도로 사건에 대해서, 네 남편은 너무 심각할 정도로 네게 배려 가 없었어. 자기가 전화번호 물어봐서 전화해주면 되잖아. 핸드폰도 안 갖 고 왔다는 마누라한테 할 도리가 아니지. 지난 장에서 소망 남편이 딸 뺨 때린 것 소망이 아무 말도 안 했잖아(3회기 소망7) 이런 상황에서 아무 말

도 안 한다는 것은 소망의 감정억압이 매우 심각하다는 거지. 이렇게 감정억압을 심하게 하면서 자꾸 담담하다고 해. 넌 남편과의 갈등에 대한 두려움이 매우 심해 보여. 이제는 딸이 경기도에서 직장생활하고 있잖아. 그러면 네가 네 남편 안보고 떨어져서 살 수도 있는데, 넌 엄마를 떨어져서는 안 되는 5살 아이처럼 남편 곁을 떠나서는 안 된다고 생각하고 있어.

소망115: 사실은 따로 살고 싶기는 하는데.

정61: 따로 살려고 생각 했으면 니가 두려울 게 뭐가 있어?

소망116: 근데 애들한테 그런 모습 보여주기 싫어.

정62: 애들이 걸리지.

구들장16: 지금 현재 엄마 모습을 애들이 어떻게 봐? 아빠랑 말 안하고 사이 안 좋은 거 알거아니야.

소망117: 이야기를 안 해가지고 애들은 모를 거야.

3초28: 말 안 해도 애들은 다 느껴.

소망118: 이런 마음이 들게 된 동기가 뭐냐면, 삼십대에 너무 힘드니까, 그 때 PET 교육을 받았어. 불만이 목에 차있고 나오는 말마다 그 불만스러운 말들만 나오는데 그때도 이야기를 했더니, 거기 참여한 수녀님들이 나보고 애들한테 애들 아빠를 너무 나쁘게 인식을 시켜주고 있다는 거야. 그때 내가 딱 망치를 한 대 맞은 느낌이었거든. 어린이집을 내가 운영했는데 남편은 직장이 없었어. 쉬고 있을 때. 그렇게 살아가는 엄마의 모습을 보고 큰 딸이 '많은 힘이 되고, 엄마를 사랑하고 자랑스럽게 생각한다'고 편지를 써서 내게 준 적이 있어. 그래서 힘이 생기더라고. 그래서 가급적이면, 이야기를 안 하려고 하지.

단계48: 종교가 사람을 망친다니까...

소망119: 큰 애가 너무 힘들었대. 아빠는 아빠대로 지한테 불만스러운 걸 이야기 하고, 엄마는 엄마대로 자기한테 불만스러운 거 이야기 한다 이거야. 그 이야기를 듣고 난 뒤로 더는 말을 못하겠더라고. 그 뒤로부터 애들한테... 말을 안 하게 됐지. 그 아이들이 어떻게 바라보는지 듣고 싶지도 않고.

구들장13: 막내가 힘들었다고 한 게 언제야?

소망120: 고등학교 때. 고1... 내가 무심코 한말이 아이들한테 상처가 될 수 있구나 라는 생각을 갖게 된 거지

티나40: 부부관계가 투쟁관계여야 되거든. 근데 너무 빨리 종속관계로 가버렸어. 나는 삼 형제 중에 중간인데 나는 그런 관계라고. 이해가 가?

단계49: 지금은 그런 시기가 지나갔으니까, 좀 자기 마음에 접촉이 있었으면 좋겠는데, 그러지 않아서 안타까워. 자기 얘기를 남의 얘기하는 거 같아.

소망121: 남 얘기 하는 거 같다고?

단계50: 표정도 별로 없고 한 육십 대 할머니가 나 힘들게 살았다, 근데 지금은 남편 없는 셈치고 애들은 잘 커 있고 이렇다, 얘기를 들으면서도 자기 얘기하는 건지 누구 얘기하는 건지 모를 정도로 지루해지기도 하고... 뭔가 얘기를 해줘도 받아들이지 않고.

3초29: 나는 소망 얘기가 이해불가고 머리 아파 짜증나.

단계51: 집단원들이 아무리 말해도 흔들리지 않아.

구들장14: 아, 욕 나온다. 시동생 셋이나 키우고 내 자식도 셋이나 키우고 했으면 뿌듯하고 그런 감정이 생겨야 될 거 같은데 외롭고 이런다니까 내가 막 짜증이나. 시동생들은 형수가 그렇게 돌봐줬는데 그건 아나?

정63: 지금 주제에 벗어난 사소한 거 묻지 좀 마. 답답해.

소망122: 그런 질문은 내가 받고 싶지가 않아.

정64: 애들에게 부부얘기하면 애들이 힘들어 해. 상담자도 부부상담 하는 건 힘들어. 부모가 별거하거나 이혼하면 애들도 당연히 힘들지. 그런데 부부문제는 당사자가 결정해야지 애들이 결정할 건 아니잖아. 그리고 너의 마음속에서는 애들 때문에 이혼을 못했다고, 말했는데 지금은 그 이유가 아니고 '저 불쌍한 인간이 내가 없으면 죽을 것이다'고 생각해서 절대 안 떠나려고 하는 거지.

티나41: 아 진짜 그런 거야?

소망123: 아니 그런 것보다는.

※ 소망126: 집단원의 무슨 말이라도 일단 부정함.

3초30: 인정해 그냥.

소망124: 사실은 남편이 큰 아들이라고 생각해.

단계52: 큰 아들이 걸려?

쨈23: 소망의 감정을 어떻게 살려줘 정... 나 정한테 원망이야.

단계53: 아니 잠깐만 큰 아들 얘기에 뭔가가 있는 거 같애.

쨈24: 남편이 큰아들이라고

정65: 남편을 아들이라고 생각한다는 것은 절대 헤어지지 않겠다는 말로 들려.

쨈25: 그러네

정66: 남편에 대한 연민과 두려움이 같이 있어서 꼼짝을 못하나봐.

쨈26: 근데 감정이 살아나야 떨어져서 살 의지도 생기는 거지

정67: 감정이 죽어버리는 이유는 남편하고 끝까지 있어야 된다고 생각해서야.

쨈27: 아, 감정이 살기 위해서 부부간에 정서적으로 분리가 되야 된다? 그렇다면 동의가 돼.

티나44: 쨈, 조용히 해봐. 결정적인 얘기 하고 있는데.

쨈28: 그러면 동의가 되고, 아까는 나는 좀 순서를 바꾸고 싶었어.

단계54: 야, 너는 좀 듣고 얘기해

yes10: 소망이 주제파악을 참 못한다는 생각이 들어. 남편을 큰 아들로 생각한다는 거는 너무 말이 안 돼.

※ 남편을 아들로 생각한다는 것은 의지하지 않고, 돌봐줘야 한다는 말이다. 소망은 어떤 일이 있어도 남편을 떠나서는 안 된다! 그러려면 참아야 한다는 생각이 매우 심해 보인다. 소망의 감정억압이 너무 심하고, 이 삶의 방식을 바꾸려는 생각이 전혀 없어서 진전은 안 되었지만 자기감정들을 보게 되었다.

소망2

yes1: 아까 느낀 건데 구들장이 감정을 시원하게... 표현하는 게 있어서... 궁금해.

단계1: 구들장 울지 말고 얘기 해.

yes2: 울어도 좋지 않아?

쨈1: 그래, 울지 말라고 왜 강요해?

구들장1: 나 소망한테 진짜 감정이입 돼서 공감돼서 울었는데...

※ 구들장1은 이때 "나도 슬펐다"고 감정을 명확히 얘기해야 했음. 3초1이 튀어나와서 얘기할 틈이 없어졌음.

3초1: 티나가 계속 나한테 저기 하잖아. 니미 시벌 진짜 집에 가야 돼? 말아야 돼?

(다들 웃음 하하하하~~~~)

티나1: 빨리 가라 집에, 빨리.

3초2: 네가 내 남편한테 전화해 델러 오라고. 티나한테 굉장히 화가 나고 짜증나! 아까부터 계속 거슬리더라고

티나2: 왜 거슬렸어?

3초3: 내가 말 하는 것마다 다 태클을 걸더만!

티나3: 어떻게?

단계2: 소망 얘기할 때.

3초4: 정말 짜증났어. 나 지금도... 몸이 떨리네.

단계3: 화가 많이 났나보다!

3초5: 내 분을 내가 못 이기니까 미쳐 불겠어!

단계4: 미쳐 불겠어?

정1: 3초 진짜 화나고 짜증나겠어. 티나는 3초가 티나한테 거슬리겠다는 생각을 못했나? 답답해!

※ 단계4: 질문보다는 많이 짜증나겠다는 공감이 필요함.

티나4: 그랬던 거 같네. 미안해!

※ 티나4: 미안하다는 것으로는 너무 부족하다. '내게 화났겠다'는 공감이 더 필요했음.

3초6: 그랬던 거 같은 게 아니고 그랬지.

티나5: 좀 더 끌어낼 수 있는데 자꾸 맥을 끊으니까.

단계5: 3초가 뭔 맥을 끊어? 정확히 말해봐!

티나6: 소망의 감정이 올라 올라고 있는데, 거기에서,

3초7: 그때마다 내가 딱딱 끊었다 이 말이야?

티나7: 어.

3초8: 그러면 그렇게 말을 해야지

단계6: 그렇지, 좋게 얘기해야지

※ 단계6: 단계가 본 관점은 어떠하다고 피드백하는 것이 필요함.

정2: 티나는 그때그때 그 감정을 바로 말하지 않아 답답해. 전 회기에서 3초가 욕이나 심한 충고를 했지만 흐름을 끊지는 않았어. 난 그 반응들이 별 문제가 아니었어. 3초의 충고가 마음에 안들면 답답하다고 했어야지. 소망에게 3초가 언니 같다고 했는데 티나가 지루하다고 해서 오히려 티나가 맥을 끊었어. 티나가 아쉬워. (96쪽 티나16)

3초9: 사람을 짜증나게 하고 화나게 하고 이게 뭐야!

티나8: 웃지 말고 얘기해.

※ **티나8:** 3초의 웃음을 말하면서 본인의 문제를 회피했음. 티나는 3초에게 평가적인 태도를 계속 보이고 있다.

3초10: 내가 전화를 찾는 이유가 뭐였냐면...남편에게 전화해서, '이 티나 씨발놈이 나를 계속 쪼고 있다'고 그 말 할라 했어!

단계7: 뭐 어른이 이르고 그래. 그냥 그런가보다 하고...

※ **단계7:** 티나에게 화난 상황을 물어보던지 공감(티나에게 화났겠다)이나 남편에게 이르려고 하는 3초에 대한 단계의 느낌 표현이 필요함.

3초11: 정말 이 분노감은 감당이 안 돼. 처음부터 계속 나를 쪼았거든. 굉장히 짜증났어.

단계8: 지금 표현 잘하고 있네.

※ **단계8:** 행동에 대한 묘사보다 구체적인 상황을 물어보거나 공감이 필요함.

3초12: 이거는 지금 내 분노지 왜 나를 찍는데...

정3: 구체적으로 말했으면 좋겠어. 찍었던 것 중에서 어떤 것이 맘에 안 들었는지?

3초13: 말할 때마다

정4: 예를 들어서 말해봐!

3초14: 이렇게 같이 마주보고 있잖아. 등 뒤로 제끼고 안 좋은 눈빛으로 쳐다보고, 감정까지 같이 실어가지고 하는 느낌이 들더만. 그래갖고 내가 너 한번 걸려봐 그 생각이었어. 왜 도대체 뭣 때문에 그래?

정5: 앞에서 내가 말 한 것 외에 티나 얘기 중에서 어떤 것이 너한테 거슬렸는지 구체적으로 얘기를 안 하니까 답답해. 너를 안 좋은 눈빛으로 쳐다봤다고 생각해서 걸렸구나? 난 그렇게 보이지 않던데.

3초15: 구체적으로 어떻게 표현을 할 수가 없당게!

정6: 그러면 지금부터는 그런 걸 보면은 그때그때 말하기. 그리고 티나는 티나16에서 3초에게 지루하다고 한 것 3초가 속상했겠다고 공감 안해서 아쉬워.

티나9: 난 평소 3초를 좀 싫어하긴 해. 그래도 그런 눈빛으로 본 것 같진 않아. 좀 전에 내가 지루하다고 해서 속상했겠어.

3초16: 알았어. 그럼 나 그때그때 모든 말다하고 질러 불란게 그런 줄 알어.

정7: 그래, 원래 그렇게 하는 거야. 지나서 뭉뚱그려서 하면은 기억이 안 나서 말하기 어려워. 너도 기억을 못하잖아. 소망에 대한 구들장 감정 얘기 했을 때 불쑥 네 얘기 꺼냈는데, 구들장 얘기 듣고 네 감정 말하고 네 얘기 꺼내. 그럴 땐 너만 생각하는 것 같아서 아쉬워.

단계9: 그래 그리고...

정8: 나 얘기하고 있잖아. 너에게 서운해,

단계10: 어 그래...

정9: 3초 말투가 매우 공격적이잖아. 욕도 잘하고, 3초가 참았다가 말하면 너무 신경질적이고 공격적이어서 상대의 공격성을 유발하고 싸우게 된다고.

3초17: 알았어. 그때그때 말하도록 노력해볼게. 근데 내가 좀전에 비 맞고 식당까지(100m) 걸어갔다 오고 짜증났어.

단계11: 네가 핸드폰 잃어버린 줄 알고 걸어갔다 온 거지. 그걸 우리한테 그러면 안 되지...

※ 단계11에서 단계의 감정표현이 필요했음.

3초18: 그게 아니고 내가 여기서 찾았잖아 근데 그 때 없었잖아. 그래 식당에 전화를 하니까 안됐어. 그래서 내가 식당까지 간 거잖아.

단계12: 그렇지!

3초19: 정이 놓고 온 옷은 찾아갖고 왔잖아. 내 핸드폰은 식당에 없었어.

단계13: 근데 거기에 티나가 너의 짜증에 기여한건 없잖아.

3초20: 그 전부터 내가 티나에게 감정이 올라오고 있었다고

정10: 나는 단계가 더 답답하다.

단계14: 정은 왜 나한테만 답답하다고 하고, 나한테만 못마땅하다고 하고 그런 거 같아.

정11: 답답해! 3초에게 그냥 '아, 그랬어?' 그렇게 넘어가주고 그래. 뭐 사소한 것에 시비를 가리려고 그래.(단계13)

※ 정11: 지금 주제는 3초가 그때그때 감정표현을 잘 안한다는 것임. 3초17에서 "짜증난다"고 한 것이 본인에게 짜증난 것인지 집단원에게 짜증난 것인지 단계11에서 물어야 했음. 3초는 집단원에게 짜증난 것이 아니고 본인에게 짜증난 것으로 보임.

단계15: 정은 오늘 나한테만 그러는 거 같애.

쨈2: 정 얘기가 시원해!

정12: 그지? 내가 잘하지?

쨈3: 응 너무 시원해. 단계야, 그런 것은 그냥 넘어가. 넘어가도 되잖아!

정13: 소망 얘기가 마무리 안 됐는데, 소망이 생각만 말하는 게 너무 심해... 그 생각 중에는 합리화하고, 변화되기 싫다는 방어적인 마음들이 많이 담겨 있는 거 같아서 답답해... 소망이 감정표현을 너무너무 못한다고 생각해. 올 3월 달에 목포교육 시작할 때 첫날 집단을 했는데, 그때 맨 먼저 소망 얘기를 하게 됐어. 보통 한 사람당 한 시간 반하고 다른 사람으로 돌아가는데, 근데 소망이 감정표현을 너무 못해서 하루 종일 소망 얘기만 했어. 그 날 머리 아플 정도로 많이 답답하고 피곤했어.

단계16: 지금도 또 소망한테만 얘기가 가는 거지.

정14: 지금 너의 느낌이 뭐야?

단계17: 나한테는 관심 안 써주고... 속상하지.

티나10: 지금 마무리 멘트 하는 거지.

정15: 너는 관심을 안 써 준다고 그러냐? 얘기냐? 답답해! 3회기에 단계 얘기했 잖아. 소망의 방어적인 태도 때문에 얘기가 길어지긴 했어. 그래서 나도

답답해. 그래도 마무리를 해야지. 그냥 넘어가기가 찜찜해. 진행자 입장도 이해해줘 아쉬워!

실천1: 지금 단계 표정이 애기 표정이야.

사랑1: 지금 그런 생각이 들었어. 애기 같다는 생각이 들었어.

티나11: 아, 이런 걸 전문적인 용어로 징징댄다고 하지.

※ 티나10: 단계에게 느낌표현을 했어야 함. 티나11도 징징대는 모습애 대한 느낌표현이 필요함.

사랑2: 나는 좀 다른 느낌일지 모르는데 소망이 남편한테 아무 이야기도 하기 싫고 말을 안 한다 하는 것이 남편에 대한 공격이라는 생각이 들었어.

들꽃1: 나는 좀 다른데...

정16: 수동적인 공격이지.

사랑3: 내가 그런 경험이 있어서... 내가 어떻게 할 수 없으니까 말을 안 하게 되더라고.

들꽃2: 난 그런 상황에서 무기력해져버려.

사랑4: 무기력도 같이.

들꽃3: 막 불같이 화가나야하는데, 무기력해져... 해도 소용없다는 마음이지.

단계18: 그게 더 나쁜 거야!

※ 단계18: '무기력해지면 암담하겠다' 는 공감이 필요함.

소망1: 남편에게 화내면 그게 남편에게 상처가 될까봐 참는거지.

단계19: 남편에게 얘기 안 한다는 게 더 나쁜 거지. 차라리 앞에서 까는 게 낫지.

사랑5: 소망이 감정을 들여다보고 올라오면 힘드니까 감정을 안 보려고 덮어놓은 건데, 그걸 자꾸 안 본다고 짜증난다고 하면 소망 마음이 안 좋겠어.

단계20: 나는 사랑 얘기가 더 답답한 게, 우리가 지금까지 계속 소망에 대해서... 소망이 자기 감정을 접촉할 수 있도록 도와줄라고 하는 건데, 이것을 부정적으로 말하네!

사랑6: 먼저 소망을 이해해 줘야 되지 않을까 그리고 나서 우리 입장을 표현해야 되지.

단계21: 지금 이 집단에서 소망을 이해 안하는 사람이 누가 있어? 20년 30년 아이 키우느라고 지금까지 해왔던 모습이 너무 안타깝고, 그 고통스러운 시간을 보냈고, 이제는 다 키워놓고 더 당당하게 가도 되는데, 남편이 걱정돼서 저렇게 말도 못하고 참고 살고 있잖아.

정17: 사랑 말처럼 네가 안 보려는 네 감정을 드러내라고 집단원들이 계속 요구하니 소망 기분이 어때?

소망2: 감정을 드러내지 않고 살아서 나도 답답해.

단계22: 소망이 자기 걱정이나 하지 남편을 걱정하고 있는데... 오히려 사랑이 먼저 소망 입장을 이해하라는 얘기를 하는 게 나는 기분 나쁜 거야.

소망3: 내가 남편을 걱정해서가 아니라, 수동적인 공격이지.

단계23: 그게 더 나쁘다고.

정18: 소망은 자기 걱정을 안 하고 남편 걱정만 해. 소망은 너무 남편에게 매여 있다는 것을 알아야해. 소망이 남편에게 감정표현 하는 것이 힘들고 두려워서 회피하고 넘어가지만 집단에서 계속 다루다보면 남편에게는 표현 못 해도 집단원에게는 짜증을 표현하게 돼. 그러면 다음에 남편에게도 표현하겠지. 다행히 집단원들이 소망에게 부정적인 말하면 소망의 감정표현이 많이 늘었잖아.

단계24: 나는 더 얘기해도 안 될 거 같은데, 계속 정이 끌고 가는 것도 불만스럽지 솔직히. 다른 사람하고 또 다루고 가야지.

※단계24: 소망에게 더 얘기해서 안 될 것 같아 어떤 느낌이 든다고 감정표현했어야 함.

티나12: 진행은 리더가 하는 거니까.

단계25: 티나도 마찬가지로 지금 그 중간에서 정을 많이 거들고 있어!

티나13: 그래, 진행은 리더가 하는 거니까, 니가 하는 거 아니잖아.

※ 단계25. 티나12: 지금 상황에 대한 자신의 의견과 감정을 말할 필요가 있음. 티나와 단계는 상대에 대한 감정표현이 필요함. 2박3일 이상의 집단 상담에서 집단원이 적을 경우 한 개인이 1시간 반을 2번 쓰는 경우도 있음.

단계26: 아~그렇다는 표현도 못 하는 거야?

※ 단계26: 티나에게 거부되는 것에 대한 느낌. 불만, 화 등이 표현되어야 한다.

티나14: 짜증나. 짜증날라 그래.

정19: 소망에 대한 얘기는 나도 다했어. 단계는 장이 빨리 마무리가 안 되서 답답하다고 표현해야 해. 내게 불만을 말하기 전에 소망에게 답답하다고 먼저 말해야지. 단계는 문제가 안 풀어지면 좀 해보다가 쉽게 포기해버려서 아쉬워. 소망 얘기 다루면서 나도 집단원들도 다 힘들었어. 너도 힘들었다고 먼저 표현했으면 좋겠어. 다시 소망얘기 나오니 충고하고 불평만 하더라. 그런 게 아쉬웠어. 소망이 남편에 대한 두려움에 맞닥뜨리는 용기를 조금이라고 갖게 하고 싶었어.

사랑7: 단계는 쪼금 평가적인 말을 많이 해. 나쁘다 좋다 이거는 단계의 판단인데. (단계19. 23)

단계27: 나는 나쁘다는 얘기는 소망한테만 했어.

사랑8: 방금 나쁘다 그런 이야기들 했잖아. 그게 더 나빠!

단계28: 난 소망한테만 나쁘다 얘기 했다니까?

정20: 사랑도 단계처럼 "나쁘다고" 말하고 있어. 감정표현으로 바꿨으면 좋겠어.

※ 단계28: 소망한테만 나쁘다고 했지만 그런 성향이 있다고 수긍해야 함.

티나15: 대체적으로 그런 뉘앙스를 많이 풍겼어.

단계29: 그래?

사랑9: 답답하네! 이야기하는데 단계가 계속 치면서 안받아주니까. 좀 전에 소망에 대한 내 얘기에 대해 단계가 계속 끊으면서 아니다고 해버리니까 답답하고 짜증났어.

단계30: 나는 사랑이 기분 나빴다고 하면 오케이를 하는데. 나한테 '나쁘다'고 해서 해명을 한거야. (사랑8)

※ 단계30: '나도 사랑에게 답답하다'고 말했어야 함.

정21: 사랑이 소망의 감정을 이해하자고 했는데 단계가 거부해서 사랑이 속상하겠어. 집단에서 감정표현하라고 계속 요구받는 소망의 답답하고 짜증난 감정도 이해해줄 필요는 있어. 근데 소망이 그런 감정을 표현하지 않아서 소망을 더 이해할 것이 없었어. 그런데 난 단계 말처럼 집단원들이 소망에게 답답하다고 하니 소망이 자기의 답답함을 조금씩 인정하고 감정표현도 더 늘어나서 그동안의 노력이 보람이 있었다고 생각해.

사랑10: 단계의 평가적인 그런 말들이 기분이 나빴어.

단계31: 지금 내가 사랑한테 기분 나쁘게 했다는 거야? 내가 소망한테 기분 나쁘게 했다는 거야?

사랑11: 둘 다, 소망한테도 그 말 했지만, 나한테도 아까 했어. 잊어버렸나봐.

단계32: 내가 뭐라고 했는데?

사랑12: 끼어들어서 이렇게 한 거는 태도가 그게 아니다. 이런 식으로 평가를 했잖아!

단계33: '기분 나쁘다'고 얘기 했어 나는. (단계22)

사랑13: 기분 나쁘단 말도.

단계34: 기분 나쁜 게 무슨 평가야? 난 사랑한테 나쁘다고 한 적이 없어.

사랑14: 난 들었는데?

티나16: 자, 이건 말싸움이고...

※ 티나15: 양비론으로 말하지 말고, 단계가 사랑에게 나쁘다고 한 게 아니고 기분 나쁘다고 말한 것을 환기시켜 줘야 함. 티나는 단계와 사랑에 대해 감정표현으로 구체적

인 피드백을 했어야 함. 강압적인 태도가 보임.

단계35: 아니, 잠깐만 확인하고 가자.

티나17: 잠깐, 내 얘기하고 있잖아. 상대방이 얘기 했을 때에 충분하게 듣고 난 다음에 얘기를 하는 게 맞지? 아니야?

단계36: 나는 단순하게 얘기할게. 확인만... 내가 나쁘다고 얘기했어?

정22: 소망에게 '기분 나쁘다'는 단계의 말은 평가는 아니야. 사랑에게 말한 단계의 '기분 나쁘다'는 말이 사랑에게는 거북 할 수는 있겠어. 그래도 단계가 '기분 나쁘다'고 감정표현한 것을 '나쁘다'고 평가했다고 자꾸 우기고 있어서 사랑이 답답해.

소망4: 단계가 사랑하고 하는 말에서 내 남편이 보였거든... 너무 싫어 버려. 말하기 싫어 멈추게 돼. 말꼬리를 잡고 내가 나쁘다고 했냐고? 했냐고? 이렇게 나와 버리면 내가 들은 게 잘못 됐나? 잘못 들었나? 헷갈려 버려.

정23: 소망 입장에서 단계가 말꼬리 잡는다고 생각했다면 단계가 싫었을 것 같애.

소망5: 단계에게 불쾌해. 화나, 더 심하면 분노가 올라오지.

정24: 근데 난 단계가 말꼬리 잡은 건 아니라고 생각해. 사랑이 계속 우기니까 자기주장을 계속 한 거지. 그리고 너한테 단계가 더 말해도 안 될 거 같다는 말했잖아 그때 기분이 어땠어?

소망6: 단정 지으니까 기분 나빴어.

정25: 기분 나쁠 정도가 아닐 거 같은데?

소망7: 모르겠어, 이제 남편같이 보여서 엄청 분노가 올라 왔어. 아까는 그런 감정까진 안 올라왔는데 지금 계속 이야기 하는 것이 딱 내 남편 모습이 보이고 열이 올라오네.

3초21: 소망, 집에선 어떻게 대처를 해?

소망8: 그만 하자고 그러지. 단계가 방금 계속 사랑한테 그랬잖아. '내가 평가 했어?' 그렇게 계속 따지고 들잖아. 이야기를 그렇게 물고 늘어지면 난 더 이상 말을 안 해.

정26: 남편이 계속 그렇게 우기니까 말꼬리 잡고 늘어지면 정말 짜증났겠어.

난 단계한테 불만스러웠어. 단계가 소망한테 평가적이고 단정적인 말을 했어. 그 점은 소망이 속상했을 것 같애.

단계37: 그 얘기 했어 맞아.

소망9: 단계가 사랑이한테 하는 그 모습 보면서 숨이 딱 막히는 느낌이었어. 순간 딱 남편 모습이 보였어. 이런 상황이 자주 발생하거든. 언쟁을 하게 되면은 나는 그만해 알았어 이렇게 되는 거지. 아니면 내가 알았네 하고 끊고 방으로 들어가 버린다던지 이런 식이었지. 이렇게 몰아 부칠 때는 너무 힘들어. 진짜, 숨이 탁 막히고 어후~~ 정말 답답해! 그래서 사실은 젊었을 때, 혼자 나가버릴 때가 많았어... 나가서 혼자 거리를 돌아다니다가 열두시 다 되서 집에 들어 올 때도 있었고, 작년에는 혼자 심야영화보고 들어왔지. 차속에서 잠자다가 새벽에 들어가기도 하고... (한숨)

(침 묵)

3초22: 혼자 그렇게 있을 때, 신랑이 전화한 적은 없어?

※ 3초22: '힘들었겠다'고 공감이 필요함. 3초는 공감을 못하고 있음.

정27: 남편의 계속된 추궁이나 집요한 공격 상황에서 소망은 감정표현을 안하잖아. 난 너의 이런 모습이 엄청 답답해. 네 남편도 엄청 답답했을 거야.

3초23: 나도 소망의 그런 느낌을 느껴봤어

정28: 부부문제로 여자가 상담받으러 많이 오는데, 소망처럼 사는 여자들이 많잖아. 개인상담을 통해서 여자가 감정표현만 잘해도 남자들이 많이 변하더라고.

3초24: 딸하고 싸우고 또 남편하고 싸우고 처참하고 허무하고 '내가 왜 사는 거야?' 이 감정이 굉장히 자주 들었거든. 쉴 곳이 없어서 모텔에 가서 쉬고 있었어. 소주 두병 사갖고 갔어. 거기서 한 병을 글라스에다 그대로 따라 갖고 먹었어. 신랑에게서 전화가 오드만 안 받았어. 우리 딸 전화오드만 안 받았어. 또 계속 전화가 와 '어디야?' 그러다 애기 아빠하고 통화를 했다니까. 남편이 '미안해 잘못 했어, 내가 델로 갈게' 하더라고. 그래서 내가 '델로 와서 뭣하게 또 싸우게?' 그랬거든. 그랬더니 '아니 잘못 했어, 잘못 했어' 계속 이 얘기만 하는 거야. 그리고 남편이 딸하고 같이 왔더만.

정29: 남편하고 싸우는 것보다 딸하고 싸우는 게 더 비참해. 네 마음은 알겠어. 근데 지금 그 얘기해야 되나?

3초25: 아니, 안 해도 된디...

정30: 지금은 소망에게 공감 해봐. 네 얘기 하는 것만 도움이 되는 것이 아니고 집단원에게 반응 잘하면 딸이나 남편에게도 안 싸우고 반응 잘하게 돼.

3초26: 소망 좌절감 들었겠어.

정31: 그래 그런 식으로 공감도 잘 하네.

사랑15: 소망 이야기 들으면서 무슨 큰 바위가 점점 나를 누르고 있는 느낌이 들더라고. 무거워져서 바위에 깔려서 없어지기 일보 직전? 그 정도로 답답해.

(침 묵)

티나18: 아까 쉬는 시간에 소망에게 자기의 문제점에 대해서 인식하냐고 물어봤는데, 소망이 인식한다고 했지만 소망의 감정은 전혀 안 느껴져. 얘기를 하는데 너무 담담하게 하더라고.

소망10: 그런 이야기는 몇 번 들었어.

※ 소망10: 또 그런 얘기를 들어서 '내가 답답하다'거나 '한심하다'는 등의 느낌을 표현했어야 함.

티나19: 어느 정도 자기 문제인식을 했기 때문에, 조금씩 발전해나갔으면 좋겠네. 좀 많이 답답하고, 짜증이 올라오기도 하고. 아까도 실천이나 구들장의 울음에 대해서 소망이 어떤 느낌이냐고 물어보고 싶었거든. 소망 얘기를 할 때 실천하고 구들장이 눈물이 났는데, 그것 보면서 소망이 어떤 느낌이었는지 궁금해.

소망11: 슬픔이었지. 참고 울고 있는 거지.

티나20: 그렇게 말하는 게 안타까워.

※ 소망11은 자신의 감정을 객관화시킨 표현이다. 티나19는 이 점을 명확히 표현했어야 했음. 감정을 드러내는 것을 워낙 두려워하다보니까, 자신의 아픈 감정도 남의 감정처럼 표현하고 있다. 자기 문제로 실천과 구들장이 울고 있으면 "내 힘든 마음을 함께 해줘서 내 마음이 슬펐다" 혹은 "따뜻했다"는 표현이 필요했다.

소망12: 남의 이야기에 대해서는 공감이 되고 느껴지는데, 내 이야기를 할 때는 많이 덤덤해. 감정표현을 별로 안 해. 그러면서 또 어떤 생각이드냐 하면, 남들하고는 이렇게 소통을 정말 잘하면서 남편하고는 왜 이렇게 안 될까? 내 마음이 왜 이렇게 그냥 닫아질까...

정32: 소망은 남들하고도 소통이 안 되. 집단에서도 엄청 소통이 안 되잖아. 남편 탓만 하지 말고, 남편이 변하든지 말든지 소망 네 자신부터 먼저 변했으면 해.

소망13: 내가 남편한테, 제대로 의사표현을 하고 더 적극적으로 대응해야 되는데 내 안에서 꽁꽁 문을 닫아버리지 않았나 이런 생각이 들어.

※ 소망13 '이런 생각이 들어, 그래서 내가 많이 힘들고 슬펐다'라는 이런 감정표현이 있어야 함. 의사소통이 정말 안된다는 정의 말에 대한 인정도 필요했음.

티나21: 아~ 답답한 게, 너무 회피적이니까.

소망14: 회피적이라고?

정33: 소망이 네 안에서 너무 꽁꽁 문을 닫았다는 것을 깨달아서 다행이야.

쨈4: 다른 사람이랑 소통이 잘 된다고 그러는데, 그 말을 듣는데 나는... 하~ (한숨) 너랑 막 소통하고 싶지 않은 마음이 들거든?

소망15: 남편?

쨈5: 아니 소망에게, 답답하고 얘기하고 싶지 않고 이런 마음이 계속 들어.

소망16: 어떤 점에서 답답하고 소통이?

정34: 소망은 아직도 상대의 말을 계속 되묻고 있는데 이런 대화방식을 고쳤으면 해. ① 회피적이라고?(소망14) ② 어떤 점에서 답답하고 소통이?(소망16) 이런 식으로 상대가 했던 맨 뒷말을 질문하지 말고 "재진술"을 해. ① 내가 회피적이란 말이지? ② 내가 답답하고 소통이 안 된다는 말이지? 이렇게 그래도 소망이 조금씩 감정표현을 하고 마음을 드러내려 해서 희망도 생겨.

들꽃4: 소망의 남편이야기는 나랑 많이 비슷한 점이 있어서 남편과 힘들었겠다는 점에 공감이 돼. 그런데 소망은 우리가 얘기하면 남의 얘기처럼 흘려듣고 있어.

정35: 넌 감정에 부딪히는 것이 엄청 두려움이 많은 거지. 네가 두려워하는 것이 뭐야?

구들장2: 소망이 감정에 직면하는 것을 두려워하는 거 같애.

티나22: 응

소망17: 남편이 7남매 장남인데, 이혼하면 힘들어 할 것 같아서 참고 살아.

쨈6: 아까 내가 친구도 없지 않냐고 소망에게 물었더니, 친구 되게 많다고. 소통이 잘된다고 그랬는데... 나는 소망이랑 친해지고 싶은 생각이 안 들거든. 재미가 없어. 소망이랑 친구가 된다면 안 만나고 싶어.

정36: 지금 소망의 모습에 대한 답답함에 대한 피드백들을 이장 시작 전에 많이 했어. 지금은 주제가 조금 바꿔졌거든, 그 주제에 집중했으면 좋겠어. 감정직면에 대한 두려움이 뭐냐고 했더니 '소망의 남편이 7남의 장남이기 때문에 이혼을 하면 남편이 힘들 것이다'고 했어. 소망의 마음속에서는 남편이 걱정이 되지만 자신도 이혼하는 것을 두려워하기 때문에, 저렇게 쩔쩔매고 사는 것이 아닌가하는 생각이 들어.

티나23: 애들한테 이혼 부모로 보이기 싫어서?

소망18: 그건 크지. 그런 거 보여주고 싶지가 않지.

구들장3: 엄마가 자기를 포기하고, 애들한테 떳떳한 엄마가 되려고 아빠에게 그렇게 참고 살았다는 것을 딸이 알았을 때 어떨 거 같애? 엄마가 자랑스러울 거 같애?

소망19: 애들은 부모가 이혼하는 거에 대해서 불안해할 거 같다는 생각이 들었기 때문에 이혼 생각은 안 해 보고, 나는... 좀 떨어져서 지내보고 싶단 생각을 많이 했지.

구들장4: 막내가 스무 살 넘었으면 다 컸는데... 내 엄마가 나 때문에 그렇게 살았다고 하면, 난 더 화가 날거 같고, 엄마가 용기 있게 그냥 혼자 살았으면 좋겠다고 말해 주고 싶어.

정37: 그건 구들장 생각이지. 소망 딸 생각은 아니잖아. 네 감정을 말해.

소망20: 지금까지 이혼 생각을 해본 적이 없었어.

구들장5: 이혼이라는 거를 금기어로 생각하는 거 아닐까?

소망21: 이혼으로 갈 정도까지는 아닌데, 그냥 한 번씩 정말 살기 싫다 너랑 살기 싫다 이 정도 감정이 올라오는 거지.

쨈7: 그런 마음이면 정이 이렇게 이혼을 얘기하는 게 난 되게 부담스럽고 싫을 거 같은데,

소망22: 부담스럽지.

정38: 이혼을 지금 하라는 얘기는 아니야. 왜냐면 소망이 유아적이어서 절대 이혼을 못하는 줄 내가 알아.

쨈8: 어

정39: 마음속에서 갈 데까지 가서 안 되면 이혼도 할 수 있다, 그런 마음을 가져야 한다는 거야. 그렇게 해야지 정면으로 부딪혀 자기 할 말도 하고 사는 거지. 이혼을 두려워 하면은 아무 말도 못하고 소망처럼 이렇게 참고 살아.

쨈9: 소망이 이혼을 많이 두려워하고 절대 이혼 안 하려고 하는 거 같애.

정40: 그런 두려움에 대해서 맞서보라는 거지.

소망23: 정이 말하는 이야기는 알아 무슨 의미인지.

쨈10: 이혼 안하겠다는 태도가 너무 확고하게 보여.

yes3: 이상하게 되게 많은 피드백을 하잖아. 근데 소망이 갈수록 더 단단해지는 거 같애. 그런 느낌 들지 않아?

쨈11: 맞아. 나도 그런 마음이라니까.

yes4: 난 집단하면서도 되게 신기해. 소망이 처음에는 약간 말랑말랑 했거든. 지금은 절대 이혼 안한다고 말하고 있어. 난 이혼 했잖아, 어떻게 했나 생

각을 해봤어. 우린 정말 성격차이였어. 큰 애가 열두 살 때 별거부터 한 거지. 맞춰서 살기엔 너무 힘들었어. 그 사람은 나랑 맞출 의사가 없었고, 나도 맞춰줄 의사가 없었어. 그래서 반반의 책임을 가지고 별거를 하고 정리를 한 건데 최근에 이혼 서류 정리도 했어. 내가 보기에는 소망 남편이 장남이라는 거, 애들 때문이라는 건 핑계인 거 같애. 난 우리 애들한테 미안한 마음은 있어. 특히 딸들이기 때문에 결혼에 대해서 되게 민감하잖아. 엄마 아빠 이혼했다 하면 그래도 한국사회에서는 약간은 마이너스잖아. 그래서 집단의 시간이 진행될수록 소망의 벽이 말랑 말랑 했다가, 이제는 더 단단해져서 바위를 보는 것 같아.

정41: 소망의 벽이 갈수록 단단해지는 것이 아니고 소망의 가장 밑바닥에 있는 두려움이 이제 나온 거지.

소망24: 감정표현을 못한다는 거는 동의가 되고... 사실은 난 혼자서도 독립할 수 있거든.

티나24: 경제적으로?

소망25: 경제적으로도, 내가 어디 가서 조금이라도 벌어서 혼자는 살 수 있다고 생각해. 남편하고 떨어지면서 혼자가 될 거라는 두려움이나 이런 것은 없어.

정42: 경제적인 두려움은 없는데, 정서적인 두려움은 있잖아.

소망26: 있지. 지금도 남편이 있어도 외로운 것은 있으니까... 친구도 별로 없고. 그런 부분이 클 수도 있지. 근데 내 안에서 이제 이혼 할 생각은 없어. 남편한테 내가 좀 더 마음을 열고 소통을 하면서 살아가는 방법도 있지 않나. 이렇게 생각해.

정43: 지금 이혼하라는 게 아니야. 지금까지 네게 했던 집단원들의 피드백이 소통을 잘 하려면 감정표현을 확실히 하라는 거야. 소통을 잘하면 이혼하지 않고 서로 잘 살 수 있잖아. 감정표현을 하면서 싸우다 보면은 집을 나가기도 하고, 여러 갈등들을 겪으면서 '너는 너, 나는 나' 이렇게 심리적인 분리를 자주 겪게 돼. 이렇게 분리에 대한 대처능력이 생기고 적응하는 힘도 생겨. 싸워서 찢어질까말까 위기상황이 되면 불안해지는데 그러면 친구도 만나고 상담도 받으면서 갈등을 다른 시각으로 보고 위로 받고 조금씩 갈등에 대한 대처능력이 계발 되어 진다고. 그런데 참고 있는 사람은 위기를 경험하지 않아서 절대로 불안이나 외로움에 대처할 힘이 형성되지 않아.

사랑16: 정 말대로 편하게 잘 지낼 수 있는 첫 단계가 감정표현인 거 같애.

소망27: 감정표현을 내가 안하고 있고 화가 나도 화를 안내고 있고 그게 문제인 것 같애.

쨈12: 지금 여기서 해. 남편한테 한다 하지 말고 여기서 그냥 말하면서 감정표현하면 되잖아.

정44: 그래, 역할놀이 한번 해보자. 딸 뺨 때린 거 가지고. 티나하고 단계하고 누가 남편 역할할래? 딸 뺨때린 거가지고 해보게

티나25: 해~ 물 들어왔을 때 노저으라고 했어.

정45: 단계랑 해라!

사랑17: 감정이 확 올라오겠지?

단계38: 딸은 누구로 해?

정46: 딸은 저기 사랑!

소망28: 어떤 상황이냐면 선풍기 선이 딸 방이랑 거실 사이에 이렇게 나와 있으니까 걸리는...

<역할극 시작>

- 단계: 남편, 사랑: 딸, 소망: 엄마

단계39: 막내야 선풍기 선 정리 해!

사랑18: 네!

단계40: 정리 좀 하라고. 바로 안 하고 뭐 하는 거야? 빨리 정리해

사랑19: 조금 있다할게요.

단계41: 날 무시 하는 거야? (뺨) 철썩. 야~ 빨리 치우라고 아빠를 무시하는 거

냐고.

사랑20: 왜 그렇게 말을 하세요? 왜 저한테 화내세요?

단계42: 치우라고 했는데 니가 왜 안 치우냐고!

사랑21: 아니 조금 있다 치워도 되잖아요.

단계43: 몇 번 얘기했잖아. 빨리 치우라고!

사랑22: 전 치우려고 했는데... 잠깐 하던게 있어서...

단계44: 세 번 얘기 할 동안 안 치웠잖아. 네가.

사랑23: 너무 하신 거 같아요!

단계45: 뭐가 너무해 너가 안 치웠잖아! 니가 치운다 말만해놓고 안 치웠잖아.

사랑24: 아빠랑 더 이상 이야기하기 싫어요.

(침 묵)

정47: 왜 딸의 뺨을 때리는 거야? 고 소망이 말해봐.

소망29: 왜 딸 뺨을 때린 거야?

단계46: 나를 무시하고... 응? 하라는 것도 한다하고 안하니까

소망30: 무시한 게 아니라 아이가 잠시 할 일이 있었다잖아.

(정48: 딸의 뺨을 때리는 너를 보면서 내가 화가 나!)

소망31: 너 딸 때리는 거 보면서 내가 화가 나!

(티나26: 분노심.)

소망32: 분노심이 일어나!

단계47: 애가 아빠 말을 안 듣고 저렇게 어? 말대답하고 그러는데 당신이 잘해
       야지!

소망33: 그런다고 애한테 손찌검을 해? 다 큰 애한테?

단계48: 당신이 지금 애 편을 들고 있는 거야?

소망34: 그건 애 편이 아니라, 당신이 잘못된 거지. 어떻게 그런다고 애한테 뺨
       을 때릴 수 있냐고.

단계49: 내가 오죽하면 뺨을 때렸겠어?

소망35: 뭘 애기가 얼마나 잘못했는데?

단계50: 몇 번 애기했는데 말도 듣지도 않고 그 다음에 나를 무시하잖아!

소망36: 말한 대로 꼭 말을 들어야 되? 참을 수 있잖아

단계51: 자식이 그러면 어? 아빠가 얘기하면 들어야 할 거 아니야? 지금 애 편을 들고 있는 거야? 남편을 뭐로 아냐고.

소망37: 아빠면 아빠답게 행동하라고.

단계52: 내가 아빠답게 행동 못한 게 뭐가 있다고 그래?

※ 소망은 역할극에서 감정표현을 한 번도 안 하고 있음.

(정49: 너의 그런 행동에 대해서 화나고 실망스러워!)

소망38: 너의 그런 행동에 대해서 화나고 실망스러워!

(정50: 그렇게 막 분노심을 드러낼 일이냐고. 자기가 해도 되는데 진짜 실망스럽다.)

소망39: 그렇게 어? 그런 사소한 일로 그렇게 애를 때릴 정도의 상황이야?

－－－－－－－－－－－－－－ 중간 생략 －－－－－－－－－－－－－－－

단계53: 나도 아빠로서 할 도리한거라고.

소망40: 아빠로서 할 도리가 뭔데? 아빠로서 할 도리가 애들 때리는 거야?

단계54: 말을 안 듣잖아!

소망41: 나 그거 용납 못해. 다른 거 용납해도 그 짓거리 하는 거 나 용납 못해. 어디서 폭력이야? 니가 깡패니? 너는 사람도 아니야. 너는 개새끼야! 어떻게 지금 딸 뺨을 때리니? 다른 사람한테 다 물어봐. 어떤 놈의 새끼가 딸 뺨을 때려 이 새끼야. 다 큰 자식한테... 미친놈 너 같은 미친놈이 어디가 있어 이 새끼야!

(울음)

단계55: 너가 이렇게 나를 만든 거야.

소망42: 야, 너가 뭔데? 너가 뭔데? (울먹)

단계56: 애들도 니가 다...

소망43: 왜 애를 뺨을 때려 너가 뭔데?(버럭. 울음)

단계57: 그동안 착한 척은 다해놓고는 이제 와가지고는 이게 무슨 짓이야!

소망44: 내가 착한 척 하고 산적 없어 이 새끼야. 난 나답게 산거야!

단계58: 그동안 얘기 한마디 없다가 딸한테 뺨 한 대 때렸더니 그렇게 길길이 뛰냐?

소망45: 야~ 그럼 이 미친놈아! 뺨 때린 거 큰 거지 그럼. 너 이게 있을 수 있는 일이냐? 내가 너 손찌검 하는 거 꼴 못 봐서 큰 애 어렸을 때 내가 너랑 대판 싸운 거 기억 나냐 안 나냐? 어? 그래도 아들은 혼낼 때 암말도 안했지만, 어떻게 딸한테 그렇게 손찌검을 해? 어? 차라리 화나면 나한테 해! 왜 딸한테 하냐고. 너는 절~대 용서받을 수 없는 짓을 한 거야 너는!

(정51: 나는 너를 절대 용서할 수 없어. 네게 분통이 터져.)

소망46: 나 용서 못해 너! 진짜 분통이 터진다구.

(정52: 절대로 용서 안 해 너!)

소망47: 절대 용서 못해!

정53: 자, 거기까지 하자. 고생했다.

티나27: 오~ 고생했다 오~ 단계. 단계 박수 오~ 오 잘 하네.

(다들 박수와 웃음~~~~)

<역할극 종료>

yes5: 너 존재 이유를 이제 알았어

티나28: 와~ 대박이다. 정말 소망이 감정 튀는 거 보니까 시원하다!

쨈13: 단계는 이렇게 화내는 게 쉬운 거야 이게. 단계한테는 화 안 내게 하는 게 힘든 건데.

단계59: 아니야 힘들었어.

정54: 그래도, 오늘 역할 잘 해줬잖아! 역할극에서 소망의 감정표현은 욕하는 것이었어. 욕이 좋은 소통법은 아니지만, 욕이라도 해서 다행이야. 욕하면서 너의 억압이 풀어질거야. 집단에서 감정표현을 배웠으면 해.

소망48: 되게 한번 싸운 적 있어. 큰 애 애기 때

티나29: 20년 전?

소망49: 너 죽고 나 죽자 이런 마음으로 싸웠지.

정55: 별칭을 쌈닭으로 바꿀까?

사랑25: 그렇게 피드백해서 안 깨졌던 그 소망이 역할극 한번으로 터진 거 같아.

쨈14: 빨리 바꿔라.

소망50: 하하하하 쌈닭~

정56: 내 집단의 규칙이 별칭을 바꾸면 선서를 해야 돼.

소망51: 어떻게 하라고?

정57: 나는 쌈닭이다! 죽을 때까지 존나 싸운다 씨발!

소망52: 씨발은 안하고...

정58: 그거 해야 돼!

3초27: 해봐.

소망53: 아니 안하고 싶어!

단계60: 너는 고상한척을 하고 살아 계속 그렇게 살래? 안한다면 하지 마. 하지 마! 너 절대 하지 마!

정59: 넌 그렇게 포기를 잘 하냐! 애정이 너무 없는 거 같아서 아쉬워. 인내심을 좀 가져! 사람 변화시키는 게 쉽냐?

단계61: 소망은 하지 말라고 해야 돼.

정60: 안그래.

티나30: 씨발까지

소망54: 세 번?

정61: 세 번 하는데, 세 번째까지 하면서 웃으면 벌금 오천원.

소망55: 흠... 나는 쌈닭이다 죽을 때까지..

쨈15: 존나게 싸운다 씨발

소망56: 죽을 때까지 존나게 싸운다! 씨발. 나는 쌈닭이다 죽을 때까지 존나게
　　　　싸운다 씨발~ (다들 박수~~~~~~~~~)

※ 별칭을 바꾸게 할 때는 새로운 행동을 촉진하기 위한 것으로 바꾸게 한다. 소망은 쌈
　　닭으로 해서 좀 더 적극적인 표현을 하라는 뜻이다. 위에 욕을 붙이는 것은, 욕이 억
　　압을 풀어주기 때문이다. 또 고상한 척 하려는 마음을 놓게 해주기도 한다. 장기집단
　　에서 가끔 욕타임을 할 때가 있는데 욕을 하면서 억압된 분노나 슬픔이 매우 적나라
　　하게 표현되었다.

티나31: 근데 소망이 좀 칠드런 에고인 거 같긴 해

단계62: 티나하고 사랑하고 얘기하면서 내가 억울하고 화가 났어. 좀 전에 소
　　　　망에게 '너는 안 되겠다 그만해라' 그런 취지로 날렸어. '너 나쁘다 수동적
　　　　으로 그렇게 살아라 앞으로.' 이런 내 표현을 평가했다고 하니까. 내가 억
　　　　울했던 게 난 사랑한테 평가하진 않았거든 진짜.

쨈16: 근데 꼭 사랑한테 안했다고 그래도, 어쨌든 단계는 평가적인 말이 많아.
　　　　그게 불쾌하고... 불편하고.

단계63: 넌 안되 그 말에 불쾌 했을 수 있을 것 같애. 그건 나도 인정이 돼.

정62: 사랑의 그 말은 좀 억울하겠어! 네가 소망(쌈닭)한테 포기하겠다고 말했
　　　　는데 포기한다는 말도 엄청 평가적인 말이야. 단계가 이 말 또 꺼내는 것
　　　　보면 이 말이 맘에 많이 걸리나 봐!

단계64: 그렇지.

티나32: 빨리 인정을 해야 되는데, 단계가 계속 평가하지 않았다고 하니까 짜
　　　　증이 나기 시작 하는 거지.

정63: 근데 방금도 한번 또 더 했잖아, 역할극에서 '넌 안 된다' 이말.

단계65: 여기 쌈닭한테?

정64: 그래.

단계66: 쌈닭이 아까 웃더라고, 정이 ‥게 말하라고 시켰는데 쌈닭이 웃었어. 그래가지고 나는 도와주고 싶은 마음이 진짜 있었고, 두 번째 너 정신 차려라 이런 마음도 있었어 솔직히.

정65: 그래도 그런 평가적인 말보다 너의 모습에 내가 분통 터진다고 하는 게 좋겠어.

단계67: 분통이 터진다가 더 심한 말 아니야?

구들장6: 시원해! 정의 말은 시원해!

단계68: 아 그래?

정66: 쌈닭이 되니까 기분이 어떠냐?

사랑26: 보는 나도 되게 좋아!

소망57: 중간에 목소리가 엄청 높았잖아. 남편이 내게 그러면 내가 멈칫해. 그때 딱 그냥 더 이상 말이 안 나오고 돌아서버리거든 내가.

사랑27: 그래 그럴 거 같았어. 나도 듣고 있는데 움찔 움찔 했어.

정67: 근데 왜 울었냐?

소망58: 모르겠어. 싸웠을 때 그랬나?

쨈18: 쌈닭이 힘을 좀 키워야 될 거 같아.

정68: 힘은 자꾸 싸우면서 생겨

구들장7: 나는 쌈닭이 방금 움찔하는 게 느껴져서, 벌써 포기하면 어떡해? 조마조마 하는데, 다시 확 튀는데 정말 너무 멋있었어. 용기 있게 얘기하는데 정말 멋있었어.

정69: 오늘 여까지 할까?

티나33: 오케이~

정70: 다 수고했어!

(다들 박수)

— 6회기 —

실천

yes1: 어제 밤에 잘 때, 술 먹어서 머리 아픈데 3초가 궁시렁 거리더라. 그래서 나 차에 가서 자다가 방이 조용해져, 그때 들어와서 잤지. 우리는 그냥 조용히 잤거든. 근데 실천이 뒤치다꺼리 다 했어.

(다들 웃음 하하하하~~~~~)

실천1: 나는 고달파.

들꽃1: 고달팠대. (하하하하)

실천2: 좀 힘드네, (하하~~~) 내가 어제 3초 옆에서 잠을 잤고... 3초가 새벽 늦게까지 울다가 자다가를 반복해서.

사랑1: 한 3시인가?

실천3: 그때 3초가 집에 간다고 그래가지고...

티나1: 가라 그랬어야지. 새벽에 비도 왔는데 맨발로.

3초1: 신발도 어디 가브렀드만.

티나2: 신발 숨겨놨어.

실천4: 나는 어제 못 가게 말리고 저쪽에 가서 누웠어. 애기가 엄마 품 파고들듯이, 진짜 딱 앵기듯 발을 올리더라고.

정1: 실천한테서 남자 냄새가 나디?

(다들 웃음 하하하하~~~~~)

3초2: 아니 그게 아니고... 내가 생활해왔던 습관이라...우리는 싸워도 내가 싸우면 거실에 나와 자다가도 방으로 들어가. 그러면 또 남편이 팔을 뻗어 그러고 또 안아줘. 그게 습관화가 되가지고...

실천5: 팔을 뻗어주고 니가 머리를 내 가슴에다 대고 아무튼 어제 그래서 나 이런 맘 들었어. 3초가 엄마가 일찍 가셨나 하는 생각이 들었었어. 집에 간다는 게 남편한테 간다는 것보다도 엄마를 찾나 그런 생각이 들었거든.

3초3: 굉장히 안타까웠재? (웃음)

실천6: 안타까움? 많이 힘들었어. 겨우 잠이 들었는데, 간신히 자는데, 새벽에 산에 간다고 떠들고...

티나3: 새벽 아니야. 6시20분!

실천7: 그러니까 나는 잠이 늦게 들었거든. 아~ 너무 고달픈 거야 힘들고. 3초는 옆에서 술냄새 풍기고 있고..

(다들 웃음 하하하하~~~~~)

단계1: 어제 힘들었겠다.

티나4: 힘들었겠네.

yes2: 어제 웬일로 일찍 자더라고 옆에서.

실천8: 내가 내 문제를 본거야. 3초가 아침에 '나 때문에 힘들었지?' 그러더라고. 힘든 건 사실인데도 '아니 괜찮아' 했는데, 사실 안 괜찮았어, 나 힘들었거든.

(다들 웃음 하하하하~~~~~)

실천9: 힘든데 내 입에서는 습관적으로 괜찮다고 해. 너는 술 취해서 그럴 수 있는데 내가 옆에서 네 말을 들어주고 있었는데 사실 나는 모른척하고 자야 했어. 최근 교통사고로 병원에 2주일간 입원을 했는데 내가 있는 2인실 방에 어떤 권사님이 들어오셨어. 권사님이 말을 잘하시잖아. 그래가지고 하~(한숨) 내가 거기에 맞춰줬어, 아무렇지 않은 척 내 영혼은 없이. 그 다음에는 양방병원에 입원했는데 6인실에 둘이 있었어. 나보다 일찍 입원한 여자 분은 다리 발목이 골절 되가지고 왔는데, 남편 직업이 요리사이고 어디 대학에 특강을 요청을 받았대. 자기 부인한테 강의 내용이 어쩌냐고 물어보는데, 그렇게 특강 해가지고는 굉장히 깨지겠더라고. 그래서 이렇게 하면 어떻겠냐 했더니, 귀가 번뜩 뜨여서 한 3일 동안을 계속 그 부분에 대해 같이 특강준비를 본의 아니게 하게 된 거야. 그러면서 추석날에는 남편이 요리사잖아 갈비를 해갖고 와서는 우리 애들까지 먹이고 했어. 강의가 끝날 때까지도 사실 내 자유시간이 없었어. 내가 얼마 도움도 되지 않겠지만은, 뭔가 해줘야 된다는 의무감이 생기면서 내 스스로 삶을 너무 피곤하게 해버린 거야. 요리사 아저씨가 특강을 잘 했대. 전화가 왔어. 선생님 제가 아내한테 가봐야 하는데 먼저 선생님한테 전화합니다. 애들을 울리기도 웃기기도 해서 굉장히 마음이 흡족해가지고 전화를 했어.

정2: 요리 강의하면서 사람을 울리나?

단계2: 허허허허

정3: 너무 맵게 했나보다.

실천10: 되게 집사람이 좋아하고 따르는 거 같다고. 아무튼 서로 연락은 하면서 지낼 거라 얘기는 했는데... 죽을 쒀갖고 온 거야 전복죽을...

단계3: 한방병원으로?

실천11: 응.

(다들 웃음 하하하하~~~~)

실천12: 이거는 약이니까 남하고 나눠먹지 말라고 딱 쒀가지고 왔어.

정4: 복도 많다

실천13: 요리사답게 진짜 맛있드만, 그니까 같은 병실에 있는 사람하고 같이 먹고, 아들 편에 보냈어. 근데 "선생님 이번엔 뭘 먹고 싶으세요?" 라고 또 카톡이 온 거야. 내가 맛있게 먹었다고 하니까. 그래서 어, "제가 선생님은 책임질게요. 선생님은 저희 집사람을 좀 어떻게 해주세요." 안되겠다 싶어서 '아닙니다, 선생님' '누가 나를 책임진다는... 말도 안 되죠'라고 했어. 난 남편도 없어. 나는 내가 챙겨야해. 그 말에 대해서 거부감이 많이 왔어. 그래서 '아닙니다 지난번에 보내주신 죽도 너무 이렇게 신세를 많이 져서 마음이 좀 불편했습니다. 부인하고는 가끔 연락 하며 지내겠습니다.' 하고 경어를 완전히 써가지고 보냈더니 알겠다고 글면서 이제 언제 퇴원 하냐고 선생님 계신 한방 병원으로 부인도 옮길까 한다고...

퇴원해서 집에 오니까, 난 아들이 도서관을 다녀서 공부를 했으면 좋겠어. 뭔 의무감인지 모르지만 하루 종일 집에 있는 거야. 하~~ 나 진짜 복창 터져 불라하지. 올해 5월 31일 군에서 제대를 했거든. 학사장교를 3년 동안 근무를 해갖고 아주 힘들게 군대 생활 했어. 올해 몇 달 공부해가지고 되겠어? 임용고시가? 애가 심리상태가 굉장히 불안정하고 그래서 한번 말을 꺼내봤어. 너 개인상담 받아 봐야 되지 않겠냐? 내가 봐선 너 지금 너무 힘들어하는 거 같애. 처음엔 그렇게 좋게 말로 시작했거든. 어쩌다가 계속 서로 받아치고 하면서 나도 이제 언성이 높아지면서 '개새끼 엄마가 너를 뭐 안 좋은 길로 보내냐? 너 지금까지 엄마가 중요한 순간마다 엄마 말 들어가지고 어쩌냐? 내 말 들어가지고 손해를 입었냐? 너 이제는 엄마 말을 믿을 수 있을 때가 되지 않았냐?' 했더니, 거기서부터 내가 욕이 나오니까 지도 감정이 올라 와가지고 한바탕 싸우고, 집어치우고 나간다 해가지고 그래 나가! 나가는 거 좋은데 너 내 얼굴 다시는 못 봐 다시는... 너 나가면 나하고 끝이야 했더니 "엄마 나중에 정말 제가 필요하다면 상담은 가겠습니다." 까진 내려왔어. 너가 정말 필요하다고 생각하면 나중에 상담 가봐라. 그리고 어제 나는 여기 집단에 왔어. 모레 병가 3주 만에 학교에 나가는데 마음이 심란해. 올해에 내가 힘드니까 애들 지도하는 것도 힘들고 학부모 만나는 것도 힘들어. 그래서 학교 나가는 게 마음이 천근만근 무겁기도 하고. 그런 상태에서 어제 3초가 막 힘들어할 때, 또 자동적으로 일어나서, 자~ 자~ 뭐 어쩌자하고 달래주고 똑같이 하고 있는 거야. 병원에서 했던 것처럼 이것이 내 패턴이더라고.

티나5: 허허허~~~

실천14: 그러면서 괜찮은 척 하는 거지. 이것이 굉장히 큰 병이고 다른 것도 문제가 많지만 솔직하게 힘들고 피곤해도 마음속을 솔직하게 표현하지 않고 괜찮은 척 해. 어제 3초가 언니는 별칭을 온화라고 지어라 그랬어. 내가 속으로 '난 절대 온화한 여자가 아니야 내가 너한테 보여준 모습만 온화하지.' 라고 그렇게 혼자독백을 했어. 이렇게 내 삶을 찾지 못하고 늘 주변 사람들한테 맞춰주고 그 사람들하고 함께 갈려고 하는 영혼이 없는 것 같은 삶이 너무 허망하지. 지금 나이도 많이 먹었는데.

3초4: 자려고 누워서 내가 발을 실천 배에 딱 올렸어. 나 항상 이렇게 올리고 자니까. 딱 올리고 '언니 괜찮애?' '어, 괜찮애' 이러는 거야.

실천15: 자동적으로. '괜찮애'가 먼저 나와!

3초5: '응!' 이러더라고.

실천16: 니 머리도 엄청 무겁잖아.

3초6: 그래.

실천17: 3초 팔베개 할 때, 오메~ 팔 으스러질 정도인데 힘들면 빼야 되잖아. 근데 참고 있는 거야. (다들 웃음 하하하하~~~~) 그래 가지고 가만히 뉘였다가...

단계4: 하하하하~

3초7: 팔베개 자체가 힘들자네. 난 그게 습관화가 돼있기 때문에 막 파고들고 발도 올리고. 근데 순간 이 머릿속에 아~ 언니 사고 났었지 괜찮애? 괜찮애? 하고 물었는데 "어 괜찮애" (다들 웃음 하하하하~~~~) 이러더라고 그래서 나는 괜찮은지 알았재.

실천18: 그런께, 안 괜찮으면 안 괜찮다고 해야 되는데, 그 말이 안 나와. 그래서 내가 실천이라고 했어. 생각만하고 행동하지 못했던 그런 습관을 고쳐보려고.

3초8: 실천이 진짜 힘들었겠어. 내가 생각을 해도 같이 사는 내 남편은 얼마나 힘들까?

정5: 여러가지로 네가 네 남편을 힘들게 하잖아.

사랑2: 나 어저께 자면서, 실천한테 되게 놀랬어. 가만히 자는 척 하고 누웠었는데, 3초는 거의 한 5분 간격으로 일어나서 집에 가야지, 가야지 막 이러는데, 그때마다 일어나서 실천이 또 '같이 자자'고 하더라고. 실천이~ '자자고... 자자고. 비도 오고 가지마라! 택시기사도 이 밤에 올 수 없다' 막 이렇게 계속 달래는 거야, 처음에 한 두 번은 그럴 수 있다고 생각했는데. 진짜 거의 두시간 가까이. 어떻게 저럴 수가 있지? 나 같으면 모른 척 해버리겠는데 끝까지 3초가 잘 때까지 결국엔 재우고 자더라고. 와~ 정말 대단하다~ 그리고 나랑 다른 사람이구나 하고 아침에 일어났는데 "나 때문에 힘들어서 어쩌지?" 그러니까 '아니 괜찮아! 너는 그럴 수 있지.' 하는데...

정6: 사랑, 느낌을 말해봐, 실천이랑 3초에게.

사랑3: 정말 힘들었을 거 같은데, 딱 그 말을 하는 순간 뻥쪘어. 아니 너 때문에 힘든 게 아니고 내 문제야. 이 말을 하더라고. 이거는 답답하다 이런 느낌이 아니라, 뭐지 나랑 다른 사람인가? 되게 황당하고 뻥쪘어.

정7: 3초에 대한 느낌은 뭐였어?

사랑4: 3초는 그냥 애 같다는 느낌?

정8: 그거는 느낌이 아니잖아. 애 같은 여자를 보고

사랑5: 짜증났지 진짜 짜증났어.

정9: 너도 잠자는데 불편했겠어.

사랑6: 불편했지! 시끄럽고 계속 잠 좀 들려고 하면 '집에 가야한다'고 벌떡벌떡 일어나니까. 근데 3초는 지금 왜 그렇게 울어?

실천19: 많이 울었어. 3초가.

사랑7: 3초는 서러움이 올라오는 거야?

정10: 울 일이 뭐가 있어?

3초9: 울 일은 많재, 왜 없어! 모르겠어 내 안에 뭐가 있는가. 그 서러움이 있는가는 모르겠는데 최근에 명절때 친정도 안 갔잖아. 아버지는 그게 굉장히 서운했나봐. 내가 전화도 안했어. 근데 여기 오기 전에 전화가 왔더라고. 아빠가 넘어져 다쳤다고, 조심하재 내가 그랬어. 아버지가 "그게 지금 말이냐?" 하더라고, '전화 한통도 없고.' 서운함을 이제 내가 느꼈어야. 아! 평상시에 내가 명절 때 음식을 다 했었는데, 어느 순간부터 내가 손을 놓게 된 거야. 그러다 보니까 우리 아버지도 그렇게 서운했던 거 같더라고. 내가 다쳤으면 병원가면 되재 뭐한디 나한테 전화했소? 내가 그랬거든. 그랬더니 '너는 궁금하지도 않냐?' 무소식이 희소식이다고 연락 없으면 잘

살고 저기한줄 알면 되재 굳이 그걸 저기 해야 되냐고 내가 반박을 한 거야. 그러니까 거기서 아버지가 더 서운한거야.

단계5: 그렇지 네 아버지가 서운하셨겠다!

※ **단계5:** 3초의 아버지에 대한 공감보다 3초에게 직접 반응해야 함. 아버지의 그런 말을 듣고 어떤 감정인지 물어 보거나 '아버지에게 미안했겠어!'라고 공감이 필요했음.

3초10: 당연히 그러지. 알았어라 조만간 한번 들릴게라! "알았다." 딱 끊는 거야. 그리고 나서 나도 '내가 아버지한테 왜 이랬지?' 이런 느낌이 들면서 남편에게 짜증나고 싫어지더라고. 항상 갔던 사람인데 내 직장을 나주로 간 뒤부터 가자고 해도 안 가려고 해. 친정이 광주 운암동 있을 때는 처가집에 명절땐 그냥 갔는데 나주로 간 뒤로는 안갈라고 하더라고. 그 이유를 나는 모르겠어. 그니까 나도 똑같이 안 가게 되고 나주에서 내가 일을 하고 있는데 길에서 아버지를 우연히 만나게 됐어. 가고 있는데 어디서 많이 본 사람이 지나가는 거야. 우리 아버지인가? 또 봤어. 그랬더니 아부지여. '아부지 여기 뭣 헌디 왔소?' 내가 그랬어. '넌 여기서 뭣 했냐?' '일 하재 뭣 해' 했더니 '나 여기서 밥 먹고 술 한 잔 먹을라고 소주 한 병을 사러왔다' 내가 안주하고 소주하고 사드리는데 그 뒷모습이 너무 처량한 거야. 부근에서 전어회를 팔더라고. "내가 이따 전화하면 내려오세요." "왜야?" "전어 한사라 사갖고 줄란다고" "알았다" 일 끝나고 찾아갔는데 전화를 했어. "밑으로 내려오세요" 내려 왔더라고. "잠깐 올라가자, 올라갔다 가라" 이제 글더라고 "아니 나 바뻐라" "어디갈래?" "집에 가지 어디가. 나 가요" 자꾸 "올라갔다 가라" 이러는 거야.

단계6: 올라갔어?

3초11: 아니 안 올라갔지

단계7: 되게 무심하네.

※ **단계7:** 무심한 모습에 대한 감정표현이 필요함.

3초12: 이게 무심한 거야?

단계8: 그럼,

사랑8: 근데 그게 서러운거랑 관계가 있어?

3초13: 아빠한테 그렇게 처신한 나에 대해서 내 자신이 미웁고, 글고 남편이 우리 아부지를 무시한다는 것 자체가 서러운 거야.

사랑9: 응.

3초14: 나는 솔직히 남편에 대한 분노가 더 심해. 니가 나를 무시 하니까 내 부모도 무시하는 거 아니냐? 이렇게 느껴져. 그래서 나도 남편을 무시해. 싸울 때는 '니미 씨벌 개 좆같은 새끼야 니가 나한테 뭘 해줬냐?' 요러고 싸우거든.

정11: 그래 그건 되게 서운할 거 같아. 그건 진짜 서운한 일이긴 해. 그런데 남편이 너를 무시하는 건 아닌데 너 지금 착각하는 것 같아.

3초15: 서운한게 아니라 이거는 정말 짜증나고 내 안에서 아직도 표출이 안 된다니까. 정말 짜증난다니까.

사랑10: 물어 봤어? 왜 가기 싫은지?

3초15: 싫대. 물어봤지 당연히.

사랑11: 이유 없이?

정12: 네 남편이 화요집단에서 너에 대한 얘기 많이 했는데, 너 술 먹는 것만 싫어하지. 너를 다 좋아해. 무슨 무시야?

3초16: 그 놈의 술은 빼 인자. 아 짜증나!

정13: 네가 술 많이 마시는 건 사실이잖아. 지금 너의 술에 대한 얘기가 아니잖아. 네 남편이 너를 좋아한다는 거지, 답답해.

3초17: 좋아한다는 건 나도 느껴.

단계9: 좋아하면 됐네.

정14: 너를 무시하지 않는다고.

3초18: 무시 안하는데 왜 내 부모한테 그렇게 하냐고.

정15: 그건 나도 모르겠어.

단계10: 가서 싸우는 거 아니야? 아부지하고?

정16: 명절에 남편이 안가면 너 혼자서 친정에 가야지. 왜 안가는지 답답해. 남편 안 간다고 남편 비난하고 있는 데가 더 문제지. 그런 것까지 너무 남편한테 의지하고 있잖아. 그 얘기 거까지 해! 지금 실천 얘기해야 하잖아. 자꾸 얘기가 삼천포로 흘러 3초만 끼면.

실천20: 오늘은 3초 못 안아줘. 똑같은 상황에서. 나는 피할 거야. 어제 같은 상황이면은. 진짜 내 마음에서 우러나온 이타심이 아니니까. 아니면 아닌 대로 살고 싶은데 아니여도 긴 것같이 사는 것이 내 고질적인 문제야.

단계11: 그렇지!

정17: 너도 답답하겠지만 널 보는 나도 답답해. 참~ 안 고쳐져.

실천21: 참~ 그러네.

단계12: 못 고치는 거 아니야?

실천22: 조금씩 고쳐지는 거지 정말 조금씩... 전혀 안 고쳐지지는 않아

단계13: 근데 안 될 거 같애 진짜.

정18: 단계는 맨날 안 된다고 해! 너도 안 돼!

(다들 웃음 하하하하~~~~)

실천23: 더 나빠지지 않고, 정말 1mm씩 좋아진다는 것이 어디야 그렇게 생각을 하지...

쨈1: 1mm는 너무 한 거 같애. 고칠라면 확 고치지

실천24: 아이, 나도 그러고 싶어. 어떻게 근데 확 고쳐지겠냐?

단계14: 교통사고 나가지고 병원에 치료받으러 누워 있는 사람이 강의지도 한 3일하고. 남의 인생사 다 들어 주고.

실천25: 내가... 뭐나 된 것처럼.

단계15: 평생 그냥 그렇게 살아!

실천26: 하~ (한숨)

쨈2: 단계 그 입 좀 다물라고.

사랑12: 나도 저런 말을 들으면 짜증날 거 같애.

실천27: 근데 난 단계에게 감정이 안 치밀어 오르는 거야. 이것이 문제지.

쨈3: 치밀어 오르는 거 아니야? 지금? 목소리가 세졌는데.

구들장1: 어 목소리 커졌는데.

쨈4: 치밀어 오른 거야.

티나6: 안치밀어 오름에 대한 짜증이 난 거지?

실천28: 티나 말이 맞아. 니네들이 오히려 치밀어 올랐잖아. 정작에 나는 감각
이 없어.

단계16: 짜증이 나는 거야?

실천29: 하고 싶은 말도 못 하고 고달프지!

단계17: 고달프다 진짜!

쨈5: 너 조용히 좀 하면 안 되겠니?

정19: 단계, 너 오늘 너무 많이 끼어든 것 같아서 답답해. '평생 그렇게 살아'
라고 부정적으로 말하고, '짜증나는 거야?' 라고 폐쇄적인 질문을 했어. '고
달프다 진짜' 도 앵무새처럼 그냥 따라한 거지. 고달프겠다고 말해야지.
답답해.

단계18: 나 추임새 넣었지 말은 안했어 알았어, 알았어, 이제 안 할게.

실천30: 추임새하지 말고.

단계19: 아~ 알았어. 그래 배나 먹고 있을게

정20: 단계가 평생 그렇게 살아라 했을 때, 실천이 하~ 했잖아. 그 때 감정을
찾아봐.

실천31: 지금 생각하니 단계에게 화가 났었어.

티나7: 참 답답한게 실천을 본지가 꽤 됐잖아.

쨈6: 몇 년이야?

티나8: 한 7−8년 됐나? 보고 있으면 답답한 게 문젯거리가 아니어도 실천이 문
제를 만들어. 그게 문제야 답답해!

실천32: 이 문제에 집중해줘.

정21: 티나, 이 상황에 대한 피드백을 해.

티나9: 병원에서 있었던 이런 일련의 이벤트들은 아무 문제도 아닌데, 그걸 문
제시 하지 않나?

쨈7: 이게 핵심 문제 아니야? 실천의?

단계20: 자기가 없어 보이는데? 문제 맞아 보이는데.

정22: 티나의 말이 답답해. 왜 문젯거리가 아니야? 병원에서 있었던 일들이 실천의 중요한 문제 맞잖아! 좀 전부터 감정표현 안 하는 사람들이 많아. 답답해.

사랑13: 나는 실천의 행동이 가식인가 생각 했어. 왜냐면 어찌됐든 3초가 원인 제공을 했는데 원인 제공한 3초는 아무 잘못도 없고 그냥 내가 문제라고 하는 게 가식처럼 느껴지기도하고 답답하기도 하고 정말 저렇게 생각 하는 걸까? 하는 생각이 들었어.

실천33: 내 마음에서 우러나온 행동이 아니었으나... 가식적이라는 건 별로 생각 안 해봤거든. 근데 진심이 아니니까 가식적일 수도 있겠다는 생각이 들어.

정23: 3초에게 그 행동을 하는 순간 '싫다'는 감정이 있었다면 가식이지만, 도와주고 싶다는 마음만 있었잖아 그래서 가식은 아니야. 3초는 실천이 그렇게 힘든 속에서도 너를 많이 껴안아주고 달래주고 했는데, 고맙다는 말 한마디 안 하냐? 답답해.

3초19: 언니가 나한테 물어 보드만 "너 엄마 일찍 돌아가셨지?" 나에 대해 보는 시선이 안타까움? 측은감?

실천34: 일찍 돌아가셨냐고 물어봤어 내가...

3초20: 어... 중 1때 돌아가셨어 "응 일찍 가셨구나" 그 얘기 들었을 때 더 측은함을 느꼈을 거야. 힘들면 힘들다고 말해 언니 고마워~

(다들 웃음 하하하하하~~)

3초21: 진짜 고마웠어.

사랑14: 고마워해야 될 거 같애.

3초22: 당연~

정24: 집단에서 보니까 3초는 좋은 감정표현도 안 하고 나쁜 감정표현도 안하고. 진짜 감정표현 안 한다.

3초23: 나를 보면서 느끼는 측은함에 좀 짜증이 나기도 했어. 근데 실천이 나를 봤을 때는 측은함을 느꼈을 거 같애. 그 감정이 나한테 확 와 닿았어. 그래서 굉장히 고마웠어.

정25: 3초가 측은한 게 아니라, 실천이 더 측은해. 3초는 인기 많은 남편도 있지.

3초24: 아니, 실천이 나를 봤을 때 내가 측은했지.

실천35: : 넌 나한테 없는 거 많이 있냐!

단계22: 남편 없는 게 젤 불쌍한 거야!

사랑15: 그건 또 뭔 소리야, 어이없어. (다들 웃음 하하하하하~~)

※ 사랑15: 사랑은 오래전에 이혼했음.

실천36: 3초가 어린동생들 돌보고 얼마나 힘들었을까...나도 누가 나를 측은하게 보면 기분이 나쁠 수 있거든. 너한테는 그 표현도 조심스러운 거야. 3초가 상처받을까봐 안타까움? 안타까움도 있어.

정26: 난 니가 그 얘기 자꾸 하니까 지루하다. 너에 대해 말해.

실천37: 지루해?

yes3: 어젯밤 일에 난 조금 미안하긴 하네.

단계23: 하하하(웃음) 그래.

yes4: 나는 내가 피곤하면 안하거든. 딱 분위기 보니까 3초 딱 엉겨 붙을 거 같아서. 나는 얼른 차에 가서 문 잠그고 잤어.

단계24: 문 잠그고...하하하~~

yes5: 실천은 내가 가장 신뢰하는 사람 중에 하나거든. 이 사람이 하는 말을 나는 믿어. 근데 하나 깝깝한 건 뭐냐면, 난 피곤하면 만사 던져버리지만, 실천은 타인을 되게 많이 배려를 해. 3초는 전혀 고마워하지도 않는 거 같애. '나는 당연히 꼬장 부린 거야, 난 기억도 안 나' '그래~ 내가 안 간 것만 해도 어딘데' 이런 마음인 것 같아.

단계25: 3초는 나 원래 다리 올리고 자~

yes6: 그래, '나 원래 올리고자. 남편하고 잘 때'

3초25: 어떻게 그렇게 잘 알아?

※ 단계25: 3초의 말을 흉내 낸 것임. yes4,5,6은 감정표현이 안 되고 있음.

yes7: 병원에서 요리사의 강의 안에 대해 실천이 한번은 도와줄 수 있을 수 있
다고 생각이 들어. 그 다음날 또 물으면 나 지금 머리 아파서 좀 자고 싶다
고 한마디만 하면 되는 거잖아. 근데 내가 시작했으니까 끝까지 봐줘야지
이런 게 깝깝해.

사랑16: 어제 택시기사까지 걱정했잖아. 이 밤에 택시기사 올리면 얼마나 위험
하겠냐고.

(다들 웃음 하하하하하~~)

단계26: 오지도 않는 택시기사까지... 순창에 있는 택시기사까지

(다들 웃음 하하하하하~~)

실천38: 내가 어쩌냐면 비오는 날 이를테면 집에 있을 때 피자 같은 거 안 시
켜. 왜? 비오는 날 오다가 사고 나면 어쩌겠냐 해서 되도록 비오는 날 집에
서 해먹어야 된다고 생각을 해. 불명확한 것까지 걱정을 사서 하는 거지.

단계27: 배려야? 걱정이야?

※ 단계27: 지나친 배려에 대한 답답함의 감정표현이 필요했음.

실천39: 배려일 수도 있고, 그러다보니 너무 내가 없어져 버렸어.

yes8: 저 사람이 오늘 나를 기분 나쁘게 대한다, 왜 그랬을까? 내가 저번에 한
말 때문에 기분 나빠서 일까? 이런 생각을 많이 해, 그럴 때는 물으면 되잖아.

단계28: 물으면 되지 그렇지!

yes9: 너 오늘 왜 그래? 그렇게 물으면 되는데 실천 넌 안 해. 그런게 답답해.

실천40: 난 못해.

쨈8: 앞으로 하면 되잖아. 못한다고 자꾸 얘기 하지 말고.

※ 쨈8: 답답함의 감정표현이 있어야 했음.

yes10: 나 같으면 어제 3초 달래지도 않겠지만, '간다 만다'하면, '가' 이러고
나 잘 거거든. 신랑에게 전화 한통 넣을 거야. 니 마누라 지금 갔어. 그럼
둘이 알아서 할 거잖아.

※ yes10은 yes4, yes5에서 했던 말을 수다처럼 반복하고 있음. 집단상담의 반응이 되려
면 공감이나 감정표현을 통해서 피드백을 해야 함.

단계29: 어,
실천41: 내가 뭐 신도 아니고, 내가 마더 테레사도 아니고, 내 처지도 보살핌을
받아야 될 처지인데.
단계30: 그니까
실천42: 내가 주제파악 못 한 거지.
사랑17: 중간에 3초한테 그만하고 잠 좀 자라고 짜증을 내고 싶은데, 옆에서
계속 달래니까 내가 짜증을 낼 수 없겠더라고. 난 짜증나고 있는데 계속
달래주잖아. 내가 짜증내서 집에 가면 어떡하지? 하고 그냥 잤지.
티나10: 쌈닭은 어때?
yes11: 쌈닭도 어제 여기서 잤잖아.
쌈닭: 나도 안 잤어.
단계31: 한숨도 안 잤어?
쌈닭: 3초가 잠들 때 잤지.
쨈9: 나만 모른 척 하구 자고... 나는 속으로 찔렸지. 나를 못됐다고 생각 하겠다.
yes12: 잠이 왔어? 여기서?
쨈10: 자다 깨다 했어.
단계32: 나는 실천이 좀 안 돼 보여 많이.
들꽃2: 실천이 오지랖 넓은 것에 대해서 힘들어하잖아 막.

※ 들꽃2: 들꽃의 감정표현이 필요함.

실천43: 척을 안했으면 좋겠어. 괜찮은 척 착한 척 뭐... 마음 넓은 척 이해하는 척 하고 살아. 쨈이 어제 내가 예쁜 말만 할 것 같다고 말 했을 때 속으로 뜨끔 뜨끔했어.

정27: 척하는 건 착함의 가면을 쓴 거잖아. 네 가면은 두꺼운 것 같애.

단계33: 그래서 좋은 말만 할 것 같아.

실천44: 가면 벗는 것이 많이 두려워. 그래서 좋은 말만 하고 사는 것 같애.

※ 실천44: 이렇게 사는 나 자신이 답답하다, 부끄럽다 등의 감정표현이 필요함.

쨈11: 그래 보여!

실천45: 처음 본 사람한테 들킨 것에 대한 민망함과 불편함, 내가 정말 내 마음에서 우러나왔다면 나는 괜찮은 사람이지. 나도 내 맘속에서 남에게 배려 받고 싶고, 내 마음대로 하고 싶고 하기 싫은 거 안 하고 싶어. 내 맘대로 하고 싶은 것을 인지하지도 못하고 살다 보니까 가식이라는 것도 느끼지 못하고 그냥 그렇게 살아 왔던 거 같애. 너 가식적이야 그 말이 나한테 굉장히 예리하게 찌르네.

정28: 네 감정만 말하지 변명처럼 이것저것 설명하는 니 말이 지루해. 변명하는 것이 아직도 네 문제를 절실히 깨닫지 못 한 것 같아.

구들장2: 아까 가식적이라는 말 들었을 땐 어땠어?

실천46: 내가 수긍이 됐었어.

구들장3: 아니 느낌이 어땠냐고?

실천47: 약간 불편했어. 내 모습을 본 것에 대해서 불편한... 실망스러움.

쨈12: 나는 실천이 자기 고백처럼, 내가 이런 거 힘들고, 나 이렇다라고 하는 것도 용기 없게 보이고. 1mm라도 고치겠다는 게 답답하고 '고치기 힘들어 난 안 돼! 난 못해!' 이렇게 얘기를 하는 것 같아서 답답해.

실천48: 내가 '못 고쳐 안 돼' 이런 말 많이 했나?

쨈13: 응, 난 못해 이런 마음이 많은 것 같애.

단계34: 잘 안되더라고 그렇게.

쨈14: 1mm라도... 그게 답답하고. 어쨌든 지금이라도 막 저지르고 하고 막 그랬으면 좋겠는 거야. 나는 그렇게 살았어. 실천이 나이도 많은데 말 할 때는 조리 있게 잘하는데 이제부터 1mm씩 고치겠다 요거는 나는 답답한 거야. 지금부터 난 하겠다 하고 마음 먹고 막 해버리면 좋겠어.

정29: 쨈의 1mm가 답답하다는 말에 나도 동감이야. 실천은 확 확 저지르지 못하고 너무 조심을 해 그러다보니 개선이 안 되지. 1mm를 목표로 하면 해도 되고 안 해도 되는 거잖아!

단계35: 실천 너 정말 안 돼 보여 불쌍하다 너.

쨈15: 니나 잘하라고.

사랑18: 단계가 말하면 되게 기분이 나빠.

쨈16: 그렇치, 그렇치!

사랑19: 공감 해주는 것같이 말을 하는데 이상하게 기분이 나빠!

티나10: 영혼이 없지 영혼이.

3초26: 빈정 상하게 해 말을.

실천49: 긍께 자존감마저 너무 떨어져있는 상태라서 단계가 그런 말해도 기분이 별로 나쁘질 않아.

단계36: 난 기분 나쁘라고 한 얘긴 아니었어 진짜!

들꽃3: 짠하다 이런 느낌이 들었는데 난 그런 소리 들으면 눈물이 펑 나와 불더라고.

단계37: 사랑 얘기도 난 불편한데, 난 진짜 실천이 안돼 보이고 불쌍해 보여.

(다들 웃음 하하하하하~~)

단계38: 진심으로 하는 얘기야.

(다들 웃음 하하하하하~~)

※ 단계35 불쌍하다는 감정이 단계의 솔직한 감정은 맞는데, 불쌍하다는 감정은 연민의 마음으로 마음을 같이하는 것이 아니고 위에서 내려다볼 때 생기는 감정임. '불쌍하다'보다는 '힘들겠다' '답답하겠다' 라고 공감하는 것이 더 필요하다.

단계39: 사랑이 중간에서 말을 그렇게 안했으면 좋겠어. 내가 사랑한테 얘기한 건 아니잖아.

쨈17: 네가 사랑한테 한 얘기는 아니지만, 난 단계의 그 얘기가 좀 짜증나. 이렇게 네가 실천한테 얘기해도 듣는 우리도 같이 동참하고 있는 건데.

사랑20: 같이 느끼는 거잖아

단계40: 내가 다시 진심을 전달했잖아 진짜 안돼 보이고 불쌍해 보인다고.

쨈18: 그래 그 마음은 알겠고. '내가 너한테 한말은 아니잖아' 이렇게 단계가 얘기하는 게 말이 안 돼. 집단원이 같이 듣고 그런 느낌을 말하는 거지. 실천 너 느낌을 얘기해. 단계가 그 말 했을 때 너 느낌을.

실천50: 불쌍이란 말 너무 하니까 나 짜증난다.

정30: 난 사랑의 얘기에 동의해. 단계의 불쌍하다는 말이 적절한 표현은 아니야, 공감을 했으면 좋겠어. 불쌍하다는 것은 네가 실천의 힘든 마음을 함께 느끼지 않는다는 거야. 사랑이 단계에게 기분 나쁘다고 한 건 기분 나쁨이 아니고 "못마땅"의 감정이야. 기분 나쁨은 당사자인 실천이 느끼게 되는 감정이지. 사랑이 단계에게 못마땅한 감정 들 수 있지. 단계 넌 사랑의 말을 안 받아들이고 방어하는 것이지. 나는 실천이 너무 외로워서 그 외로움을 뭔가 채우기 전에는 그렇게 살거 같애. 외로운 사람들은 대게 그런 식으로 남한테 잘 해줄 수밖에 없어. 사람은 외롭고 의지할 데가 없으면 누구하고도 잘 지내려 하고 다 맞춰주는 경향이 있어. 실천은 남편하고 잘 안 맞아서 이혼했고 이혼 후 전남편은 간경화로 죽었어.

사랑21: 과거에는 어땠어?

실천51: 아주 엄격한 부모 밑에서 살았고. 부모님한테는 다 순종이었지. no가 없었어.

쨈19: 착한 딸 콤플렉스인가?

실천52: 나라도 속을 안 썩여야 된다는 게 있어서 부모한테 완전히 yes였고. 결혼해 갖고는 남편이 워낙에 쎈 사람 이어가지고 결혼 내내 힘들었고 외로웠고.

정31: 너는 아들들하고 사이도 안 좋잖아. 그래서 더 힘들고 외로울 것 같애.

실천53: 아들들하고 싸우고 나면 마음이 착찹해!

정32: 한방병원에 입원해 있을 때 그 요리사가 '책임지겠다' 고 했을 때 좀 더 유머스럽게 대응하지 정색하듯이 대응한 것이 아쉬웠어. 편하게 지내는 동생으로 알고 지내지 그렇게 까칠하게 대응하니 외로워지지 않을까?

실천54: '선생님을 제가 책임지겠습니다' 하는 말에 내가 깜짝 놀래가지고 긴장을 많이 했었어.

정33: 그때 기분 좋은 느낌은 안 들었어?

실천55: 아니 무서웠어.

3초27: 나도 짜증날 거 같애.

사랑22: 나도.

3초28: 지가 뭔데 나를 책임져.

정34: 난 여자가 그런 말 해주면 좋을 거 같애.

(다들 웃음 하하하하하~~)

정35: 남편 죽은 지 6년 됐나?

실천56: 6년 됐네.

정36: 그 동안 남자를 몇 번 사귀었을 법도 한 데.

실천57: 남자들을 사귀긴 사귀었는데 한번은 유부남이어가지고 오래 못 갔고, 그리고 또 돌싱 있었는데 그 돌싱이 너무 집착이 강했고 그 뒤엔 없어.

yes13: 실천은 되게 진지하게 살고, 나도 되게 힘들 때 상담을 받으면 저렇게 극복할 수 있겠구나를 봐 옆에서.

실천58: 내 아들들도 부정을 못해 엄마는 정말 엄마한테 상담이 필요했어요. '엄마한테는 정말 상담이 중요한 역할을 했어요' 하고 해.

정37: 실천의 감정표현이 개선이 안 돼. 1mm씩 변하는 것 같아 그래서 1년 전 여름 천안집단에서 '감정표현 못하면 차라리 여기서 죽는다'는 심정으로 표현하라고도 했었어 나도 많이 답답해.

실천59: 그래서 용을 쓰고 표현하려해 어떤 감정이 올라오고 그 순간에 못하면 그 다음에라도 용을 쓰고 하려고해.

티나11: 되게 성실해!

실천60: 솔직한 것이 최고 가치다, 계속 상담에서 머릿속에 입력 됐지. 근데 그 타이밍에 딱 안 나와. 그 순간에는 입이 딱 막혀. 그러고 몇 시간 지나면 이때 이 말을 해야 되는 데. 그 다음이라도 해야 되는데 근데 그것이 일반 학교에서도 안 먹혀. 선생님들은 이미 지나가 버린 일에 대해서 얘기 안하려고 해.

단계41: 그렇지 구차해지지. 실천이 뒤늦게라도 표현하니까 다행스럽네.

정38: 나도 인정해 조금씩 늘어나고 있어 조금씩. 나는 고등학교 때, 담임 선생님이 지금은 동사섭 진행하시는 용타스님이었는데 장흥에서 살았어. 장흥에 탐진강이 있어. 강둑이 한 1km정도 되는 뚝길이야. 밤에 가끔 나를 불러내. 그러고 뭐 철학적인 얘기도 해 주시고 너는 뭘 위해 사니? 이런 질문도 하시고, 어느 날 너의 삶의 좌표가 뭐냐? 이런 걸 물어보시더라고. '저는 목에 칼이 들어와도 할 말은 하고 살겠다'고 말했었어. 고등학교 2학년 때 그런 말을 했어. 그때 내가 왜 그런 말을 했는지 나도 모르겠어. 감정이 상했을 때 내가 이런 말도 못하면 내가 살 가치가 뭐가 있나 이런 생각으로 말을 해. 그래서 내가 너한테 이렇게 표현 못하고 사느니 죽는다고 마음먹으라는 거지.

단계42: 그러니까.

실천61: 나는 이 말이 굉장히 사실 감흥이 됐어. 용기를 내야 될 순간에 그걸 생각해. 내가 오늘 이 말 못하면 죽어 버려야 되. 그런 마음으로 한 적이 몇 번 있어. 꺼내고 터뜨리려고 그래가지고 파장도 엄청 크기도 했는데, 그러면서 힘이 길러지는 것 같애.

단계43: 굉장히 열심히 노력하는 모습이 느껴지네.

정39: 그래, 실천이 그런 마음으로 노력한다고 하니 기뻐. 말을 하고나서 '저 사람이 싫어하면 어떡하나' 아직도 그런 생각을 많이 하는 거 같애. 할 말 다하고 갈등이 생겨도 해결하는 방법이 다 있어. 삶의 지혜는 이런 상황에 대처하는 능력을 기르는 것이잖아. 참담하게 깨질 수도 있지만 자꾸 부딪쳐야 힘이 길러져. 참담하게 깨지고 다시 일어서서 도전하면 얼마나 멋있어! 내가 대처하는 능력이 40점으로 대처하면 이걸 받아들이는 것이 자기수용이지. 80점으로 대처하려고 해서는 안 돼. 40점으로 대처하느냐, 80점으로 대처하느냐가 중요하지가 않아. 지금 내가 얼마나 내 감정에 진실했느냐! 얼마나 지금 이 순간에 충실했느냐가 중요해. 성공이냐 실패냐의 결과를 생각하지 말고 지금 이 순간 순간 감정에 충실하자고.

실천62: 이래서 내가 진짜 힘든 내담자에 속한다고 늘 생각하면서, 오랫동안 상담을 받았어.

들꽃4: 아니지 좋은 내담자지 말을 잘 듣잖아.

실천63: 잘 듣지 못해!

들꽃5: 실천하기 어려워서 그렇지.

쨈20: 물어보면 되겠다. 이런 거 확인하라 했잖아. 내가 제일 힘든 내담자냐고 정한테 물어보면 되잖아

정40: 제일 힘든 내담자는 아니야. 실천, 내 감정을 말하면 관계가 나빠질 수도 있어. 그러나 내가 지금 이 순간에 충실했으면 되는 거지. 넌 너무 인정받으려고 해. 인정 받으려하지 말고 사람이 되어야지. 사람이 된다는 것은 타인의 인정이나 좋은 사람이 되는 것처럼 뭔가를 추구하는 것이 아니고, 자기 자신이 되는 것이고, 자기 자신이 되려면 먼저 감정에 충실해야 해.

구들장4: 통통~

쨈21: 우리 피드백 많이 했는데 누구 피드백이 제일 좋았는지?

실천64: 정이지~

쨈22: 정 빼고~

실천65: 쨈!

쨈23: 진짜~?

단계44: 그래 준거지?

쨈24: 맞춰 준거야? 맞춰 준거야?

실천66: 의심을 하냐 섭섭하다야.

단계45: 물어본 거잖아 바로바로.

실천67: 근데 왜 그걸 물어 봤냐?

쨈25: 한번 연습하라고.

정41: 연습? 그래 되게 좋은 제안인거 같애.

사랑

정1: 실천 얘기를 너무 가볍게 다루진 않았나?

실천1: 내 문제가 좀 가벼워졌나? 그런 생각이 들어. 옛날의 무거운 문제에서 쪼금 내가 벗어났나? 라는 생각이 들어서.

정2: 평상시에 비해서 좀 가볍게 다뤘잖아.

실천2: 하하하하

정3: 사랑 너 좀 들어와 안으로.

(침묵6분~8분50초)

사랑1: 하 ~~~

정4: 왜 너 찔리냐~?

사랑2: 응 찔려서... 지금 만나고 있는 사람이 있는데, 그 사람한테 자꾸 스트레스 받는 것 때문에 올 봄 집단에서 한번 다뤘고, 또 개인상담도 받았고 짧게 받았지만. 그게 아직도 해결이 안 되고 고착상태인거 같아. 나도 그 친구의 문제를 많이 직면하게 됐어. 그전에는 두 사람의 성향이 안 맞아서 싸운다고만 생각 했는데.

단계1: 그 친구가 남자친구야?

사랑3: 응 정하고 상담을 잠깐 해보면서 조금 더 직면을 하게 되고. 아~ 정의 말을 듣고 보니까 정말 그 친구한테 정이 말하는 그런 부분들이 많이 있는 것 같아. 보다보니까 계속 안 좋은 것들이 드러나, 정말 문제가 많은 친구고 설령 나중에 같이 살게 된다고 해도 많이 피곤하겠다. 물론 지금도 피곤하고. 근데 왜 나는 못 헤어질까? 고민을 많이 했는데, 그 친구의 문제점도 아는 것 같고 거기에 대응하는 내 방식에 문제가 있구나 생각해. 나름대로 거의 다 들여다봐서 굳이 이걸 집단에 가서 이야기해야 하나 생각도 했지만 또 가장 최근에 스트레스 받고 있는 게 그 문제인거 같아서. 근데 내가 이야기하면 나올 피드백이 거의 뻔한 거 같애 사실은. 그래서 내가 뭔 말을 해도 다 똑같은 말을 할 거 같은데 하는 생각이 들어서. 이거를 고민이 좀 되긴 했어. 꺼낼까 말까.

정5: 자기문제를 다 아는데 행동이 안되면 거기엔 내가 모르는 또 다른 이유가 있어. 헤어져야 한다고 생각하면서도 헤어지지 못 하는 네가 생각하는 이유가 궁금해.

사랑4: 헤어지지 못하는 이유는 생각을 해보면 내 문제인 것 같아. 그 친구는 초등학교 동창이야. 5학년 때? 같은 반이었었어. 몇 년 전에 그 친구가 밴드에서 내가 혼자인걸 알게되고 그 친구도 밴드에서 자기가 혼자라는 것을 오픈해서 나도 알았어. 술을 꽤 좋아하는 거 같더라고. 그래서 처음 만났을 때 '이 사람은 아니다'는 생각을 했어. 근데 그 친구는 내가 마음에 들고 좋다고 하면서. 나는 그날 '아 너 아닌 거 같다 나랑 안 맞다'고 말을 했는데도 '나 너 포기 못해' 라고 약간 집착하는 모습을 보였어.

단계1: 어,

사랑5: 그거에 내가 넘어간 거 같애. 나는 원래 사람 사귀는 패턴이 내가 막 누구를 좋아서 사귀는 게 아니라, 누가 막 나를 좋다고 다가오면 사귀고 그랬던 거 같애. 자존감이 좀 많이 낮은 거지. 그래서 내가 좋아하는 누군가가 나를 좋아해 줄 거라는 생각보다는 그 사람이 내가 좋아서 먼저 다가와서 사귀게 되면 적어도 나를 먼저 떠나지 않을 거다 이런 맘이 아직까지도 깔려있는 거 같애. 자존감 되게 낮아서... 싫은데도 벗어나지 못하는 패턴들을 보면은 내 자신이 좀 답답하긴 해.

정6: 우유부단함이나 자존감이 낮은 것이 원인이 되겠다. 집단 자주하면 자존감 많이 높아져. 자존감이 낮으니 이성 관계를 네가 주도적으로 못하는구나!

사랑6: 내가 계속 나 자신을 스스로 인정하지 못하고... 그래서 누군가 나를 이

렇게 인정해주는 사람이 나타나면 거기에 확 마음이 가는... (눈물)

정7: 무슨 생각하고 눈물 난거야?

사랑7: 어렸을 때부터 외로움이라는 단어가... 내 안에 있었어. 할머니가 첩이 었어. 왜 첩으로 들어가서 나를 첩의 자식으로 낳았냐는 원망 때문에 아버지는 할머니를 되게 싫어했어. 그래서 아버지는 고집도 세고 말도 안 들었대. 아버지는 되게 나한테 엄하셨어. 유난히 나한테는 엄했던 거 같애. 엄마는 정이 많지만 표현 하실 줄 모르는 분이었고 그래서 집 안에서 겉도는 느낌을 받았던 것 같애. 힘들거나 어려울 때는 이야기할 사람이 없었던 거 같고 그래서 외로웠었어. 아버지는 내게 왜 이렇게 덜렁대느냐 못생겼다... 이런 말들을 자주 하셨어. 난 어디 가서 앞에 나서면 안 되겠고 사랑받지 못 할 것이다는 생각이 많이 차있는 거 같애. 그런 것들 때문에 자존감이 되게 낮아져 있어서 내가 나서지는 못하고 누군가한테 사랑받고 싶어 했어. 아버지가 사주공부를 하시면서 내 사주를 보고는 '너는 남자하고 잘 안 맞아' 그런 말을 많이 하셨어.

단계2: 허허허~~~

정8: 아버지한테 자주 혼나고 남자하고 안 맞다는 말 듣고서 많이 속상했겠어.

사랑8: 그래서 내 마음속에, 남자한테 사랑받는 것이 진짜 어려울 것 같은 생각이 들었던 거 같애. 자신이 없었지. 내 외모나 성격에도 자신이 없고 그다지 사랑받지 못 할 수 있겠구나라고 생각을 해서 나를 좋다는 누군가가 나타나면 되게 고마웠던 거 같애. 그러면서 한편으로 불안하지 저 사람이 나를 제대로 알면 떠날 수도 있다는 그런 생각이 들어서. 그래서 사람을 만날 때 내 것 다 안보여주고 기분표현 하는 것도 두려웠고 표현하고 싶은 것도 많이 참고 할 말을 못하고 사람을 사귀었던 거 같애. 전 남편하고 사이에서도 그 사람이 먼저 좋다고 해가지고 만나서 사귀게 됐고, 나를 좋다고 해서 그 사람의 아무것도 안보고 결혼을 하게 됐어. 결혼생활하다가 예전에 못 봤던 것들이 나오는 거지. 성격 안 맞는 것도 나오고 그 사람의 무능함도 드러나고. 결혼생활이 편하지 못했어. 여러 가지 사건이 복합적으로 일어났지. 아이를 생각하고 꽤 오래 참았지. 근데 나중에는 아무것도 안보이고 이 사람하고 한 집에 살면 내가 진짜 죽겠구나 하는 생각이 들더라고. 그 전에는 그 사람을 죽여 버리고 싶은 마음이 들었고, 그게 지나니까 내가 나를 되게 자책하게 됐어. 아 내가 왜 이런 선택을 하게 되가지고, 이렇게 나를 힘들게 할까.

정9: 결혼하니 문제들이 터져 나와서 암담했겠어. 전 남편 직업은 뭐였어?

사랑9: 없었어. 그때.

단계3: 결혼할 때 아예 없었어?

사랑10: 응.

단계4: 그럼 뭐 공부라도 했어?

사랑11: 경찰 공무원 하겠다고 공부하고 있었는데 그것도 그만 뒀지. 지금 생각해보면 나도 되게 미숙한 게 많았어. 사회적이질 못해.

정10: 몇 살 때 결혼했는데?

사랑12: 늦게 했었어! 스물여덟 겨울.

단계5: 사랑은 일은 했고?

사랑13: 응 나는 직장이 있었지.

단계6: 근데도?

사랑14: 내가 직장이 있으니까 설마 굶기야 하겠어 라는 생각? 지금 생각하면, 내가 미숙한 선택을 했기 때문에 내가 고통을 받는 거라는 생각을 많이 하게 되고, 자책을 많이 하게 됐어. 한동안은 그 사람 탓을 많이 하고 그 사람을 막 미워하고 그랬는데, 결국엔 그 화살이 나한테 오더라고. 아! 그런 선택을 내가 했지. 엄마도 '봐라 나도 마음에 안들었고 반대했는데 니가 고집 세서 니 맘대로 하고' 결과들은 나의 선택이니까 결국 원망 할 사람이 나밖에 없더라고. 자존감은 점점 떨어지고... 그런 패턴들은 남편하고 헤어지고 나서도 바뀌지가 않았어. 남편하고는 경제적인 문제 때문에 법적인 이혼을 먼저하고 그 이후에도 한 5년을 같이 살았어. 그 뒤 이 사람이 좀 변할까 하면서 봤던 거지. 그 5년은 갈수록 더 안 좋아지고 나중에는 진짜 끓어오르는 분노가 그 사람을 향하다가 나를 향하고, 옛날 엄마들 화병 걸리면 가슴이 아프다고 하잖아. 내 가슴이 아프고 죽을 것 같다는 생각이 드니까 아무것도 안보이더라고 그래서 막 사정 했어 제발 제발 헤어져 달라고.

정11: 답답하고 화도 나고 자책감도 많이 들고 정말 힘들었겠어. 다른 성격적인 갈등은 주로 어떤 것이 있었는지?

사랑15: 그때 그 사람한테 되게 강요를 많이 했던 거 같애. 가장으로서 뭐 생활을 할 수 있게끔 뭔가 일을 해야 되지 않겠냐 하다못해 막노동이라도 해서 가정에 뭔가를 가져다 줘야 되지 않겠냐. 남편도 뭔가를 하려고 하다가 빚만 잔뜩 지게 된 거야. 그 이후에 아무 것도 할 수 있는 게 없었어. 아이도 태어나고 했으니까 뭔가 하는 모습을 보여주길 바랬는데 계속 밖으로만 도는 거야. 다른 여자도 만났었고 그게 나한테도 들켰어. 지금보면 도박도 했나봐 경마장 다녔고... 빚이 생겼어. 힘들다고 계속 밖으로 돌아다니는 것도 용납이 안됐어. 그래서 결국은 그 사람 자체를 믿을 수가 없었던 거 같애. 항상 말을 하면 거짓말을 해. 그니까 공부하면서 보니까 도박하는 사람들이 거의 다 거짓말을 한다고 하더라고. 그때 당시 몰랐는데 결혼하기 전에는 저런 사람 아니라고 생각했는데 믿을 수가 없는 거야. 어떤 말을 해도 다 거짓말인거야. 앞에서 다 허풍이고, 그럼 나는 그 말을 순진하게 믿었다가 뒤에 가서 배신당한 느낌이고. 그게 계속 반복이 되니까 나중에 진짜 저 사람이 콩으로 메주를 쓴다고 해도 믿을 수가 없겠더라고. 신뢰가 깨지고 그 사람을 믿을 수가 없는데 뭐에다 기대야하나... 그래서 굉장히 외로웠던 거 같애.

정12: 막막하기도 하고 괴로웠을 것 같애.

사랑16: 응.

티나1: 참담했겠네!

구들장1: 잘 헤어졌네.

사랑17: 지금 생각하면 사실 아이한테도 제일 미안한데, 그 때 당시에는 내가 너무 힘이 들었던 거 같애 죽을 것 같았어.

단계7: 그때 아이는 몇 살이었는데?

사랑18: 아이가 3학년 끝 무렵..?

단계8: 그러면 지금은 고등학생?

사랑19: 응, 헤어진 후 꽤 오랜 시간 동안 남자를 안 만났어. 그러다가 이 친구를 만났는데... 이 친구를 만나면서 내가 되게 외로웠었다는 거를 느꼈었어. 내가 스스로 뿌리박고 있지 못한다는 느낌이 되게 강했기 때문에 누가 나를 잡아주면 뿌리가 박아질 것 같은 마음이었어. 그럴때 나 없으면 안돼 라는 사람이 나타나니까 그 사람한테 마음이 갔던 거 같애. 아들도 5학년 때까지 같이 있다가 아빠한테 갔었어. 아이하고 있었을 때는 몰랐는데 전 남편이 장손이어서 아이까지 가고 혼자 있으니까 조금 힘들더라고. 근데 아이도 시간이 지나니까 처음엔 좀 힘들었지만 잘 살더라고. 내가 전화하면 귀찮아하고 '아~ 내 존재가 어디에도 의미가 없구나' 라는 느낌을 강하게 받았던 거 같애.

정13: 되게 외로운 시기였겠어.

사랑20: 티나가 아까 했던 말 '잠 들어서 아침에 안 깨어나면 좋겠다'는 생각도 많이 들었고.

티나2: 자살을 시도해본적은 없어?

사랑21: 그냥 이대로... 왜냐면 내가 자살해서 죽으면 그것도 아이한테 못할 짓인 거 같애서... 외로움이 계속 가중되고 있었는데, 그래서 아무것도 아닌 척 남들 보기에 되게 열심히 살고 공부하고 뭐 배우러 다니고 명상하고 다니고. 나 딴에는 내가 견디기 위해서 이것 저것 다 찾아다니고 했던 거 같애.

단계9: 근데, 헤어지려고 하는 이유는 뭐야?

사랑22: 술을 매일 마시는 게 이해가 안 갔어.

단계10: 그냥 단순히?

※ 단계10: 앞에 말한 사랑 얘기에 공감이 필요함. '매일 술 마시면 성질나겠어!'라고 술을 매일 마시고 늦게 들어오는 것이 단순한 것이 아님.

사랑23: 술을 마시면 공격성도 나오고 막 시비도 걸고 괜한 걸로 트집 잡고 싸우게 되고. 이 친구가 술을 안 마실 때는 이야기가 통해. 근데 술이 들어가면 그런 게 아무것도 안 통하는 거야. 난 진짜 진 빠지게 이야기해도 다시 원점으로 돌아가서 똑같은 이야기만 하는 거야. 너무 지치는 거야. 심지어는 밤새 싸우고 나서 그 다음날 아침에 이 친구는 기억도 못해. 완전 열 받아 진짜 밑 빠진 독에 물 붓는 식으로.

정14: 정말 짜증나고 답답했겠어!

사랑24: 시간이 갈수록 내면에 있는 게 더 많이 나오잖아 덜 자란 거 같애 초등학생 같아. 어린 시절에 그 사람의 아버지가 되게 강압적이고 강요적이었어. 기죽어 지내던 어린 시절 기억이 남아가지고 나한테 엄마 역할을 기대해.

티나3: 응.

※ 티나3: '힘들었겠다.'는 공감이 필요.

사랑25: 응, 아버지나 엄마가 해주지 못했으니 자기를 달래주고 따뜻하게 해달래. 근데 그건 나도 필요하고 원하는 거잖아. 그 사람을 따뜻하게 해주고 싶은데 따뜻하게 해줄 수 없게 자꾸 나를 건들어. 술을 먹고 꼬장을 부려 어제 3초가 했던 것 같이.

정15: 많이 답답했겠어.

사랑26: 아 근데 나는 실천처럼 안 되는 거야. 날마다 술을 마시는 사람한테…

단계11: 한두 번은 전화라도 받아줬어?

※ 단계11: '또다시 이런 남자를 만나서 기가 막혔겠다.'는 공감이 필요.

사랑27: 나는 받아줬는데, 그 친구는 내가 차갑게 한 것만 기억하더라고. 내가 잘해주고 내가 노력한 거는 기억을 안 하더라고. 본인이 내게 속상한 것만 기억을 해. 근데 정에게 상담을 해보니까 이 친구의 멘탈이 되게 약하고 자기의 잘못을 상대방한테 전가 시킨다고 하더라고. 싸우는 이유가 다 내 탓이래. 이 남자는 내가 따뜻하지 않은 것이 문제라는 거야. 최근에는 내가 감정표현을 했어 답답하고 짜증나고 화나고 힘들다 이런 감정표현을 했더니 나를 되게 성격 나쁜 사람으로 몰아가더라고.

티나4: 사귄지는 얼마나 됐어?

※ 티나4: '답답했겠다.'는 공감이 필요.

쨈1: 지 잘못은 못보고 사랑을 나쁜 사람 만들었다.

※ 쨈1도 '답답했겠다.'고 공감하고 반응하는 것이 필요함.

사랑28: 한 2년.

정16: 방어기제 중에서 가장 무서운 방어기제가 투사야. 책임전가 하는 거지. 이런 사람과는 아무리 싸워도 문제가 안 풀어져. 반성을 안 하고 자기책임을 안 받아 들이니까 변화가 불가능하지 그래서 갈수록 관계가 나빠져.

쨈2: 아~그러겠다.

단계12: 남자친구 직장은 안정적이야?

사랑29: 원래는 핸드폰 만드는 업체에서 연구원 했었어.

단계13: 어 능력은 있네!

사랑30: 공대 나와 가지고 그쪽으로 능력 있었던 거 같애. 이혼하면서 너무 힘들어서 직장 다 그만뒀었나봐. 그리고 자기 친구들이 하는 찌개집 같은 식당을 운영해.

정17: 이혼하면서 직장을 그만 뒀다는 말은 논리적으로 안 맞는 것 같아. 정말 이혼 과정에서 힘들어 회사를 그만 뒀다면 몇 달 쉬고 다른 회사나 IT업체를 찾아보겠지. 그런데 나이를 먹어서 식당을 한다면 몰라도 젊은 사람이 식당 일을 시작했다는 것이 이해가 안 되네.

사랑31: 자기가 힘드니까 집중할 수 없었다고 그러던데.

정18: 사람들은 직장을 그만두면 이혼을 하기도 해. 근데 대부분의 사람들은 이혼을 하면 직장을 더 붙들고 있어.

사랑32: 그 친구는 자기 합리화를 되게 많이 해. 처음에는 몰랐어. 그게 정당한 설명이라 생각했어. 들어보면 사실은 그럴듯해 이해가 가. 아~ 정말 소송 이혼하는 과정에서 그 친구는 힘들었구나.

정19: 남친의 전 여자가 이혼 소송을 했을 때 네 남친이 힘들기는 하겠지만 직장을 그만둬야 할 정도로 힘들겠어? 정말 힘들었다면 다른 문제가 많이 있었다는 거지. 남친의 전처가 이혼소송을 해서 이혼을 당했다면 이혼 당할 만한 큰 문제가 있었다는 거지.

사랑33: 법정싸움을 하면서 스트레스 받으니까 연구하는 것에 집중 할 수가 없었대. 그래서 그만 뒀다고.

단계14: 지금 일하는 건?

사랑34: 지금 찌개집 하면서, 작년에 기간제 교사로 들어갔어. 공고에... 줄이 닿아가지고. 원래 선생님하고 싶었고, 교직자격증도 따가지고 가지고 있었기 때문에.

단계15: 찌개집도 하고? 기간제도 하고?

사랑35: 끝나고 가서 저녁에 그 일을 하고.

티나5: 그러니까 상식적으로 생각을 해봐. 이혼을 하잖아. 그럼 위자료도 줘야 될 거 아니야?

사랑36: 그치.

티나6: 핸드폰 만드는 회사면 월급도 많고 또 따박따박 나오잖아, 그걸 그만두고 찌개집을 한다는 게 사실 이해가 안 되지!

정20: 찌개집도 열심히 하는 편이 아니잖아. 주로 딴데서 술 먹고 찌개집은 끝날 때쯤에 가보잖아. 그리고 직장을 그만 둘 정도로 이혼과정이 힘들었다고 했는데, 이 부분도 아내가 이혼소송을 했고 본인은 이혼 안하려 했다는 거지. 그 여자가 네 남친과 이혼하려는 이유는 핸드폰 회사에서 돈은 잘 벌었으니까 경제적 문제가 아니고 술 많이 먹고 책임전가하는 성격 문제 등 이었겠지. 넌 그 과정을 전혀 모르고 있어. 이혼이 왜 그렇게 힘들었는지를 물어봐야지. 사랑 너는 그 친구의 말을 생각이 없는 사람처럼 너무 액면 그대로 받아들여서 정말 답답해.

사랑37: 저번에 정이 한 삼 개월이라도 붙어 있어봐라 해서, 서울 가서 삼 개월까지는 못 붙어 있어도 이번 추석에 한 십일 간은 붙어있어 봤어.

정21: 이 남자의 이혼 과정에 대해 의심도 해보고 질문도 하고, 문제점에 대한 느낌 표현도 해서 반응하는 것을 보면 그 반응에서 보이는 것이 이 남자의 진짜 모습이잖아. 첫 번째 남자도 그렇고 두 번째 남자도 그렇고 넌 남자를 검증하기 위한 아무 역할도 안하네.

사랑38: 내가 그 친구 모습에서 내 모습도 많이 보는 거 같아. 현실적으로도 많이 미숙한 사람이라, 그래서 더 내가 연민을 많이 느껴. 나한테 느끼는 연민을 그 친구한테 투사해서 보는 것도 있고... 혼자 야무지게 잘 살 수 있는 스타일이 아닌 거야. 그래서 그 친구도 누군가 옆에 있어서 정서적인 거 기대려고 하고 일처리가 이렇게 미숙한 거는 짜증이 나기도해. 전 남편도 보살펴 줘야하는 사람이었는데 또 그런 사람을 만났어.

※ 사랑38: 사랑이 느끼는 외로움을 남친이 외로워한다고 그래서 날 필요로 한다고 생각하는 것이 투사임.

단계16: 왜 그렇게 연민에 끌리는 거 같애?

사랑39: 이 친구한테는 내 모습을 많이 보는 거 같애. 내안에 가지고 있는 아픔이나 슬픔들이... '나랑 같다'라는 생각을 해서 쉽게 떨쳐 버리지를 못하는 거야. 그 친구가 책임전가하고 합리화 한다고 말하고 크게 한번 싸웠잖아. 그리고 한 달간 안 봤었거든. 그러고 다시 와서 또 만나게 됐는데 그 이후로도 계속 싸운 거 같애. 물론 그 전에도 자주 싸웠지만. 하루 싸우고 하루 화해하고, 하루 괜찮으면 그 다음에 또 싸우고.

정22: 사람들은 자기의 싫은 점을 이성에게서 또 보면 그 사람을 거부하게 돼. 넌 너무 외로웠기 때문에 연민으로만 남자를 본 것 같애. 그렇게 싸우면 힘들었겠어. 싸운 내용을 말해봐.

사랑40: 내가 대학원 1학년 다니고 있었을 때였어. 2학년 때부터 직장을 그만 뒀는데. 공부를 하는데 너무 시간이 쫓기니까 그때 주얼리 일을 해가지고 되게 늦게 끝나는 일이었어. 그 친구 만나고 얼마 안 있어서 그 직장을 그만 두게 됐어. 그러면 내가 생활비를 대줄 테니까 공부를 해라 이런 말을 그 친구가 했었어. 내가 한 번도 누구한테 생활비를 받아본 적이 없었어. 심지어 남편한테도 안받아봤거든. 그 친구가 생활비 보내준 거 받고 내가 대학원을 다니면서 공부를 했던 거 같애. 그런 것에 미안한 것도 작용하고... 그 친구가 내가 대학원 수료하고 한 일 년 지나 올해 들어 굉장히 힘들다고 내색을 하기 시작하더라고. 그 친구가 서울에서 일주일마다 한 번씩 내려왔어. 운전을 하고 내려와서 새벽에 운전하고 가면 너무 힘드니까, 이주에 한번만 와라 했더니 되게 기분 나빠했었어. 나 안 오는 동안은 뭐하려고 누구 만나려고 막 이런 식인거야. 날 믿지 않는 거야. 생활비 보내주는 것도 자기가 가게를 잘 될 거라고 믿고 했는데 가게가 생각보다 안되니까, 돈 보내주는 것도 힘들고 이 친구가 가게하면서 낸 빚도 있고 그전에 사업하면서 낸 빚도 있고, 빚이 쌓이다보니까 싸움이 잦았던 거 같애. 돈때문에 힘들다고 하는 게 아니라 다른 걸로 트집을 잡아서 싸우는 거지. 그것 때문에 그렇게 힘든 게 아니냐고 물어보면 인정을 안 하려고 그래. 내가 그렇게 쪼잔해 보이냐? 이런 식으로 말해. 본인에 대해서는 인정을 안 해. 그리고 자기가 화낸 거는 결국은 다 내 탓이고, 내가 자기를 자극을 했기 때문에 화를 냈다. 단계가 말했듯이 네가 나를 자극을 하기 때문에 내가 화가나! 이런 식의 말을 하는 거야.

쨈3: 남자친구도... 아 진짜.

사랑41: 나랑 관계에서 보니까 오히려 자기가 나를 자극을 해. 트집을 잡고 징징대고 막 이러다 보면 나도 화를 내. 그러면 '왜 나한테 이렇게 차갑게 대해?' 막 이러는 거야. '그래~~ 그래, 힘들지~' 이렇게 달래 달라는 거야. 나는 그게 안 돼. 나도 감정이 올라오고 화가 났는데. 내가 성인군자야? 자기 엄마도 그렇게는 못 할 거 같다는 생각이 들어. 되게 이기적이라고 생각을 해. 자기 입장만 생각하고 상대를 정말 배려 안하구나. 그리고 자기를 들여다보려고도 안하는구나. 내가 막 이렇게 감정표현을 하면은 그냥 말 돌려버려. '알았어, 끊어!'

정23: 그러면 정말 성질나겠어, 대화가 거의 안 되네.

사랑42: 알았어, 끊어! 그러면 되게 참담해. 진지하게 내 감정에 대해 얘기했는데 아무 말도 않고 말도 없이 끊거나 알았어! 하고 다른 말로 돌려 완전히 거부당하는 느낌이야

티나7: 헤어지지 못하는 이유가 뭐야?

※ 티나7: 사랑의 말을 정리해서 남자친구의 문제가 ~~~하다고 직면시키거나 공감이 필요함.

정24: 거부당하는 느낌만 드는 게 아니라 진짜 깝깝할 거 같은데, 대화가 거의 안 되고 애기처럼 자기 욕구만 요구하잖아. 예전에 1박2일 집단에서 사랑이 '내가 상담도 배웠고 그러니까 같이 살면 내가 사랑으로 고칠 수 있겠다'고 했는데 그 마음으로 안 헤어지려 하는 거지?

단계17: 고칠 수 있겠다고?

사랑43: 늦지 않을 거란 생각을 했지. 그 친구는 사랑받지 못하고 인정받지 못하고 내가 똑같이 느끼고 있는 그런 걸 가지고 있잖아. 그랬기 때문에 정말 사랑을 해주면 그 친구가 나아지지 않을까? 라는 생각을 했었어.

정25: 그 정도면 지금도 사랑 많이 해주는 거지. 사랑받지 못하고 자라왔으면 사랑에 굶주려 있어서 받으려고만 하고 주지는 못해. 그러니까 초등학교 3학년 같이 자기 멋대로만 하잖아.

사랑44: 그 친구가 원하는 만큼은 못해주니까...

정26: 결혼하면 더 해 줄 거 같아? 만난 지 2년 넘었는데 넌 계속 주고 남친은 계속 받기만 하고 있잖아. 받기만 하는 이기적인 사람이 좀 지나면 베풀어주는 성격이 된다고? 성격변화에 대한 너의 생각이 너무 단순해서 황당하고 어처구니가 없다.

사랑45: 음.

정27: 결혼하면 더 못하지! 더 싸우게 되잖아. 결혼 전엔 가끔 부딪히는 문제를 매일 더 많은 상황에서 보게 되니까 연애할 때보다 더 좋은 부부관계

가 없잖아. 넌 남친이 날 떠나지만 않으면 나도 끝까지 안 떠나겠다는 마음인 것 같아. 답답해.

단계18: 그렇지!

사랑46: 그 전에는 내가 좀 참거나 정말 화났을 때는 논리적으로 따지는 말을 하거나, '너는 되게 차갑다'라는 말을 했는데 정한테서 감정표현 배우고 나서 사실은 더 자주 싸우는 거 같애.

정28: 감정표현하면 처음엔 더 자주 싸우게 돼. 그건 서로 성격 차이가 많다는 거지. 그러면서 쓸만한 사람과는 관계가 더 좋아지고 방어적인 사람과는 관계가 더 나빠져.

사랑47: 내가 내 감정을 표현하면 그 친구는 자기를 비난하는 걸로 받아들여.

정29: 감정은 칼이나 창이 아니고 너의 솔직한 마음이야, 네 마음을 보고 남친이 수용을 하거나 거부하거나 양자택일을 하겠지. 너의 솔직한 마음을 봐야 남친의 판단이 명확해지고 빨라지지 않을까? 그리고 네가 감정표현을 하면 당연히 자주 싸우게 되는 거지. 연애를 하면서 안정을 추구하면 안 돼. 할 말 다하고 갈 데까지 가서 서로의 밑바닥을 봐야해.

정30: 쨈 왜 웃는 거야?

사랑48: 내가 감정을 표현하고 '불편해 답답해'하면 자기를 되게 비난하는 걸로 듣더라고.

쌈닭1: 사랑 말 듣고 상담공부를 하니까 내가 좀 더 잘해서 남편이 변할 수 있고 관계가 좋아질 거라는 생각에 동감이었어. 감정표현을 하라고 하잖아. 근데 감정표현을 하면 남편하고 관계가 더 악화되지 좋아지지 않을거라는 생각이 드는 거야..

들꽃1: 남자들은 그런걸 비난하는 걸로 받아들이더라고.

쌈닭2: 그러지. 자기를 비난하는 공격으로 받아들여.

들꽃2: '나보고 또 어쩌라고 그러냐.'고 그래.

단계19: 그럴 거 같애. 더 싸울 거 같애.

3초1: 나는 쌈닭, 들꽃 말 듣고 답답해!

쌈닭3: 왜?

3초2: 왜 자신을 그렇게 억누르고 살고 있어? 순간 확 올라오네.

사랑49: 인제 안참아. 물론 지금도 10의 10을 다 표출하진 않아. 왜냐면 10의 10을 표출하면 10을 싸워서 나도 힘드니까. 정말 심각하다 싶을 때 한단 말이야. 그럼 그 때마다 싸우지.

쨈4: 그럼 남자친구가 헤어지자 생각은 안하나?

※ 쨈4: 감정표현이 ~~빠졌음~~.

사랑50: 헤어지자고 하지.

단계20: 남자친구가? 먼저?

사랑51: '왜 너는 나를 존중하지 않냐'고, 내가 하고 싶은 말인데 본인이 하더라고.

정31: 사랑이 감정표현하면 자기를 비난한다고 하잖아. 네 남친은 너의 입장을 전혀 안 듣겠다는 거지. 자기 맘대로만 살겠다. "넌 나를 무조건 따르라" 이거잖아.

사랑52: 아직은 바뀔 거라고 생각해.

정32: 네가 아무리 감정표현을 해도 남자친구가 고치지 않으면 심리적인 거리를 둬야 해. 이 사람과 헤어질 수도 있다는 마음을 가져야 해. 네가 냉정해지고 단호하게 표현을 하면 남자친구도 '이러다 끝나는 게 아닌가?'하는 위기감을 느끼고 이 관계를 그만 둘건지 맞춰주고 같이 살건지 생각하게 돼. 냉정하지 않으면 항상 종속되고 끌려 다니게 돼. 사랑이 분리불안이 많으니까 많이 우유부단하지.

사랑54: 그 친구하고 초기에 안 맞으면 언제든지 헤어져야겠다는 생각을 하고 있었거든. 이미 안 맞는 사람이랑 결혼을 해가지고 얼마나 힘들었는지를 알기 때문에, 안 맞으면 헤어지잔 말을 되게 많이 했어. 그럼 그 친구가 와서 막 미안하다 매달리고 이러면 또 다시 만나고 그랬었거든. 자꾸 날 잡아주는 거에 내가 약하다고. 그래서 또 다시 만나고 만나고 했어.

정33: 미안하고만 하지 어떻게 변하겠다고는 말 안하잖아. 진정한 미안함이 아니지. 쌈닭 같은 경우에 남편이 딸에게 사과 안하면 사과 할 때까지 식사를 안 챙겨주거나 잠자리를 안 하겠다고 말하는 것이 냉정함이야.

쨈5: 아~~

정34: 주부를 상담하다 보면은 가끔 맞고 사는 여자들 있잖아. 때리면 맞고 울고 또 끝나. 너 나 때린 것에 대해서 사과하지 않으면 애들 두고 내가 나가던지 너가 나가든지 해. 이렇게 단호하게 대응해야 해. 부부간의 갈등은 Power game이야. 돈도 힘이지만 '난 너 없이도 살 수 있다는 단호한 마음'이 가장 큰 힘이야.

사랑55: 내가 계속 감정표현을 하면 그 친구가 그러는 거야, 나한테 꼭 이겨먹어야겠냐고. 그러면 나는 너는 왜 나한테 미안하다고 사과 안 하냐고 사과하라고 나 진짜 너 힘들다고 그러면 왜 여자가 남자 이겨 먹으려고 하냐고 해.

쨈6: 이겨 먹을라한다 너가 나를 나쁜 사람 만든다 이렇게 말하니까 너를 주춤하게 만들 수도 있을 거 같애.

정35: 사랑의 남친은 맞고 틀리고는 관심이 없고 오로지 이기려고만 해. 하나도 안 지려고해. 그러니까 자기잘못은 하나도 없어.

사랑56: 변화되기도 힘들다고?

정36: 씨가 안 먹히는데 변화가 되겠어? 지금까지 네가 했던 말 중에서 남친이 받아들인 것이 하나도 없잖아 넌 질리지도 않냐?

쨈7: 상담 가자고 말 해봤어?

※ 정36에서 사랑에게 질문한 "남친이 받아들인 것이 하나라도 있어?"라는 질문에 대한 답을 듣고 질문했어야 함.

사랑57: 싸울 때, 상담 해보자고 하니까 절대 안 한데. 그 친구는 항상 자기가 희생자야. 전 부인하고 관계에서도 전 부인이 완전히 나쁜 년이고 자기는 희생자고. 부모하고도 관계에서도 아버지가 완전히 나쁜 사람이고 자기는 희생자야. 부모하고 관계에서는 어렸을 때 일이니까 정말 그럴 수도 있잖아. 어린 마음에 모르니까. 근데 나이가 들어서는 이제 아닐 거 같은데 모든 관계에서 그러니까. 이제 나하고 지내면서 싸움의 원인이 나는 분명히 그 친구가 트집 잡고 화를 내서 내가 욱해갖고 싸운 거 같은데 결국 이야기 끝은 내가 잘못을 해서 자기가 화를 냈다는 거야.

단계21: 말 그대로 남 탓을 계속 하네~

쨈8: 계속 사랑 탓을 하니까 사랑이 긴가 민가 할 수도 있어.

정37: 그동안 사랑이 세뇌돼서 살았어. '내 탓인가?' 이렇게. 주부들도 남편이 맨날 그렇게 야단치면 상담 와가지고 '선생님 다 제가 문제죠?' 이렇게 말하더라고.

사랑58: 지금은 괴로운게 더 크긴 하지 자꾸 싸우니까 내가 감정표현하면 자기를 자꾸 비난한다고 화를 내.

정38: 내가 단계한테 피드백하면 왜 나만 잡냐고 하잖아.

단계22: 그래 내가 투사를 하네!

(다들 웃음 하하하~~~~~)

정39: 감정표현을 자기에 대한 비난으로 받아들인다는 건 더 이상 대화를 안 하겠다는 거지. 대화를 거부하면 혼자 살아야지.

티나8: 조금 지루하긴 한데... 어떻게 하고 싶어? 사랑도 앞으로 어떻게 전개 될 거라는 짐작은 가잖아.

정40: 사랑의 말이 계속 반복되고 태도를 결정하지 못해서 나도 지루하고 답답해. 자꾸 '남친은 ~~~하게 말해'라고 하는데 이런 말투는 사랑 자신보다 남친의 입장을 더 두둔하고 남친 입장에 비중을 둔다는 것이지. 그리고 이혼 소송 때 매우 힘들었다고 했잖아. 좀 전에도 내가 말했지만 이혼 소송 때 힘들었다는 건 이혼하기 싫은데 이혼 당해서 힘들다는 거야. 그런데 사랑은(사랑57) 남친이 '전 부인이 완전히 나쁜 년이고 자기는 희생자'라고 했어. 부인이 나쁜 년이면 이혼하자고 하면 얼씨구나 좋다고 했겠지. 이 말도 논리가 안 맞아.

티나9: 지루하고 답답한데... 난 그 남자가 아닌 건 100프로 확신해.

정41: 티나는 계속 지루하다고 하는데 난 답답해. 네가 참여를 안하니 지루하지. 네 태도가 아쉬워. 왜 아닌 거 같은지 말을 해줘.

티나10: 아, 일단 계속 싸운 대잖아. 계속 전혀 사랑받지 못하고 있고.

실천3: 너무 지치고 힘들 수밖에 없는 밑 빠진 독에 물 붓기처럼 잘해줘도 더 더 잘해주길 바라고 계속 이해해주기만을 바라고 그러면 정말 답은 끝내는 거지.

사랑59: 그치.

실천4: 근데 정이 든 게 좀 걱정 되네.

사랑60: 내가 봤을 때 못 헤어진 가장 큰 이유는 자꾸 그 친구에서 내 아픔을 보면서 연민을 느끼기 때문에 그러는 것 같애. 안타까운 거지. 아 저렇게 혼자 놔두면 어떻게 될까? 그런 거.

정42: 티나는 티나(10)에서 감정표현을 안 했어. 그러니 지루해지잖아. 힘들어 하는 아무에게나 연민이 느껴지지 않아. 네가 의지하고 좋아하는 사람에게만 연민이 느껴져. 연민을 느낀다는 건 우선 사랑이 헤어지는 것을 두려워한다는 것이고 헤어지려 했을 때 사랑 네가 두렵다는 것을 남친이 힘들 거라고 투사하는 거야. 대부분의 여자들은 지금 상황이면 부부라도 헤어져. 넌 부부도 아니고 남친일 뿐이야. 본인이 알아서 하겠지.

쨈9: 이런 얘기를 해도 되나 말아야 되나 고민이 되긴 하는데, 그냥 이 자리니까 질러 볼게.

단계23: 너 원래부터 질렀어.

쨈10: 사랑이 못 헤어지는 게 밤에 잠자리 때문이지.

(다들 웃음 하하하~~~~~)

쨈11: 아니, 그 만족감이 크면 그럴 수 있을 거라는 생각이 들어서.

단계24: 중요한 거지.

티나11: 속궁합?

쨈12: 그래서 못 헤어지지 않을까? 그럼 헤어지지 말지 그런 생각도 들어.

(다들 웃음 하하하~~~~~)

사랑61: 처음에는 그 친구하고 밤에 섹스하고 이런 게 좋았어. 근데 요즘 이렇게 감정이 안 좋아지면서, 그것도 사실은 그다지 재밌지 않아. 하고 싶은 마음도 안 들고.

실천5: 나는 네 이야기 들으면서 남자만나고 싶은 생각이 사라져버렸어.

사랑62: 왜~?

실천6: 그 남자 처음 사귈 때는 서로 잘해줄려고 하는 배려가 어느 정도 있었지만 시간이 흐를 수록 서로에게 바라는 것이 많아졌잖아. 이렇게 갈등 속에서 지내느니 차라리 외롭게 사는 게 더 낫겠다는 생각이 들어.

(다들 웃음 하하하~~~~~)

사랑63: 나는 짜증났던 게 뭐냐면, 내가 너 왜 처음하고 틀리냐? 이런 말을 하면, 너무 당당하게 "너 마음을 얻으려고 처음에는 그랬던 거지" 이렇게 말하니까.

구들장2: 낡았다고 생각하는 거야 벌써.

쌈닭5: 나는 사랑을 보면서 아까부터 답답해 여기가 막 답답하고... 힘들어, 감정 교류가 너무 안 되는 사람하고 왜 저렇게 만나고 있지?

사랑64: 나도 어제 쌈닭 이야기할 때 그랬다.

(다들 웃음 하하하~~~~~)

사랑65: 쌈닭 통해서 진짜로 나보는 거 같고 같이 비교가 되니까 나도 사실은 내가 되게 답답해 이러고 있는 게

쌈닭6: 여자들은 섹스가 중요한 게 아니야 교감이 안 되면 섹스도 즐겁지가 않아.

정43: 남자도 똑같애.

사랑66: 그럼 남자는 성매매를 하는데. 그건 말이 안 맞잖아.

티나12: 그 순간만큼은 그 여자를 사랑해~

(다들 웃음 하하하~~~~~)

정44: 왜냐면 미운 감정이 없잖아.

티나13: 남자도... 애가 미운데 누가 하고 싶겠어?

사랑67: 그 말은 일리 있다. 미운감정이 없으니까.

yes1: 결혼하기 전에 탐색기라고 그러잖아. 얘랑 결혼해도 될지 안 될지 탐색기인데, 2년 동안 탐색 충분히 했다는 생각이 들어. 그래서 이제는 정리를 해야 되지 않나 싶고 연민이라고 본인의 문제를 알았잖아 지금 이러면 결국 못 놓아. 난 그 얘기 들었을 때 너무 아니다는 생각이 많이 들어가지고 상처 입을까봐 말을 못하겠더라고.

정45: yes도 옛날 1박2일에서 한번 들었지?

yes2: 들었는데 그때도 너무 아니라는 생각이 들은 거야 왜 사랑이 매달릴까? 아무리 생각해도 아닌 거 같애.

단계25: 미련이 있는 거지.

yes3: 미련이 남을 수밖에 없는 거지. 말했잖아 날 사랑해주기만 하면 사랑이 너무 행복한 거잖아 내 존재가 있는 거 같고.

단계26: 연민 때문에 붙잡으면 사랑 자신이 죽을 거 같애.

yes4: 난 실천 말에 진짜 공감해 같이 있어서 외로울 바엔 그냥 혼자 있어.

정46: 외로운 게 아니라 괴롭잖아 외로운 것 보다 괴로운 것이 견디기가 더 어려워.

티나14: 한 번 경험해봤잖아!

단계27: 연민으로 붙잡으면 네 자신을 또 잃을 거 같애 사랑 자신을 잃을 거 같아서 답답해.

쌈닭7: 힘들 거 같애 너무 힘들 거 같애.

단계28: 너무 힘들 거 같아서 마음이 쓰여.

정47: 쌈닭이, 이렇게 간절하게 말하는 거는 처음 봤어.

쌈닭8: 나도 사랑처럼 내 자신이 없어.

※ 쌈닭8: 그래서 어떤 감정인지 말해야 했음.

사랑68: 어제 쌈닭이 얘기하는 거 들어보면서 나도 이 친구랑 지내면 뒤에 저렇게 쌈닭처럼 답답하고 힘들어 질 것 같았어.

정48: 그런 삶으로 사랑이 기어 들어가는 거지 폭약을 짊어지고.

쌈닭9: 내가 없이 사는 거지. 그런지도 어쩐지도 모르고 그냥 그게 익숙해져서 그대로 살아가는 거지.

※ 쌈닭9: 익숙해졌다고 해도 불편한 감정은 생기니까 그래서 내 마음이 어떠하다고 표현해야 했음.

정49: 구들장도 말해.

구들장3: 되게 많이 안타까워. 그런데 아까 전 남편 얘기할 때 되게 이상적으로 생각하고 만났잖아. 지금 이 남자도 사랑으로 돌봐줄 수 있을 거라고 생각하는 게 과거와 같은 패턴이지 않을까.

yes5: 그래서 너는 깝깝해?

구들장4: 응, 답은 다 나온 거 같아.

단계29: 첫 번째 남편도 그렇고 지금도 그렇고 질질 끄는 게 심한 거 같애. 첫 번째 남편도 이혼하고 한 오년정도 그렇게 살았고, 지금도 계속 질질 끌려가고 있네.

정50: 질질 끄는 모습이 답답해.

쨈13: 좋아질걸 기대하면서 미적거리고 있구나.

티나15: 감정 정리를 딱 단호하게 해야지.

사랑68: 그니까 상대가 나를 딱 놓으면은 그 순간에 나도 놔버리는데 상대가 나를 잡고 있으면 내가 놓지를 못 해.

정51: 너의 그런 말에 지치고 질려버렸어. 네 인생을 위해 네가 선택해야지. 선택을 남친에게 맡기다니, 황당하다. 남친이 안 간다고 나도 안 갈 거라고 하는 건 판단력이 없는 초등학교 3학년생 같아.

구들장5: 아까 친구가 헤어지자고 한다 하지 않았어?

사랑69: 그때 헤어진다고 했다가 다시 또 오고.

쌈닭10: 말로만 헤어진다고 하지.

사랑70: 동갑인데 자기는 반말하고 나보고는 존대를 써 달래.

(다들 웃음 하하하~~~~)

티나16: 무지하게 징징대네.

(다들 웃음 하하하~~~~)

※ 쨈13 ~ 구들장3,4, 단계29, 티나15,16 감정표현을 빼고 말하고 있음. 사랑이 우유부단하고 판단을 못할 때, 집단원들의 감정표현이 더 필요함.

사랑71: 반말로도 한참 싸웠어. 너도 날 존중한다면 똑같이 올려주라고 했지. 이게 안 맞으면 나는 같이 못갈 거 같애, 막 헤어지자고 했는데 일주일 있다가 그 부분에서 네가 정 원하면 그 정도는 맞춰줄 수 있다고 했어.

정52: '넌 평소 내가 말하는 건 하나도 받아들이지 않더니, 넌 반말 하고, 난 경어 쓰라고 하다니 황당하고 어처구니가 없다. 네가 내 위에 군림하려고 하는 것으로 생각 돼. 네가 제 정신이 아닌 것 같고 불쾌해!' 라고 말 해. 남친에게 감정표현 안 해서 참 답답하다.

들꽃3: 지금 사랑이 얘기 들으면서 저렇게 어떤 결정을 못하고 내 주장도 못하고 이런 점이 나한테도 많이 보이는데 그래서 마음이 무거워.

(잠시 침묵)

정53: 사랑은 자주 만나는 친한 친구들은 몇 명이나 돼?

사랑72: 자주 만나는 친구가... 그게 시간대에서 근접해서 만나는 친구는 2~3명 정도? 내가 막 스스로 찾아서 만나기보다는.

정54: 별로 교류하는 사람이 없네.

사랑73: 어.

정55: 2~3명이면 별로 교류하는 사람이 없다고.

티나17: 그 사람들이 끈끈해?

사랑74: 글쎄? 끈끈하다는 게 어느 정도?

yes6: 그러면 사우나까지 가야지

사랑75: 내가 좋은 남자 만날 팔자가 아닌가? 이런 생각까지 들어.

단계30: 근데 지금 이 얘기는 엄청 실망스러운 이야기다. 자신한테,

※ 단계30 그런 생각이 들면 암담하겠다는 공감이 필요.

구들장6: 사랑은 참 여성스러워 그치?

들꽃4: 되게 예뻐, 여성스럽고.

정56: 너를 묶어놓고 있는 끈이 외로움이고 연민이잖아.

단계31: 응

정57: 연민을 많이 느끼는 사람은 의존성이 심한 사람들이야. 많이 외롭고, 의지할 데가 없을수록 의존성이 더 심해. 외로운 사람들이 연민을 많이 느껴, 남 힘든 것 보면 안쓰럽기도 하고. 남친을 네가 돕고 있는 것이 아니고 너의 분리불안 때문에 그 끈을 못 놓고 있다고. 네가 연민 때문이라고 생각하면 헤어지기 어려울 수 있어. 넌 투사하고 있고 분리불안이 너무 심해. 분리불안을 줄이기 위해 친구도 많이 만나고 헤어지지 않은 상태에서 새로운 남자도 만나봐.

사랑76: 내가 명상도 해보고 했다고 그랬잖아.

정58: 명상은 더 외롭게 만들어.

쨈14: 여자 친구들하고 재밌게 놀고.

사랑77: 근데 내가 사교적인 편은 아니고 술을 안 마셔서 그런 자리도 안가고 하니까.

yes7: 종교는 뭐야?

사랑78: 없어.

티나18: 술이 없으면 인생이 좀 외로운데.

단계32: 한잔씩은 해야지.

티나19: 우리도 1차 먹고, 2차 맥주 먹고, 3차는 커피숍 가.

사랑79: 술을 먹어야 된다는 그 논리는 별로 공감이 안 된다.

티나20: 왜냐면 윤활유 역할.

사랑80: 그렇게 따지면 그 친구는 맨날 술을 마시는데 왜 외롭다 그러지?

정58: 친구 만나 술 마시고 얘기하면서 어느 정도 외로움을 풀지. 외로움이 심하면 술을 많이 마시기도 해. 네 남친은 왜 매일 술 마신데?

사랑81: 외로워서라고 그러던데...

정59: 3초 너는 술로 뭐를 푸는 거야? 3초도 딸하고 싸움을 자주하잖아. 너도 화가 많이 나는 편이잖아 그런 것들이 너의 술의 70%는 되지 않을까 싶어.

3초3: 70%까진 아니고.

정60: 그럼 한 60%. 사랑 니 남자친구는 뭐라고 생각해? 술로 뭘 풀고 있는 거 같애?

사랑82: 외로움, 분노? 둘 다 인거 같애.

정61: 사랑 네가 옆에 있으니 외롭지는 않겠지. 분노를 술로 푸는 거야 네 남자친구는 분노가 많아. 투사의 방어기제를 쓰는 사람은 분노심이 많아. 서로 싸우고 서로의 잘못을 인정하면 화가 반반씩 나. 근데 네가 다 잘못이야 그럼 화가 2배, 3배 나는 거야. 그리고 감정표현도 쌓아놓고 안 하잖아. 그래서 화나 분노가 많이 쌓여서 그걸 술로 푸는 거지.

단계33: 나 아까 얘기 하다가 말았는데, 이 남자랑 헤어지면 그 다음의 미래도 없을거 같다 했잖아. 헤어지면서 내가 또 한 번 노력해서 좋은 사람 만날 수도 있어 하는 긍정적인 마음이 들면, 이 연민까지도 날릴 수 있을 거 같은데, 여기서 이렇게 끝나면 영영 나는 계속 안 좋을 거 같아. 이렇게 부정적인 생각이 많은 거 같아서.

사랑83: 외로움이 컸던 거 같애. 외로운 게 무서웠어.

정62: 외로우면 다 힘들어.

사랑84: 그 친구가 징징 대는 것이 자꾸 동정심을 자극해서 불쌍하게 보였어. 그동안 사람을 만나는 기회가 없었어.

티나21: 기회를 만들어야지.

단계34: 술도 한잔마시고 아 진짜로 술도 한잔마시고,

사랑85: 사람 만날 기회자체가 없다는 거지.

yes8: 동호회를 가입해야지. 여행 동호회를 가던지 맛집 찾아가는 동호회를 가든지. 난 만날 기회가 없다고 너무 뻔뻔하게 책임회피를 하는거 같애. 동호회도 가입을 해. 그리고 집에 누가 기다리는 사람도 없는데 뭐하러 열심히 들어가.

사랑86: 그니까 핑계를 대자면, 그 전에는 직업이 쥬얼리 판매직이라 했잖아. 주말은 안 쉬고 평일날 쉬고, 밤에 열시 아홉시 이렇게 끝나. 사람 만나는 시간이 참 애매했었어.

yes9: 3초 신랑 등산팀은 평일 밤에 야간 등산도 해. 댄스동호회도 요즘은 젊은 사람들 야근하는 사람들 많아서 아홉시부터 문 여는 데도 있어.

정63: 그래 그런 걸 좀 많이 다녀.

yes10: 너는 되게 무책임한 발언을 되게 당당하게 쏟아내. '나는 남자 만날 기회가 없었어' 그게 뭐야 기회는 노력해서 만드는 거야. 마음이 있으면 다 돼. 남친에게 갇혀서 꼼짝도 안 하면서 그런 말을 하냐!

티나22: 술 먹고 조금 흐트러진 모습 딱 보이고 그러면.

yes11: 술 먹는 사람 이상한 사람이야? 술이 독약이야? 왜 안 먹어?

실천7: 나는 그 말에 대해서 반댈세. 흐트러지는 모습 보여주는 것에 대해서…

단계35: 실천도 좀 흐트러져야 돼 그래야 남자가 다가와.

티나23: 얼마나 매력적이야 술 먹고 어 피곤해~ 하면.

(다들 웃음 하하하~~~~~)

정64: 술 먹고 흐트러지면 그동안 말 못했던 것들도 터져나와 용기도 생기고. 술 힘으로라도 말해!

쩸15: 난 이런 모임에서 사람들 만나면 너무 좋긴 한데…

단계36: 쩸은 집단만 가면 쓸만한 남자 없나~ 이렇게 봐.

(다들 웃음 하하하~~~~~)

쨈

(시작하고 5분간 침묵)

단계1: 쨈, 뭐해? 빨리 말해~

쨈1: 나는 여기 오기 전에 많이 들었던 느낌이 재미가 없다 이런 느낌이 자주 들었었고 또 직장에서 힘든 거야. 그러면서 같이 근무하는 사람이라면, 다 잘 지내야 한다는 생각이 있는 거야. 싸우기도 하고 내 주장도 세니까 많이 부딪히기도 하는데, 내가 쪼금이라도 잘 하면, 이 사람이 변화될 것 같은 마음이 나도 있어. 그래도 내가 상담하는 사람이니까 내가 이해해줘야 하지 않을까. 이런 마음이 드는데 화는 너무 나고 화나고 싸우고 이러면서도 그래도 내가 이해해줘야 하지 않을까? 이런 마음도 들고 막 미워하면 안 될 것 같고, 내가 누군가 미워하는 걸 누군가가 안다는 게 쪽팔리고 다 사랑해야 할 것 같고 다 잘 지내야 할 것 같아. 직장에서 투사를 많이 하는 사람이 있어 나도 힘들더라고. 갈등이 있어서 말하다 보면 다 내가 잘못한 것 같이 정말 그렇게 되는 거야. 그 사람은 당당하게 막 얘기 하는데 듣다 보면 그래 내 불찰이지 그렇게 결론이 나서 막 화가 나. 오늘 정 얘기 들으면서 그들이 투사 한다는 생각은 들었었는데, 아무튼 그 사람하고 잘 지내야 한다고 생각을 했었거든. 나는 왜 모든 사람이랑 잘 지내야 한다고 생각했을 했을까? 이게 사실 고민이 되.

단계2: 근데 남편하고도 잘 못 지내잖아 쨈 남편을 내가 형님이라 하거든. 형님한테도 재미없다고 얘기를 한다는 거야.

쨈2: 재미가 없었지!

구들장1: 쨈, 그럼 어떨 때 재미가 있었어? 이렇게 살아온 과정에서 재미있었던 장면 어떤 것이 있어?

쨈3: 신나고 재미있는 거는 다른 사람들과 소통이 잘 될 때. 술 마시고 그럴 때 그리고 누군가와 같이 함께 뭘 할 때, 그래서 난 지금 이 순간이 되게 행복 하거든? 이렇게 같이 왔잖아 이것도 행복하고 지금 이 순간 직장에서 애들 이랑 집단 할 때도 좋고.

정1: 우선 남편 얘기를 자세히 하는 게 좋겠다. 결혼 전부터 그랬나?

쨈4: 결혼하기 전에도 재미가 없었고 사는 거 자체가 재미없었어. 결혼하고 좋 은 점도 있었는 데 재미가 없었어. 그것 때문에 많이 싸우고 이혼하려 했 었지... 이혼하기를 마음 먹었어. 그리고 남편도 그래 이혼을 하자고.

단계3: 그게 언제였지?

쨈5: 작년에 심각하게 얘기 한 거는. 정말 이혼하기로 했어. 그래서 안 만났는 데 너무 심심한 거야. 만날 사람도 없는 거야. 맨날 구들장 불러낼 수도 없 고. 구들장은 가정이 있는데. 애들도 있고.

단계4: 그게 올해 일이라고?

쨈6: 내가 ○○을 올해 갔어. 3월에... ○○에 연고가 하나도 없어. 그냥 간 거야.

티나1: 원래 고향은?

쨈7: 고향은 경기도, 직장 때문에 ○○도 간 거거든. 이전 근무지에는 그나마 친구들이 있었어. ○○에는 아무도 없는데, 결국 이전 근무지는 일이 그렇 게 바쁘지 않고 여기는 일이 너무 바빠서 정신이 없는데. 그래서 결국 헤 어지기로 했다가 근데 심심한 거야. 그래서 그냥 같이 놀 친구가 필요하다 해서 같이 놀자고 이혼을 안했어.

정2: 남편은 어디서 근무하는데?

쨈8: 경기도에서.

정3: 조금 머네, ○○에서는.

사랑1: 남편이 놀기에는 괜찮은 상대인가보지?

쨈9: 응 괜찮아 남편도 마음공부를 오래했고 원래 그런 쪽이 아닌데 결혼하고 너무 힘들어 하길래, 집단 상담 한번 가봐라 그래서 오랫동안 티나처럼 집단을 다녔어. 아하 집단. 거기서 지금도 하고 있고 많이 변했어. 사람이 그래가지고 같이 놀만해

사랑2: 근데 왜 재미가 없었어? 그 사람은?

쨈10: 나는 좀 싸우고 이래야 재밌는데 너무 나 혼자 싸우고 남편은 말을 안 해버리고, 아~ 그러면 다음에 얘기하자 이러고 그냥 넘어가고 화가 나면 말을 안 하는 거야, 내가 미치고 환장하겠다고. 지금 뭐 하는 거냐고 그랬는데, 요즘에는 집단 다니더니 욕을 배워가지고, 나한테 미친년아 씨발년아 나가라고 니가 집을 나가라고. (일동 웃음) 그래서 재밌는 거야 (웃음)

정4: 넌 욕하는 놈을 좋아하구나(웃음)

(다들 웃음 하하하~~~~~)

쨈11: 예전에는 말을 진짜 안 했어 쌈닭같이. 미치고 환장 하겠는 거야. 싸우면 그냥 책 봐. 아우 내가 진짜 열받아가지고, 요즘에는 욕을 잘해(웃음) 그리고 소리를 지르는 거야, 진짜 안 질렀거든. 아예 말 안하고 나만 소리 지르다가 이혼하려고 했는데 요즘에 남편이 욕도 잘하고 그래서 나는 싸우는 게 재미있어. 직장에서도 내가 자꾸 싸울라고 해.

티나2: 얘가 쌈닭이네

사랑3: 왜 싸우는 게 재미있어? 나는 싸우는 게 스트레스 상황인데...

쨈12: 나는 반응이 있는 게 재미있는 것 같아 반응이...욕을 하던 뭐를 하던 반응이 있잖아.

정5: 남편이 반응을 안 하다가 요즘 반응을 하니까 처음엔 재미있을 거야. 남편하고 어떤 것이 안 맞는지?

쨈13: 안 맞는 거는 진짜... 밤 시간이 안 맞아.

정6: 잠자리가 안 맞다고? 남편이 힘이 없나보지.

쨈14: 남편을 보면 답답한 게 자꾸 너무 많이 보이고, 청소를 안 하는 것도 너무 화가 나고, 실천처럼 사람들에게 맞춰주고, 사람들 의식 하는 게 바보 같고 답답한 거야. 내가 남편을 볼 때 '오빠나 똑바로 하라고 오빠꺼나 신

경 쓰라고' 이렇게 말하면 상처받아 삐지기도 하고. 또 재미없고 무슨 얘기를 해도 안 맞아. 그니까 내가 우리 남편을 볼 때 답답하고 이런 싫은 모습에서 내가 화가 나는 게 너무 많고. 그러다 보면 나는 짜증을 내 그럼 이 사람은 긴장되고 무섭데. 내가 화를 낼 때도 있지만 평소에도 나랑 있으면 긴장이 되고 무서워서 이혼하고 싶었대.

단계5: 그럼 남편이 이혼하자는 얘기를 했어?

쨈15: 같이 이혼하자고 한 건데 남편이 너랑 있으면 너무 긴장된다고. 음 그래서 내가 힘들다고, 그래서 그런 게 잘 안 맞았어.

티나3: 최근에는 집에서 더 멀리 ○○로 이동했는데 집에는 매주 가?

※ 티나3: '답답하겠다.'는 공감이 필요함.

쨈16: 매주는 못가고 2주에 한 번씩 만나거나 또 울 남편도 공부하러 다니고 그래서 아마, 2주에 한 번 정도 만나는 거 같아.

정7: 집이 3시간 거리로 떨어져 있고 대화도 안 되네. 많이 답답하겠어! 그럼 집이 경기도에 있어?

쨈17: 경기도에도 있고, ○○도 있고... 그래서 남편이 ○○로 오기도 하고.

단계6: 근데 2주에 한번? 전화는?

쨈18: 전화는 하지.

사랑4 : 그럼 남편하고 안 맞는 부분이 어떤 부분이 제일 큰 거야?

정8: 대화 하는 거라고 했잖아 대화가 안 되는 것 말해 봐.

쨈19: 그러니까 대화가 재미가 없어서.

정9: 청소 그런 거 말고, 대화!

쨈20: 뭔 일로 내가 짜증난다고 얘기를 했어 그러면 남편이 쫄거나 반응을 잘 못할 때가 많아. 그 사람은 긴장이 된데. 내가 그렇게 하는 게. 그럼 나는 좀 막막하더라고... 그래서 내가 얘기를 안 할 때도 있어. 근데 내 마음 속에서는 화도 나고 짜증도 많이 나, 내게 맞추면서 얘기하거나 이런 싫은 모습들을 내가 봤을 때 난 짜증나고 화나서 내 감정부터 얘기를 해. 그럼 이 사람은 긴장되고 쫄아 버려.

단계7: 쨈 남편 주변에 사람도 많고 그럴텐데 되게 좋은 사람으로 인식 되어있던데.

쨈21: 그러니까 남에겐 너무 잘하니까 좋은 사람인거야.

정10: 직장은 뭐야?

쨈22: 공무원인데, 공무원 노조하거든. 전공노 간부야. 여자들이 남편을 엄청 좋아하고 직장에 서도 착하고 사람이 순하고 선하고 성실하게 일하고 남 배려 해 주고 맞춰주고 이러니까. 그러니까 사회에선 너무 좋지!

단계8: 참고로 내가 봤던 기억은 우리가 예전에 용인에서 같이 연수를 하는데, 우리가 10시인가 12시에 불러냈어 남편 분 한번 보자고. 근데 왔어, 인사 나누고 술 한 잔 마시는데 되게 선한 사람처럼 보였고 에너지는 그렇게 많아 보이진 않았어.

쨈23: 결혼 초에 만성피로였다는 거야. 그것 때문에 많이 힘들었어. 맨날 아프다고 맨날 피곤하다고 내가 왜사냐고 그럴 정도로. 지금은 조용하고 책 보는 거 좋아하고... 나도 처음에는 피곤해 하는 것 가지고 세게 얘기하지 않았지만 속으로는 되게 많이 힘들었지. 만성피로라고 해서, 오랜 세월동안 힘들었었어...

정11: 맨날 피곤해하는 남편하고 살려면 많이 답답했겠어. 남편에게 짜증나는 거 얘기해봐!

쨈24: 직장에서 힘들면 힘들다고, 하기 싫으면 하기 싫다고 얘기를 하지 왜 말을 못하고 와서 힘들다고 내게 얘기하고, 그걸 내가 듣는데, 들어주면서도 짜증이나 되게. 남편에게 짜증 난다고 얘기를 하지만 이게 반복되고 있으니까 짜증난다고 다 말 못해.

정12: 말 못하는 남편이 답답했겠어. 너도 남편 얘기를 잘 들어주지는 않았구나. 남편이 직장에서 뭘 말 했는가를 말해봐.

쨈25: 여직원이 너무한다고 내게 얘기를 하지. 속으로 참고 있다고 그 내용까진 생각이 안 나. 내가 봤을 때는 그 여직원이 너무한 것 같은데 오빠도 그렇게 생각하고 근데 그걸 직접 그 여직원에게 말 못하고 내게 힘들다고 얘기 하는 게 내가 듣고 있으면 짜증이 나.

정13: 역할극 해보자. 이 역할극의 목적은 평소에 쨈의 대화 패턴을 보기 위해서야. 티나가 쨈의 남편역할을 해 줘.

<역할극1.>

티나4: 그 여직원한테 상처 받은 건 어떡해? 근데 이런 말을 어디서 하냐? 너한테 하지.

쨈26: 그렇지, 근데 나는 네가 그렇게 참고만 있는 것이 너무 약해 보여 화가 나.

티나5: 맨날 너무 짜증난다고 화난다고만 하니까 니 앞에 있으면 내 자신이 작아져.

쨈27: 나는 짜증이 나는 걸 어떡해. 그 여직원에게 직접 '상처받았다'고 얘기해봐.

티나6: 아 몰라! 난 그런 얘기 못해.

쨈28: 답답해!

티나7: 나도 내 자신이 답답해!

<역할극1. 종료>

쨈29: 이러면 끝난 거야.

정14: 끝난 거야? 쨈은 감정표현은 잘 했지만 밑에 있는 여직원에게 자기주장을 못하는 남편의 심정에 공감을 안 하고 있어. 쨈을 보고 긴장하고 위축되는 남편이 자신감을 가지려면 쨈의 공감이 필요하잖아.

티나8: 대화의 패턴이 이런 식이야?

쨈30: 나는 짜증을 좀 세게 내기도 하고.

정15: 굉장히 답답하겠다.

단계9: 원래 △△에 있었는데 ○○으로 갔잖아 그럼 굉장히 멀어지는 거거든. 남편이 순순히 보내줬어? 사실은 그냥 안 간다면 안갈 수 있는 상황인데.

쨈31: 아니, 가지 말라 그랬지... 근데 가고 싶어서 내가 그냥 가고 싶어서 갔어.

<역할극2.>

쨈32 : 직장을 ○○으로... 옮기고 싶다...

티나9: 응? 어디로?

쨈33: ○○ 쪽으로.

티나10: 경기도에서 △△보다 더 멀어지는 거야? 이제 얼굴보기 더 어려워지겠네. 넌 나를 남편으로 생각하는 거야?

쨈34: 그래도 가고 싶어.

티나11: 나는 뭐냐고...

(정: 왜 너도 그걸 표현 안 해? 왜 ○○으로 가고 싶은지. 니 꼴배기 싫어서 간다든가 쨈이 그 이유를 설명 안하네!)

쨈35: 새로운데 가서 재미있게 살고 싶어. 꼴 보기 싫은 게 아니고.

티나12: 이쪽으로 더 가까이 올수는 없나? 더 멀어지지 말고 경기도나 수원 쪽으로.

쨈36: 좀 어려운데 내가 ※※도에 많이 적응을 했고 경기도 쪽으로 가고 싶지 않아.

<역할극2. 종료>

정16: 쨈, 네가 남편한테 말하는 것이 답답하다. 네 속마음... 남편과 같이 있기 싫은 네 마음을 솔직하게 표현하지 않잖아. 되게 조심조심 말 하는 것 같아. 그리고 남편의 서운해하는 마음에 대한 공감도 필요해. 쨈26에서도 공감 안 하고 쨈34에서 공감 안 했어. 넌 공감을 안 하고 짜증난다는 말만 잘 하나봐.

쨈37: 긴장한다고 하니까, 조심스러운 마음이 있어. 내가 지적질 많이 해서... 긴장이 된대.

티나13: 그건 당연한 거 아닌가? 계속 지적하고 그러면 긴장이 되지.

정17: 지적하는 내용이 청소해라 말고 또 뭐야?

쨈38: 집이 너무 지저분한 거. 얘기하면 화가 나는 게 많아 같이 있으면 답답하고.

정18: 그러니까 화가 나는걸 몇 가지 말해봐... 구체적인 것을 말 안하니까 답답하고 졸릴라한다.

실천1: 진짜 재미없게 사는구나. 난 놀랐어 의외야. 쨈이 다른 피드백 할 때 통통 튄다고 생각했는데, 자기 집 얘기하는 것은 너~무 진짜 차분~ 해가지고 싸우는 것인지 불만을 표하는 것인지 알 수가 없어서 답답해.

정19: 대화도 그래 너~무 조심해서 말 하니까 답답해.

쨈39: 상처가 된다니까 그런거지.

정20: 구체적인 사례를 말해봐. 상처 원인이 니한테 있는지 남편한테 있는지 확인 해보게.

단계10: 확인...나한테 하듯이 해봐.

정21: 그래, 단계한테 하듯이.

쨈40: 말이 많고 그러면 조율이라도 하는데 말도 많지도 않고...그리고 내가 원하는 걸 다 해주거든. ○○으로 간다고 했잖아. 몇 번은 가지 말라고 안가면 안 되나 이러다가 나중에는 '그래 니가 원하는 거 다 해줄게, 니 맘대로 해'라고 해.

구들장2: 진짜 좋겠다 (일동 웃음) 복에 겨웠어! 복에 겨워가지고... 쨈은 매년 인도를 한 달씩 갔다 오고.

쨈41: 인도를 한 달씩 가도 '니가 가고 싶으면 다 가라'고. 남편이 돈도 다 대준다고.

단계11: 아이~ 멋있다니까!

사랑5: 그래도 짜증난다고?

(다들 웃음 하하하~~~~~)

사랑6: 이해가 안 간다 왜 짜증이 나? 진짜 이해가 안가.

쨈42: 너무 저기가 없잖아. 너 없으면 못산다던지 난 너 절대 못 보낸다고 붙잡지 않잖아.

티나14 : 아우 막 짜증나! 너무 액티비티 한 걸 바라는 거 아니야?

사랑7: 막 집착하기 바라고...

쨈43: 또 화나는 건, 우리 친정집에 가면 말이 없어. 그냥 밥 주면 먹고 조용히 TV보다 와. 우리 아빠가 말 많으니까 말 시키고 술도 막 먹으라고 하면 그게 스트레스래. 처가 집에 안 갈라해. 명절 때 외에는 안가고 우리가 주말부부란 말이야. 수원은 인천 친정이랑 가까워. 우리엄마가 김치 가지러 와라 반찬 준다고 오라해도 한 번도 안 갔어.

티나15: 처갓집은 왜 안가지?

※ 티나15에서 그런게 화나겠다는 공감이 필요함.

쨈44: 그런 게 화가 나고 두 번째, 내가 짜증내고 이러는 거를 보면서 긴장된다고 하는 게 짜증나.

단계12: 감정표현 안 하는 게 쨈은 짜증나구만.

※ 단계12에서 답답하겠다는 공감이 필요.

쨈45: 그리고 너무 옷에 신경을 안 써. 옷을 깔끔하게 예쁘게 양복도 입고 다니고 그러면 좋겠는데 옷도 안 사. 내가 사다주는 거 외에는 안 사 그게 짜증이나~ 나는. 똑바로 자기관리 하면서 자기가 깔끔하게 하고 다니지 대충 입고 다니고 막 그니까 그게 짜증나. 똑바로 제대로 입고 다니지. 양복 입는 거 싫어하고 난 양복 입는 거 좋아하거든. 그게 세 번째 짜증나고 네 번째 키가 조그만한게 짜증나!

(다들 웃음 하하하~~~~~)

쨈46: 아니 정말 솔직한 마음이야. 근데 결혼 할 때는 정말 그런 게 잘 안보였는데 결혼하니까 너무 쪼그만 거야 사람이...남자가 덩치도 있고 키도 크고 그랬으면 좋겠는데,

티나16 : 너보다 더 작아?

쨈47: 아니, 그건 아닌데 또~ 짜증나는 게... 요즘은 피곤해 하지 않는데도... 일찍 자는 거.

정22: 한 아홉시에 자나?

쨈48: 아니 그건 아닌데, 그리고 술을 많이 안 먹어.

들꽃1: 아주 건전한데,

티나17: 얘는 아주 건전한 게 싫은 거야. 남편이 막 바람피우고 나쁜 남자를 원하는 거지!

쨈49: 사람들 만나는 걸 좋아하고... 티나처럼 막 이렇게 존재감이 크고 이랬으면 좋겠어. 이런 모임 같은데 가면 말이 없고 사람이 딱 활발해 보이질 않아. 그냥 조용해. 그게 짜증나!

사랑8: 쨈은 남편이 다 싫은 것 같아. 그 이유가 성생활이 잘 안 맞아서? 그러면 다 싫을 수 있거든.

단계13: 이혼할 마음은 없어?

쨈50: 응, 지금은 없어.

정23: 지금 이혼 얘기를 하면 안 되고, 서로 대화를 해 봐야지. 네가 부족하다 생각하는 남편의 면들에 대해서.

들꽃2: 지금 남편에 대해 싫은 것들에 대해서 얘기해.

쨈51: 내가 가장 힘들었던 거는 내가 화가 났을 때 남편이 전혀 말 안하고, 그게 너무 힘들더라고.

yes1: 쨈 얘기들 듣고, 쨈이 좀 서운할 수도 있는데... 쨈이 부부생활을 너무 열심히 살지 않아서 답답함이 느껴져. 일만 열심히 하는 게 아니고 부부생활도 열심히 해야 해. 난 어떤 집단에서 여자가 혼자서 1년에 한 번씩 지리산 종주한다고 했는데 남편이 암말 안 한다 그러는데, 난 그런 거 정말 이해가 안 갔거든. 어떻게 여자 혼자서, 남편있는 여자가 혼자 지리산 다니는데 답답하게 지켜볼 남편이 있을까 이런 생각을 했었는데, 한 달동안 인도를 다닌다 하니까... 정말 이건 둘 다 외로움, 그게 싫으니까 그냥 같이 붙어있는 거 같은 생각이 들어. 한 달 동안 떨어져서 행복할 수 있다면 행복한 데 가서 살아야지 둘 다 치열하게 싸우고 지지고 볶고 싸워야지 사이가 좋아지던지 화끈하게 이혼도 할 수 있다 생각해.

사랑9: 나는 yes말이 공감이 안 가. 아니 서로 존중을 해서 사랑하면 항상 꼭 붙어 있어야 하는 게 아니잖아. 자기만의 시간을 갖고, 붙어 있을 때는 붙어 있고.

yes2: 근데 얘네는 주말 부부잖아!

사랑10: 그래도... ○○는 쨈이 가고 싶어 하는 직장이 있는 곳이잖아. 성취 하고 싶어 하는 그런 부분의 일이니까.

yes3: 물론 사랑이 그 말하는데 나도 그럴 수 있다고 생각은 들어. 근데 내가 포인트를 둔 것은 주말 부부잖아. 주말부부고 뭐 여건이 안 되면 2주일에 1번 얼굴 보는데 그나마 방학 때 한 달씩 가버리잖아. 그럼 생각하면 이거는 뭐 매일 학교에서 보는 남자 동료가 남편보다 더 자주 보는 거지.

정24: 나도 yes말에 동의해. 지금 부부간에 위기이고 쨈이 교사이니까 이번 방학에 남편과 같이 있는 것이 필요해. 인도 말고 어디 집단상담에 부부가 같이 가는 게 더 필요 할 것 같애. 쨈 부부는 방학아니면 같이 있을 시간이 없구만.

사랑11: 그것도 괜찮겠다.

정25: 방학을 같이 지내면서 서로의 문제점에 대해 대화도 하고 상담도 받고 해야지.

단계14: 남편하고 같이 가는 건 괜찮아?

쨈52: 같이 가기도 해. 집단이나 명상이나 주말에 그런 일이 있는데. 글쎄 yes 얘기 들으니까 깨달아지는 게 있어.

티나18: 나도 yes나 정의 얘기에 동의해.

정26: 말없는 남편과 사는 게 많이 답답하겠어. 네 남편이 표현을 못하는 건 대인관계에 대한 자존감이 낮아서 그러잖아. 집단도 다녔는데 네가 만족할 만한 변화가 없다고 넌 포기한 것 같아. 그래서 짜증만 내고 있어. 넌 남편에게 정말 짜증을 많이 내는 것 같아. 그래서 계속 남편의 기를 죽이고 있다고. 남편을 다른 집단에도 보내고 너랑 같이 집단 상담에 가는 것도 꼭 해야 해. 그 동안 너도 지쳤을 것 같긴 해. 그래도 좀 더 애정을 가지고 노력해야 할 것 같아. 또 네가 상담자이기 때문에 집단상담에 같이 가고, 이렇게 부부 문제를 풀어보는 건 너의 가정을 위해서 너의 상담자로서의 성장을 위해서도 꼭 필요할 것 같애.

쨈53: 나 때문이라니까 내 마음이 쫄아드네. 우리가 9월에 업무분장을 새로 했는데... A선생이 내게 업무 분장이 부당하다고 얘기를 하면서 '선생님은 미리 원장이랑 짜고 결정 해놓은 게 아니냐?' 이거를 다 있는데서 얘기를 했어. 내가 너무 화나가지고 이거 뭔 소리냐고 지금 원장님이랑 3자대면 하자고 내가 그랬어. 그러구서 나가서 둘이서 얘기를 했지. 사람들 앞에서 그딴 식으로 얘기하는 게 어딨냐고 그랬더니, 그 사람이 '왜 그렇게 버럭버럭 화를 내면서 얘기하는 거야? 항상'... 나는 왜 사람들 있는데서 오해 하게끔 얘기 하냐 이거 였는데, 그 사람은 계속 왜 그렇게 화를 내면서 얘기 하냐? 부드럽게 얘기하면 안 되냐? 그리고 당신이 그렇게 화를 내면 내가 말을 못하겠다. 그리고 당신하고는 소통이 안 된다고 A가 내게 말을 한 거야. 이런 장면이 몇 번 있었어. 상대방의 초점은 왜 화를 내면서 이야기 하냐? 부드럽게 얘기를 하지! 화를 내면 나는 말이 안 나온다 이거였어.

티나19: 신랑이랑 같은 얘기네.

쨈54: 응, 근데 내가 화난 거 좀 봐 달라고, 내가 왜 소리치면서 화를 내는지 내 맘을 모르겠냐고. 왜 사람들 앞에서 오해를 사게끔 그렇게 얘기를 하냐고? 원장님과 내가 사전에 업무 조율했다는 게 확실한 거냐고? 했더니 추측한 거래.

티나20: 추측?

정27: 기분 나빴겠다!

쨈55: 너무 화가 났어. 정말... 끌고 원장님 집까지 갔었어. 가서 삼자대면 한다고. 원장님 앞에서 막 뭐라 했어. 나는 너무 화가 났어. 그 발단은 저 구들장 이었는데, 다른 팀장이 구들장을 데리고 가고 싶은 거야. 자기 팀으로... 근데 구들장이 우리 팀으로 왔고 내가 막았지. 안 된다, 얘는 우리 팀이다. 근데 A는 얘를 데리고 가고 싶은 거야. 그리고 안 된다 하고 결론이

지어졌어. 근데 A는 집에 가서 생각해 보니 안 되겠다는 거야. 얘를 데리고 가야지 지가 편하겠는 거야. 그래서 구들장을 데려가려고 구들장 하고 둘이 따로 얘기 하길래 내가 지금 뭐하는 거냐고. 왜 또 같이 얘기 하냐 나랑 얘기 끝난 거 아니냐, 나한테 얘기를 해야지 왜 얘를 불러다가 얘기를 하냐고 그러니까 나랑은 얘기가 안 된다는 거야. 나랑 얘기하면 소통이 안 되고, 말이 아예 안 통한다고.

정28: 구들장 인기 좋다!

티나21: 쨈 진짜 화 많이 났겠다.

쨈56: 너무 화났어!

단계15 : 팀원을 빼갈라고 작업하면 진짜 화나지.

쨈57: 구들장을 자꾸 데려가려고 해서 화를 버럭 냈더니 A는 그게 싫은 거야. 버럭 하는 게. 아~ 알았어 A가 내가 안할게 이러고 끝냈어. 근데 A는 집에 가서 생각해보니 그게 아니었던 거야 그게.

정29: 구들장이 뭔 일 하는데?

구들장3: 몰라. 시켜먹을라고 그러는 거지 뭐.

yes4: 웬지 느낌이 되게 잘 할 것 같아.

쨈58: 그런 게 너무 답답한 거야. 내가 하는 얘기가 지금 뭔지 그걸 이해하려고 안 하고 내가 화만 내니까 나와 말을 못한다는 거야. '내가 왜 화가 났는지' 그걸 보라고 했지. 우리 남편도 '왜 버럭버럭 화를 내면서 얘기 하냐' 부드럽게 얘기하라는 거야. 화가 나면 남편은 얘기 안하고 이 팀장도 내가 화를 내면 자기는 말이 안 나온대. 대부분 사람들은 내게 '왜 화를 내면서 얘기 하냐고' 이런 얘기를 내게 많이 했어. 사람들은 왜 화를 내면서 얘기 하냐는 거야 부드럽게 얘기하지. 그 얘기를 내가 들었거든. 그러면 얘기하고 싶지 않아 나도.

티나22: 진짜로 화가 났어?

쨈59: 화가 났어! 우리 직원들끼리 집단을 했어. 거기서도 내게 '왜 화를 내면서 얘기를 하는 거야?' 내게 그러는 거야.

정33: 화가 많이 난다는 그런 소리를 자주 들으니까 너도 속이 많이 상하겠어.

단계는 쨈이 화내는 거 봤어?

단계16 : 나랑 있을 때는 나하고 많이 싸웠지.

정31: 둘이 막상 막하야?

단계17: 어, 내게 눈도 똑바로 뜨고 말도 쎄게 하지.

정32: 무서워?

단계18: 어, 무서울 땐 무섭지.

쨈60: 또 하나 걸리는 게, 내가 과장님한테도 너무 화가 났는데... 근데 이 사람들은 내가 화를 내서 그게 싫어서 그랬는지, 그냥 어~ 알겠다고 하고 마치더라고. 그래서 과장님은 화가 안 난 줄 알았는데 알고 보니 뒤에서 소문이 쫙 난거야. 애가 과장한테 대들었다 이렇게, 나중에 들어보니까 이렇게 된거야. 되게 상처를 받았어... 나는 너무 과장이 부당하다고 생각이든 거야. 그게 진짜 화가 난거야. 자기가 한건 생각 안 하고 내가 와 가지고 화낸 것만 사람들이 보는 것 같아.

정33: 쨈은 정말 화를 많이 내나 봐. 집에서도 그렇고 회사에서도 그렇고, 근데 넌 화나는 책임이 상대의 답답한 행동이라고 생각하고 있어. 화가 많이 날 때 그 감정의 책임은 자기 자신이잖아. 넌 화나는 정도를 줄여야 한다는 것을 생각 안하고 있어. 짜증내고 나서 남편에게 내가 조금 답답해야 하는데 '이렇게 짜증 많이 내서 자기가 많이 속상하겠다, 그리고 미안하다'고 사과해야 해. 짜증 낼 때마다 화나 짜증이 올라 올 땐 '아~ 나의 강요성이 나오고 있네, 하고 너의 강요성을 봐야해.

— 9회기 —

쨈2

(휴식 후 다시 쨈 이야기 시작함)

쨈1: 제일 답답한게 그런거 같아. 갈등상황에서 남편이 너무 가만히만 있어. 그 집안이 그래. 아버님도 그래.

정1: 술을 먹는 것도 분노나 무기력의 증상이잖아. 근데 말을 못하는 것도 낮은 자존감의 증상이라고. 그 사람이 왜 자존감이 낮을까? 그 원인을 뭐라고 생각해?

쨈2: 원인은 엄마와의 관계에서 엄마가 강박증이 있었대. 그래서 정말 쉬운 예로 젓가락도 똑바로 안 놓으면 막 뭐라 그랬대. 그래서 남편도 강박이 높아 보여.

정2: 그래 강박성이 높으니 자존감이 낮아지고 그래서 남편이 표현을 잘 못하지.

쨈3: 뭘 해야 한다 꼭 이렇게 해야 된다 이런 자기 기준이 있는데 남편은 자기 기준에 못 미치니까 우울해 해.

정3: 그래 강박성이 있으면 자기를 비난하고 계속 자기를 쪼잖아. 그래서 자존 감이 올라갈 수가 없어. 자존감이 낮으면 낮을수록 자꾸 눈치를 봐. 집에 서 네 눈치를 많이 보는 거지.

단계1: 긴장되고 위축되고.

쨈4: 남편은 내가 눈치 보인데.

단계2: 내가 쨈의 친오빠라고 생각하고 쨈에게 얘기 해 볼께! '야! 너 지금 이 게 결혼생활이냐? 빨리 정리하고 좋은 사람 만나든, 아니면 부부관계 개선을 위해서 뭘 좀 해라'라고 할 것 같아. 안타까워. 갈등이 꽤 오래갔고 앞으로도 이렇게 갈 것 같은 게 걱정돼.

정4: 쨈 강요성은 몇 점 이었어?

쨈5: 높았어.

정5: 넌 강박은 안 높고... 강요성이 문제야. 집단원들이 너에게 말을 부드럽게 하라고 했는 데, 화가 났는데 부드럽게 말하는 것은 사실 불가능해. 니가 남편과 대화를 할 때 목표는 말을 부드럽게 하는 것이 아니야. 네가 강요성이 높기 때문에 화가 많이 나. 강요성이 높으면 내 생각이나 내 욕구, 감정대로 따르라고 밀어붙이는 거지. 말 안 들으면 가만두지 않겠다고 말하고.

쨈6: 나 그런 마음이 많아. 내 말대로 했으면 좋겠어. 직장에서도.

정6: 강요성이 센 사람은 '너 내 말대로 안할래? 어 안 해?' 이렇게 말하는 거지!

쨈7: 근데 그렇게 말 못하니까 속에서는 화가 많이 나는 거지. 겉에서는 웃으면서 좋게 좋게 얘기를 하려고해.

정7: 감정을 참기도 힘들겠어.

쨈8: 그렇다고 어떻게 다 화를 내? 직장인데

정8: 직장에서는 짜증난다고 말하지 말고, 감정단어를 좀 낮은 것으로 말해. 서운하다, 아쉽다, 답답하다, 힘들다고 표현해. 요즘은 군대에서도 이런 정도의 감정표현은 해. 말할 상황이 아니라는 말은 안 통해. 3초도 강요성 끝내주잖아.

3초1: 하이고~ 나 그 말 나올 줄 알았어.

정9: 너에 대해 잘 알잖아.

쨈9: 강요성을 낮추는 것을 알려줘야지. 그럼 내가 화가 안 날거 아니야.

정10: 니네들은 말 꺼내자마자 방법을 알려달라고 하냐. 단계랑 똑같아.

단계3: 열심히 공부하려는 태도로 이해해줘~

정11: 내가 신이냐?

티나1: 신 아니었어?

(다들 웃음 하하하하~~~~~)

정12: 인간관계에서의 문제의 해결은 감정을 표현하는 것에서 시작해야해. 감정은 내 마음이기 때문에 내 마음을 상대에게 보여야지 상대도 내 마음을 알고 이해하게 되잖아. 강요성을 고치는 데는 먼저 I-message로 말하는 것이 중요해. 나-전달법으로 감정을 표현하지 않으면 자동적으로 You-message가 튀어나와. You-message는 다 강요적이고 명령투의 말이 되. 그래서 I-message로 얘기하는 것은 강요성을 줄이는데 매우 효과적인 방법이야.

계속 내 마음의 흐름을 지켜보는 것을 「주시」라고 하잖아. 내 마음에 '화가 얼마나 올라왔나? 이 화는 강요성인가 인정욕구인가? 지금의 이 화는 나의 강요성에서 올라오고 있구나'하고 보는 거지. 감정을 억압하고 있으면 이 감정이 어디서 오는지 모르고 지나가. 대부분 너 때문에 내가 화가 난다고 책임을 넘기고 지나가지. 쨈, 넌 짜증이 잘 나잖아. 짜증이 강요성에서 올라오고 있다는 것을 보고 이에 대응하는 합리적인 생각으로 대치해야 해. '넌 내말에 따라야 해'(must)라고 넌 요구하고 있어. 내가 must를 말 할 권리가 어디에 있는가? 이건 진짜 주제 넘는 짓이다. '네가 내 말을 따라주면 좋겠어!(want)'라고 난 '바램'을 말 할 권리밖에 없으니까.

단계4: 정 말처럼 must가 되지 말고 want가 되어야겠다. 이렇게 계속 2주에 한번씩 갈까 말까 하는 부부생활이 괜찮아?

쨈10: 워낙 주말 부부를 오래했고 해서.

정13: 쨈 남편이 너의 눈치를 보는 게 문제잖아. 네가 공감 잘해주면 남편은 자신감을 갖고 너의 눈치를 안 보게 되. 지난 장에서 역할극할 때 쨈이 공감을 한 번도 안 했어. 공감 안 한다고 피드백 했는데 쨈이 받아들이지도 않았어. 네가 2년간 남편의 상담자라고 생각을 해봐. 네가 공감적으로 되면 네 남편은 금방 변해. 넌 우선 화가 많이 나니까 공감이 안 되는 것 같아. 넌 남편에 대한 애정이 진짜 없어 보여.

쨈11: 공감이 안 되고 화가 나.

정14: 나도 예전에 짜증이 많이 났는데 그땐 공감이 거의 안 되더라고. 쨈은 계속 화난다고만 하지 공감해야겠다는 의지가 없어 보여서 아쉬워.

실천1: 화날 때 참으려고 하는 에너지가 훨씬 더 힘든 것 같아.

쨈12: 내가 화를 내는 상황들이 일방적으로 종종 있으니까 나도 답답하더라구. 상대방이 힘들다고 했을 때 내가 힘들게 하는 존재가 되는 게 나로서도 힘들거든.

정15: 좀 전에, 남편 사무실에 있는 여자 직원이 남편을 좀 힘들게 한다는 거 있잖아. 그걸로 역할극 해 봐. 쨈이 남편을 어떻게 대하는가 보려고.

\<역할극\>

※ 티나 쨈의 남편 역할

티나2: 아~ 나 여직원 때문에 힘들어! 미치겠어.

쨈13: 왜?

티나3: 업무지시를 했는데 사무실에서 카톡질이나 하고 일을 안 해. 그리고 왜 안 해 놨냐고 이틀 내에 끝내주라고, 그랬는데 되지도 않는 변명이나 해 쌌고. 일 처리가 안 되서 내가 올라가서 과장에게 깨지고 내려왔잖아. 걔 땜에 미치겠어.

쨈14: 그래서 뭐라고 했어 여직원한테?

티나4: 어떻게 얘기 하냐?

쨈15: 얘기도 안했어?

티나5: 그냥 다시 와서 빨리 이거 해줘, 그랬지.

쨈16: 억울하잖아.

티나6: 그래도 내가 뭐 어떻게 하겠어.

쨈17: 그래도 그 직원이 알아야지.

티나7: 그니까~

쨈18: 얘기를 해야 알지 얘기 안 하면 몰라.

(정16: 쨈, 너 감정 표현해)

쨈19: 아, 화가 나네 갑자기. 나는 답답해. 답답하네.

티나8: 답답해?

쨈20: 오빠가 답답하네.

티나9: 너는 내가 말만하면 답답하고 짜증난다고 하니까 내가 이런 말 너한테 못하겠어.

쨈21: 아니~ 여직원에게 얘기를 하면 되지, 얘기를 못하니까 답답하잖아. 오빠가 잘못한 것도 아니잖아

티나10: 그렇긴 한데.

쨈22: 얘기를 할 수 있는 거지. 얘기를 안 하고 힘들다고만 하니까 그것도 집에서 그니까 내가 답답하지.

티나11: 그래. 내가 참 답답하다.

(정17: 티나에게 - 너는 내가 이렇게 말 잘 못하지 알면서 맨날 말하라는 말만 하냐?)

티나12: 너는 내가 그런 말 못하는 줄 알잖아.

쨈23: 맨날 말 못하고 살 거야? 답답하고 힘들잖아. 그걸 들을 때 내가 듣고 위로를 해주고 싶으면서도 듣는 내가 너무 답답해.

티나13: 아~ 내 처지를 공감 좀 해주면 안 되나? 야~ 2주 만에 처음 봐가지고, 보자마자 그렇게 쪼고 그러니까...

쨈24: 얘기를 듣는데 화가 나잖아.

<역할극 종료>

티나14: 내가 원래 쨈 남편 성격이었거든.

정18: 쨈이 말 하라고 자꾸 강요를 하고 짜증도 잘 낸다. 공감도 계속 안 하네.

단계5: 그러게 강요를 많이 하긴 하네. '여직원한테 왜 말 못해!' 이렇게 나무라듯이.

실천2: 남편 이야기 들었을 때, '여직원이 말 안 들어서 오빠 되게 힘들겠다'라

고 공감 표현 없이 강요적으로 밀어붙이니까 남편이 점점 주눅이 들 수도 있겠다 싶어서 아쉬웠어.

yes1: 남편 얘기 들으면서 "뭐 그런 애가 다 있어? 오빠 진짜 짜증나겠다." 이런 공감이 하나도 없어. 중간쯤에 공감을 하려나 생각을 했는데 계속 '이렇게 말을 해야지!' 라고 점점 더 짜증 섞인 목소리로 얘기를 하네.

티나15: 그렇지.

정19: 답답하겠다고 공감을 한번 하긴 했지만 공감이 많이 부족해서 아쉬워.

yes2: 보는 우리도 불안 불안해. 실제 장면이면 쨈이 남편에게 화를 더 낼 수도 있겠다는 생각이 들었어.

단계6: 쨈은 남편이 여자직원한테 얘기 못했다니까 그게 막 화가 나?

쨈25: 응, 상대방에게 맞추느라고 말도 못하는 남편이 또 저런 찌질한 모습을 갖고 있다는 거 자체가 화가 확 나는 거야.

티나16: 불이익에 대한 그런 게 아니고?

쨈26: 그게 아니라 남편의 모습이 너무 찌질해 보여.

정20: 실망스럽고 못마땅하겠어.

단계7: 상급자가 업무지시를 했는데 그걸 안하는 것은 혼을 내야지. 어떻게 얘기를 안 하고 지나가나.

※ 단계7: 답답하겠다는 공감이 필요함.

쨈27: 말을 잘 못하는 쌈닭을 보면서도 화가 막 났어.

단계8: 쌈닭한테도 화가 났어?

쨈28: 어, 그런 사람 보면 화가 나고 찌질해 보여 되게. 그래서 우리 남편을 볼 때 찌질해 보이는 거야. 근데 자기를 좋아하는 사람이 너무 많다는 거야.

단계9: 나도 형님을 좋아해.

정21: 쨈은 남편을 무시하는 마음이 보여.

쨈29: 찌질해 보이는 모습에 나는 화가 많이 나고 무시하는 맘도 있어.

단계10: 그렇게 하면 내가 남편이라도 주눅 들겠어.

정22: 나도 쨈하고 있으면 힘들 것 같애. 쨈이 직장에서는 어떻게 해?

쨈30: 하~참다가 폭발, 아까 상황에는 진짜 너무 화가 나서 소리를 너무 많이 질렀고 나머지 상황에서는 별로 화가 나진 않았어.

정23: 그 상황을 역할극 해 보자 티나가 다른 팀장 역할을 해 봐.

구들장1: 비슷하게 생겼어 (웃음~~)

티나17: 걔도 신랑 같은 성격?

쨈31: 아니, 걔는 더 심해. 완전 더 찌질 하고 아우~

티나18: 소리를 지를 때 톤이 어디까지 올라갔어?

쨈32: 막 소리 질렀어. 톤이 어디까진지는 몰라. 구들장을 데려가고 싶었던 거야. 지 팀에... 그래서 며칠 전에 나랑 한번 버럭 했단 말이야. 팀장이 알았대. 자기가 포기하겠대. 근데 그 다음날인가 구들장을 따로 부르더라고.

티나19: 그걸 봤어?

쨈33: 봤지. 나는 내 자리에 앉아 있는데 부르더라고. 둘이 얘기를 하더라고.

정24: 자, 역할극 시작 해봐!

쨈34: 직원들이 다 있어 옆에 다 있고 구들장이 상황을 대충 아니까.

<역할극 시작>

티나20: 구들장 쌤, 잠깐 얘기 좀 할까요?

구들장2: 왜요 ? 뭘?

티나21: 아니, 저번에 얘기 했던 거 있잖아 우리 팀 오는 거

구들장3: 그거 얘기다 끝난 걸로 들었는데

티나22: 그거 다시 한번 생각해주라고 했잖아.

구들장4: 난 이미 업무분장 다 끝난 걸로 들었는데.

티나23: 난 우리 팀으로 왔으면 좋겠어. 내가 여기 이 팀에서 하는 것보다 엄청 잘 해줄게.

쨈35: 지금 뭐 하시는 거예요?

티나24: 저번에 얘기 했던 거.

쨈36: 그거 저번에 나랑 얘기 끝났잖아!

티나25: 근데 어제 저녁에 다시 생각해보니까.

쨈37: 저번에 팀장님이 안하겠다고 얘기 했잖아요. 근데 왜 따로 불러가지고 얘기해요 부를 거면 날 부르던가.

티나26: 근데 어제 다시 생각해보니까.

쨈38: 그러면 나를 불러서 얘기를 해야지 며칠 전에 나랑 얘기 했으면서 왜 구들장을 불러서 얘기를 하냐구요!

(쨈: 이 사람이 주춤하고 막 그랬어)

티나27: 그래 그것도 맞는데...

쨈39: 그러니까, 그러면 나를 불러서 얘기를 하라구요. 이사람 불러서 말하지 말고. 며칠 전에 나랑 얘기 했잖아요. 생각이 바뀌었으면 나를 불러서 얘기를 해야지 왜 구들장을 갑자기 부르냐고요. 그럼 나랑 이 사람을 같이 불러서 얘기를 하던가.

티나28: 너무 그렇게 소리를 지르면서 얘기를 하니까...

쨈40: 지금 하는 행동이 화가 나게 하니까 내가 화가 나는 거 아니에요!

티나29: 이 사람하고 얘기를 들어보고 그 다음에 얘기를 하려 그랬지.

쨈41: 말이 안 통하네 진짜로! 얘기 끝냈잖아요, 그리고 구들장 쨈도 끝난 걸로 알고 있고.

티나30: 아, 우리 팀이 사람이 너무 없잖아. TO가 두 명이나 부족하고 그러니까. 이쪽은 한 명 남더만, 그니까 한명정도 와도 딱 맞네 딱 TO가 여기 오면은...

쨈42: 원장님이랑 삼자대면해 올라가서 똑바로 원장님 앞에서 그렇게 얘기해요.

티나31: 참 난 어이가 없는 게 왜 쨈네 팀은 한명이 많고 우리팀은 두 명이 적은지 혹시 원장이랑...

쨈43: 지금 뭐라고 했어요?

티나32: 나 말 아직 다 안 끝났는데... 원장님한테 사전에 얘기하고 그런 거 아닌가? 그런 의심이 들어.

쨈44: 지금 뭐라 그랬어요? 아니 의심이 들면 지금 당장 올라가서 삼자대면을 해. (쨈: 혼자 올라가겠다고 하더라고요)

티나33: 그러면 있어봐 내가 가서 먼저 얘기하고.

— — — — — — — — — — — — — — — — — 생 략 — — — — — — — — — — — — — — —

<역할극 종료>

단계11: 남편도 말 못한다잖아.

정25: 다들 피드백 해봐.

사랑1: 나는 느낌이 쎄한 게 남자친구가 쨈처럼 이런 식이었어. 버럭 화를 잘 내 내가 '그렇게 화를 낼 일이야?' 왜 그렇게 화를 내? 그러면, 넌 내가 화내는 이유를 봐야지, 내가 화내는 건 "니가 말을 안 들으니까 화난 거잖아" 이렇게 말해. 쨈이 하는 말이 내 남친이 내게 하는 말이나 비슷해.

정26: 그래서 사랑의 느낌이 뭔데?

사랑2: 느낌이 뭐지? 의외의 면을 봤나? 아님 내가 이상한건가?

정27: 그래서 느낌이?

사랑3: 그 느낌을 잘 모르겠어 답답한 것도 아니고...

구들장5: 혼란스러워?

사랑4: 음 그건 아니고. 쨈이 남편에 대해서 이야기를 했잖아 쨈의 남편에게서 내 모습을 보면서 나도 쨈 남편처럼 너무 수동적이었다는 생각이 들었어.

실천3: 나는 쨈이 막 몰아붙이는 게 시원하던데 (웃음~~) 아주 딱 논조를 잃지 않고 하는 그 모습은 시원하게 보이면서도 내가 왜 화를 내는지에 대해 생각하라고 너무 밀어붙이는 강요적인 태도는 아쉽고 답답하긴 하지. 근데 너의 그 당찬 모습에 대해서는 나는 시원하게 보였어.

사랑5: 쨈이 좀 무섭기도 했어. 상대방 말을 전혀 안 들어... 말을 다 잘라버리고 안 들어 버리니까. 상대방도 진짜 답답하고 보는 나도 너무 자기말만 막 계속 해버리니까. 내가 상대방이면 답답하고 짜증날 것 같아. 나도 뭔가 말을 하고 싶은데 계속 자르니까.

쌈닭1: 나는 쨈의 모습을 보면서 위축된 느낌을 들었어.

정28: 그래서 위축이 되고 저렇게 말하는 쨈에 대해서 감정은?

쌈닭2: 무서웠어.

정29: 너는 애기도 아니면서 쨈 정도에 무섭다고 하냐?

쌈닭3: 남편하고 모습이 비슷해.

(다들 웃음 하하하하~~~~~)

쌈닭4: 비슷한 것 같아. 남편의 몰아붙이는 부분이... 갑자기 딱 위축되네!

사랑6: 난 짜증나 왜 나는 말을 못하고 남친만 계속 말하는 거야?

쌈닭5: 짜증나기도 하겠어.

구들장6: 나는 상대방 팀장이 나를 불러서 나보고 잘못했다는 듯이 말 하는 상황에서 쨈이 '지금 뭐하는 거냐'고 화를 냈을 때 난 너무 좋았지. 정말 지원군 같고 화를 낼만할 때는 화를 내야 될 필요성이 있는 거 같아.

단계12: 나도 사실은 당당해 보였어. '팀장하려면 저렇게 하는 구나' 이렇게 당당하고 멋있어 보였어.

정30: 쨈은 되게 똑똑하고 말을 잘해. 근데 대부분 짜증을 내면서 말했어. 방금 했던 역할극에서는 I−message로 감정표현도 거의 안 하고 네 주장만 했어. 평소에도 이런 식으로 자주 말하겠지.

쌈닭6: 그 상황에 대해서는 네 말이 맞아. 근데 계속 너의 생각만을 강요적으로 이야기를 하니까.

들꽃1: 그러니까 팀장이 너랑 더 말하기 싫어지겠어.

정31: 싫어지기도 하고 너랑 말하기 힘들고 어렵다는 느낌이 들거야.

쨈45: 상대방도 그렇게 표현하더라고.

단계13: 그 말 듣고 어땠어?

쨈46: 아~ 진짜, 내가 그 말을 듣는데 아~ 너무 답답했어, 지금 내가 인정하기 싫은 게 내 요인만 있는 거냐고 그랬지. 싸우는 장면에서 이게 반복이 되는 것 같아.

사랑7: 쌤이 상대가 도망갈 구멍이 없이 계속 비난하는데 차라리 기분이 나쁘다 이렇게 말하는 게 좋겠어. '너가 그딴 식으로 하니까 그래'라고 비난하면 상대방은 도망갈 구멍이 없어.

정32: 쌤이 단계 같은 남자랑 살면은 치고 박고 지지고 볶고 맨날 싸우고 그러다가 어느 순간 강요성이 많이 줄어들게 되는데 지금 남편이 너무 말을 못하는 사람이고 너는 위에서 막 쪼아대고 이게 고착 된 것 같아. 갈수록 남편은 쪼그라드는 거지. 방금 너의 말투에서 좀 놀랬어. 니가 나-전달법을 안 쓴다는 사실... 나-전달법을 쓰면 강요적인 말투를 고치는데 도움이 많이 돼. 3초도 딸한테 강요적인 말 하지 말고 나-전달법으로 감정표현하면 딸과의 싸움을 많이 줄일 수 있어. 난 나-전달법으로 감정표현하려고 노력하는 것이 아주 좋은 수행법이라고 생각해.

3초2: 어~

쌈닭7: 이렇게 하라고 했잖아~ 왜 왜 왜! 안 해? 이렇게 말해 버리면... 정말 듣는 사람 다 들 힘들 것 같아.

〈쌤의 역할극 다시 실시-감정표현 연습을 위해서〉

쌤47: 팀장님이 나랑 얘기를 하지 구들장을 불러가지고 얘기해서 상당히 기분이 나빠요.

티나34: 아, 네? 아까도 얘기 했지만 쌤이 막 성질을 내시니까 말을 못 했는데 어제 밤에 가서 잠도 못 잤어요. 곰곰이 생각해보니까 거기는 한분이 남고 여기는 두 명이나 모자라고 알잖아요 우리 팀에 선생님들 다 초년생들인데 누굴 데리고 일을 하나요? 상담하는 사람이, 너무 한 거 아니야?

쌤48: 저는 팀장님이 너무한다는 생각이 들어서 화가 너무 많이 나요. 며칠 전에 분명 저하고 그 얘기를 마무리를 지은 건데 지금 갑자기 구들장을 불러서 이렇게 하시는 거는 저를 무시하는 거라고 느껴져요.

티나35: 무시하는 건 아니고 그러면 원장님한테 말씀 드려서 팀장만 바꿉시다

팀 놔두고.

쨈49: 그렇게 뻘 소리를 하시니까 제가 화나는 거예요.

<역할극 종료>

사랑8: 아까 같이 했던 거와 비교했을 때 어떤 느낌일까?

정33: 쨈이 훨씬 편하게 얘기하네. 무시한다고 느껴요는 감정이 아니야. '무시해서 속상해요'라고 말해야 감정표현이 되.

사랑9: 많이 참는 것 같아. 화가 너무 날 땐 감정억제가 필요한데 나－전달법으로 말하면서 감정억제가 되네.

쨈50: 이렇게도 말 할 수 있구나 이런 생각이 들고. 전달이 될까? 이런 의구심은 있어.

구들장7: 쨈이 화를 그렇게 많이 내는 것도 아니고 올 3월에 와서 지금까지 아까 얘기한 두 건이 다야. 근데 그냥 평소에 우리 이렇게 선생님 몇몇 같이 있을 때 '화가 난다 아~ 왜 이렇게 화가 나지?' 이렇게 말한 적은 되게 많거든. 평소에 화를 되게 많이 통제하고 있는 것 같아.

정34: 화가 자주 나나봐.

쨈51: 내가 주로 화나는 건 사람들이 일을 열심히 안하고 사무실에서 동영상을 보고 있을 때. 지나가면서 내가 뭘 보나 봤는데 인문학 특강을 듣더라고. 하~ 그게 나는 화가 나!

정35: 그런 거는 화나지.

쨈52: 화 나.

단계14: 스포츠 경기 보고 있고.

쌈닭8: 화나지. 해야 할 일 하지 않고 있으면.

쨈53: 일 할 생각조차 안 하고 동영상만 보고 있고 어떤 사람은 당구를 보고 있더라구. 우리가 입소한 학생들 합숙을 한단 말이야. 합숙소 휴게실에서 티비를 보고 앉아 있는 거야

티나36: 일과 중에...

쨈54: 밤 근무 시간에. 정말 미쳤나 이 사람들이 그런 생각이 들고, 그리고 직장에서 아줌마 수다처럼 하는 게 난 너무 싫거든. 말 많은 것도 그냥 그것도 화가나!

정36: 못마땅할 때가 많겠어.

사랑10: 너무 쨈의 틀이 강해서 답답해. 아줌마가 수다 떨고 말 할 수도 있지 않을까? 직장에서는 직장 말만 해야 하는 거야? 일 얘기만 해야 되는 거야?

정37: 나도 사랑얘기에 동의해.

yes3: 나도 사랑이랑 비슷한 느낌이야. 틀이 너무 강하다는 생각이 들어 화도 많이 나는데 감정을 평소에 너무 참으니까 한번씩... 걸리면 기분 나쁘게 터지는 거지. 그게 편한 사람한테 많이 터지는데 아마 남편한테 여지없이 가지 않을까 싶어. 방금 역할놀이 할 때는 보는 것도 되게 편했어. 내 감정이 전달이 될까 의구심이 든다 했잖아. 근데 그건 상대방의 몫으로 둬야 한다고 생각해. 그냥 내가 불만이 있다고 전달하는 거지. 그 사람이 끝까지 쨈 말을 거부하고 딴 짓을 할 수 있어. 쨈은 끝까지 반드시 싸움을 통해서 내 뜻으로 관철시켜야 한다는 의지가 너무 강해. 그래서 나는 쨈에게 되게 답답한 느낌이 들어. 이야기 시작할 때 사는 게 너무 재미없다고 하는 게 공감이 갔어. 남편에게 너무 화나는 게 많잖아. 화가 많이 나면 사는게 재미가 없어.

단계15: 화가 정말 많네. 원래부터 많았어?

yes4: 원래부터 많은 사람은 없어.

정38: 단계는 공감 좀 해봐 너는 질문만 하냐? 답답해.

쨈55: 난 틀에 맞춰진 공무원식 그런 거 너무 싫거든. 틀에 박히고 구태의연하게 하는 거 있잖아. 똑같이 계속 일하는게 너무 싫어. 그냥 옆에서 그런 모습을 보면 화가 나.

3초3: 꼭 날 보는 거 같아.

정39: 너의 강요성?

3초4: 반성했어. 나도 저러나?

쌈닭9: 내 남편도 이렇게 자기 틀이 있어서 그대로 안 되면 굉장히 짜증과 분노와 화가 나오거든. 그러면 그걸 누르고 있다가 약한 상대한테 가더라고. 나 아니면 자식이지... 그니까 난 막 짜증이 나는 거야. 남편에게 화가 나는 거지.

단계16: 빨리 승진을 해가지고 원장 되면 풀어 질 거야. 어디 출장가고 시키고 그러면 괜찮아 질 거야.

티나37: 원장 되면 밑에 애들 죽겠네.

(다들 웃음 하하하~~~~~~~~)

단계17: 쩜이랑 몇 년 같이 일해 봤는데 되게 창의적이고 도전적이고 혁신하고자 하는 마음이 강하더라고. 그런 부분은 훌륭해 보여.

사랑11: 근데 쩜이 이해가 가는게 본인이 그렇게 잘하니까 다른 사람이 못 하면 불만일 것 같아.

단계18: 다른 사람이 성장하는거에 대해 굉장히 지지해주고. 반면에 성장하지 않으려는 사람에게는 굉장히 화가 나고...

구들장8: 어~ 맞다 그거다.

티나38: 신랑도 한심해 보이고.

쩜56: 찌질해 보이고.

사랑12: 그래, 자기 자신을 들여다보고 공부해야 하잖아. 내 남친도 그런걸 안해. 그런걸 안하고 맨날 술먹고 놀고 그러는 것 같아 한심하고. 왜 자기를 안보고, 좀 더 나아지려고 안하고 그냥 계속 그날이 그날 같고, 발전하려고 안하지? 답답해. 나한테도 강요가 있어.

단계19: 그러면 남자친구도 좀 힘들겠다.

※ 단계19: "변화하려고 하지 않는 남친을 보면 한심하겠어" 라고 공감이 필요함.

사랑13: 그럴 수 있지. 왜 그렇게 맨날 술만 마시고 발전이 없는 것 같이 살지? 그런 생각들어.

정40: 네 남친은 발전이 안 될 것 같은데. 그걸 기대하는 네가 답답해.

yes5: 예전에 나는 기어이 꼭 지금 해버리겠다는 사람이었는데... 애들 뭐 잘 못하면 여유를 갖지 않고 바로 끝까지 쥐어짜버렸거든. 요즘은 '그래, 오늘 안 되면 내일 되겠지 뭐'하고 기다리기도 해.

yes6: 딸이 석사 논문을 안 쓰고 계속 개기고 있어. 교수한테 한 번 퇴짜 맞으면 애는 한 세 달을 쉬어. 난 너무 화가나. 딸을 지켜보는 게 화가 많이 나. 예전 같았으면 '너 제정신이야? TV 볼 때야?' 이러면서 잡아버리는데. 요즘은 강요하지 않고 자꾸 기다려 보려고 해.

정41: 쨈과 남편 관계에서 많이 아쉬운 점은 쨈이 남편에 대해 애정이 너무 없다는 점이야. 남편이 찌질하다고 하는데 표현 못하는 것은 이런 소통을 다루는 집단을 몇 번하면 금방 고쳐져. 애정이 없으니 공감도 안하고 짜증만 내고. 많이 아쉬워. 몇 번 말했는데 쨈이 받아들이지를 않네. 집단상담도 서로 따로 가는데 부부가 같이 다녀야지 효과가 있지.

정42: 감정이 올라오면 이 감정이 어디서 올라오는 지를 읽어야 해. 짜증나고 못마땅하고 답답할 때는 주로 강요성과 관계가 되. 기분이 나쁘거나 불쾌할 때는 인정욕구와 관계 되. 답답함, 불만, 한심하고 바보같고 무시하는 마음은 주로 강박성과 관계 되. 감정이 올라올때는 이들 중 어디에서 감정이 올라오는지를 봐야 해.

단계20: 강요, 의존, 인정, 강박

티나39: 난 인정욕구가 좀 많은 거 같아.

쨈57: 난 다 있어.

티나40: 강요성도 좀 있고. 강박성은 좀 줄었는데.

yes7: 티나는 ○○ 싫어하는 거 보면 강요성이 엄청 있어.

정43: 그래. 이상적인 감정 상태는, 약간씩 불만, 약간 답답, 약간 화가 나는 거야. 어떤 상황에 처하더라도. 약간 정도 화가 나는, 부정적인 감정이 약간 올라갔다가 사라지게, 바람이 없을 때 바다의 물결이 약간 찰랑찰랑 한 것처럼 우리의 부정적인 감정이 잔 물결과 같은 상태로 유지되면 행복해져. 그러면은 항상 평정한 기쁜 마음의 상태로 살 수 있어. 그것이 나는 성숙한 상태라고 생각을 해. 강요성을 낮추기 위해서는 있는 그대로를 보는 것이 필요해. 저 사람은 성격이 저러니까 저런 생각을 하고 살아. 사람의 마음이 ○ □ △ ×로 각각 다른데 △인 마음을 가지고 있으면 날카롭고 삐딱한 생각을 해. 그래서 '저 사람은 마음이 △여서 △같은 말을 하게 되는구나' 라고 생각하는 거지.

쨈58: 나도 있는 모습 그대로를 보고 싶거든 사람을 볼 때... 그럼 그 사람의 모습을 보고 저 사람 저렇구나하고 생각 할 텐데.

정44: 그리고 짜증이 올라온다는 것은 내 뜻대로 밀어부치는 것이지. 마음 상태가 □인 사람을 ○로 바꾸려고 하는데 말을 안 들으면 짜증이 나. '□인 사람은 □로 행동하게 되지' 이런 마음을 갖는 것이 우선 필요해. 우리는 사람을 변화시키려고 하지 말아야해. □를 그냥 □로 보는, 있는 그대로를 보려는 마음이 성숙한 마음이지. 있는 그대로 보려하면 "성격이 △니까 마음이 날카로워지고 짜증이 잘 나겠구나"하고 공감으로 이어진다.
있는 그대로 보는 것이 어려우니까 우선 감정에 집중하는 것도 좋아. 내 뜻대로 안 돼서 짜증이 났잖아. 그러면 '짜증, 짜증, 짜증...' 이렇게 감정에 집중하는 거지.

사랑14: 짜증이란 단어에?

티나41: 거기에만 생각을 단순화 시키는 거지. 불만이 생기면 '짜식 그러면 안 되지' 이런 생각하지 말고 '불만, 불만, 불만' 이런 식으로 집중하란 말이지.

(16쪽 그림7. 참조)

정45: 티나 말처럼 감정에 집중하는 거야. 욕구가 좌절 되면 부정적인 감정이 생기고, 채워지면 긍정적인 감정이 생기잖아. 근데 채워지지 않은 욕구를 생각하고 있으면 화, 짜증 등 부정적인 감정이 자꾸 올라와. 그러니까 욕구를 생각하지 않도록 방향을 틀어야해. 좌절된 욕구를 생각하면, 후회되고 자책하고 화나고 불만스럽고 짜증이 올라온단 말이야. 내가 계속 부정적인 생각을 할 필요가 없잖아. 그래서 짜증, 화, 불만, 못마땅 등의 감정단어를 염불하듯이 계속 되뇌어 보는 거지.

단계21: 그 욕구로부터 좀 떨어지는 거지?

정46: 그렇지, 그런 것도 내 순간의 감정에서 빠져나오는 방법 중 하나야.

단계23: 화나 짜증 이런 감정들이 쨈에게 계속 있으면, 쨈도 기분이 나빠져서 도움이 안 될 것 같아 안타깝네.

정47: 감정과 욕구 그래프 왼쪽에 뭐라고 쓰여 있어? 밑에.

사랑15: want.

정48: want 의 마음으로 보는 것이 있는 그대로 보는 방법 중의 하나라고 생각해. '저 사람이 제대로 했으면 좋을 텐데' '했으면 좋을 텐데' '했으면 좋을 텐데' 이렇게 want를 되뇌이는 거야. want는 약한 욕구이고 must는 강한 욕구지. 마음에 강한 욕구가 가득 차 있으면 욕구가 좌절될 때마다 힘들잖아. want에 집중하고 있으면 must(강한 욕구) 가 마음에 밀려들어 오는 것을 막을 수 있어...

사랑16: 그래, 맞아.

정49: 자~ 좀 쉬자.

티나

티나1: 난 순종적이고 나긋나긋한 우리 와이프랑 결혼 잘 했다고 생각해.

단계1: 나도 결혼 잘 한 거는 같애.

쨈1: 근데, 와이프... 본인은 힘들어 하지 않아?

티나2: 우리 와이프 표현 잘 해.

yes1: 티나가 공감적으로 받아 주니까 표현 잘 하겠지.

티나3: 아내가 우리 아들 '잘 해'라고 막 지지해주고... 나한테도 '당신은 믿어' 이렇게 해주니까.

정1: 3초 남편도 공감 잘 해주지 않나?

yes2: 아우~ 저기는 공감 왕이지.

사랑1: 부럽다.

정2: 공감 왕이야?

3초1: 아니여~ 근데 한 번씩 버럭 해 '에이 니미 씨~'하고.

yes3: 오죽하면 공감 왕이 버럭 하겠냐~

사랑2: 계속 했는데도 안 통하니까 그러겠지.

3초2: 그렇지.

사랑3: 와~ 3초 되게 멋진 거 같아. 멋지다.

티나4: 이렇게 수용적인 모습으로 욕만 안하면 사람이 달라 보이잖아.

정3: 갈수록 욕이 줄어드는 것 같아. 욕이 너 생명이잖아 걱정되겠다.

3초3: 안 할 거야.

사랑4: 티나가 자기 와이프가 순종적이라고 그러잖아 여성스럽고 순종적이어서 티나가 뭐라고 하면 무조건 yes해 주는 거지?

티나5: 아니, 그런 건 아니야

정4: 좀 니가 잡는 거 아니야?

티나6: 엄청 많이 싸웠어, 이제 톱니바퀴 이빨이 잘 물려 가고 있어. 저녁에 반주로 술 좀 하는데 예전엔 초반에는 기분 좋게 술 먹다가 마무리는 항상 싸움으로 끝났어.

사랑5: 난 티나가 대게 권위적이라고 느꼈었거든 강요도 있지만. 와이프가 순종적인 게 좋아라고 말을 해서.

티나7: 성격이... 폐쇄적이고 염세적이고 비관적이야.

단계2: 본인이?

티나8: 응, 좀 남존여비적인 사상이 있고 이러이러해야 된다는 게 강해. 그리고... 난 잼이 무섭더라고.

정5: 요즘 너 집단에서 보면 공감을 잘 안 하더라. 지금 하는 이 집단에서도 공감이 별로 없이 충고 해결책 제시가 많아. ○○한테는 너무 싫은 태도를 보인다든가.

※ ○○: 화요 집단상담 집단원

티나9: 아~ 내 장이야? 이제부터는? 내가 다루고 싶었던 문제는 회피하는 것, 인간관계에서 무관심의 문제야!

단계3: 무관심?

티나10: 응, 무관심해버려, 그냥 짤라 버려. 내 기준에서 이건 아니다 싶으면 그냥 그림자 취급.

단계4: 무섭다!

티나11: 그래서 나도 가끔 아~ 이러면 안 되는데 라는 생각이 들어. 경우에 없는걸 보면 갑자기 버럭 하면서 머리끝에 피가 팍 치는 것 같고, 사무실에서도 두 명이 있는데, 하사야 걔는. 우리는 항공기 엔진 파트거든. 그러면 엔진을 항공기에서 떼어내서 리커버하고 장착해서 항공기 런업까지 컨디

션 체크까지 끝나면 비행을 하는데, 근데 내가 속해있는 팀의 선임 부사관이다 보니까 애들 교육훈련을 하는데 애들이 다른 반에 비해 너무 월등하게 떨어지는 거야. 그 문제점에 대해서 바로 밑에 선임에게 내가 교육을 시키는데 애들이 어디 가서 찌르고 요즘 그런 게 엄청 많아.

단계5: 그런 스타일이라고?

티나12: 응, 그런 일이 되게 많아. 바로 밑 선임들은 밑에 애들이 찌르고 이런 것들이 귀찮은 거야. 구설수에 오르기도 싫고, 아예 그럴 소지를 단절해 버리는 거지. 그래서 애들에게 잔소리를 안 해. 그래서 보다보다 못해서 하사 애들을 내가 지도해 주고 시험보고 어디서부터 어디까지 공부해와라고 시키고 조금 수준을 높이면 애들이 버겁다고 해. 틀린 문제 몇 번 씩 깜지 써 와라고 시켰더니, '내 사생활도 있고' 이러면서 대드는 거야. 그러면 숙제 내줄 때 '그 때 얘기했어야지' 니 자신이 답답하다고 생각이 안 드냐? 나도 이제 화가 올라오는 거지. 그 이후로 걔는 내게서 이제 아웃 됐지 그 다음에 또 한 애는...

정6: 아웃 됐다는 게 뭔 말이야?

쌈닭1: 관심 밖이라는 거지.

티나13: 아예 무관심.

정7: 그럼 그 애도 편하잖아. 군대에서는 그런 게 좋을 것 같애.

단계6: 근데 조직에서 제외되는 느낌.

정8: 일 안 시키고 좋지 않나?

티나14: 그게 좋을까? 사무실에서 책상 빼는 게 좋을까?

정9: 책상에 앉아있긴 하잖아. 그냥 계속해서 인터넷 보고 있으면 되지.

사랑6: (웃음)

티나15: 무리에서 열외가 되버리면 뭐 보고하러 오면 '알았다고 가라'고~ 아침마다 경례하면 쳐다보지도 않고. 이게 한 달 정도 되다보니 이상하겠지. 지들도 눈치를 엄청 봐. 내 기준에 벗어나버리면. 아웃이 돼. 관계를 하고 싶지가 않아.

단계7: 큰일 났다, 쨈.

쨈2: (웃음)

티나16: 아직 뭐 그 정도는 아니고.

단계8: 아직 남아있어?

쨈3: 난 가능성이 남았잖아. (웃음)

티나17: 이게 강요성이지... 나도 직원들 놀고 핸드폰 게임하고 있는 꼴을 못 봐. 애를 한번 잡아야겠다 하면 핸드폰 녹음 딱 해놓고 '야~ 말 똑바로 잘해라 녹음할거니까 자~ 한다' 최대한 욕 같은 거 하면 안 되잖아. 위에서 조근조근하게 뭐가 잘못 됐고 뭐가 어떻게 됐고, 최대한 팩트 위주로 말해.

정10: 말 안 들으면 진짜 짜증나잖아. 옛날 군대가 아니어서 벌도 못 주고 깝깝할 거 같아.

티나18: 병사들은 아예 상전이고... 군대다 보니까 욕을 많이 했지. 터치도 자주 했는데 한 번 사건사고 있어가지고 요즘은 말조심하지.

구들장1: 그럼 더 조심스럽겠다.

쨈4: 사건이 있었다니까 더 조심스럽겠다.

티나19: 그치.

정11: 그때도 징계 먹을 때 말을 좀 세게 했나?

티나20: 그때 파견 나가 있을 때 트레이닝 센터에서 주임원사로 있었는데 완벽하게 일처리 하려고 병사를 많이 쪼았지. 그러니까 애들이 작당을 해가지고 주임원사를 저격해야 되겠다고 두 명이서 대본을 써서 지네 열 명 병사들한테 나눠주고 각자 신고할 것 자필로 적어라 했어.

단계9: 이야~ 뭔 말인지 알겠어.

구들장2: 아예 작당을 했구나 몰아가기로.

티나21: 그렇지 사적재재로 담배 좀 사올래? 돈 좀 찾아와라 점심 먹고 오면서, 볼 꼬집는 거 그런 거 좀 했어.

쨈5: 담배사와라 징계감은 아닌 것 같은데.

티나22: 그거 징계감이야 사적재재로.

단계10: 두들겨 팬 것도 아니고.

티나23: 사건사고 접수가 되고 이게 기무대로 바로 들어간거야. 기무대에서 단장한테 바로 보고가 되고. 이 대본을 쓴 애가 민족사관학교 출신(A라고 지칭)이고, Y대 출신이야. 얘들이 논술한 애들이라 그것만 읽어보면 바로 이 주임원사를 바로 모가지 날아가게 하려는 그런거였어. 단장님이 역정 엄청 냈다고 하더라고. 근데 한 이틀 지나 수사하다 보니까...

단계11: 이상해?

티나24: 캐다 보니까 아 얘네들 둘이서 작당 했구나 이걸 다 알게 됐지. A는 다른 애들을 어떻게 공모를 시켰냐 하면, A 아빠가 나한테 돈을 500만원을 줬다고 공갈을 쳤어. 그걸 무고죄라 해. 나 그때는 자살충동 엄청 느꼈어.

단계12: 어~ 힘들었겠다.

티나25: 엄청... 내가 자살예방 교관이었는데... 손만 뻗으면 잡아줄 사람 많았는데 근데 손뻗을 힘조차 없었어.

단계13: 정말 크게 당했네.

티나26: 검찰수사 받고 한강다리 건너면서 차 세워서 빠져죽는 사람 있잖아. 이해가 가더라고. 한 사람에서 10개를 쓰면 10명이면 100건 아니야. 기무사에서 너 이 100건에 대해서 다 반박해야 한다. 안 그러면 전남 도지사처럼 그렇게 된다. 그 사람이 왜 죽었는지 내게 얘기를 해 주더라고. 애들이 써놓은 것 내게 했냐고 묻는데 기억이 나? 안나지 백퍼센트는. 수사를 받다보면 같은걸 계속 물어보잖아 내가 했을까? '아이~ 했겠지' 이렇게 되더라고. 멘탈이 무너져버리니까.

단계14: 징계 뭐 먹었어?

티나27: 근신.

단계15: 근신? 그건 징계도 아니네!

티나28: 이게 날조됐다는 것을 위에서도 알았어. 요즘에 무서운게 자기들 마음에 안 들면 애들이 국방부에 쓰겠다는 거야. 또 한 전대장은 '얘네들 다 처벌해야 되는 거 아니냐?'고 하더라고. 군에서는 보고체계 라인을 타야 되는데 애들이 라인 안타고 바로 기무로 가서 일렀잖아. 보고체계를 무시하고. 어차피 내 새낀데, 내가 잘못 가르친 거지. 걔네들을 내가 집단상담 했었어. 일주일에 한 번씩, 병사들... 하사 중사들도 했었고. 하~ 참담하더라고.

단계16: 참담했겠다.

티나29: 무너지더라고… 지금까지 23년 군생활 하고 있는데 아직도 이 길은 내 길이 아닌 것 같아. 적응이 안 돼.

(잠시 침묵)

구들장3: 같이 일하는 부하때문에 생긴 건데, 그 사람들이랑 같이 생활해야 되고. 참담하고 막막하겠어… 얼마나 된 거야?

티나30: 그때가 2013년. 니네들 다이어트 하려면 맘고생을 해봐. 수사 받는 5일 동안 7~8kg는 빠졌을 거야. 스트레스 받고 그러면서 못 먹었어. 소화 기관이 멈춰 먹지 못하고 잠도 못자고 그러니까 쫙 빠졌어. 그때 새벽에 잠을 못자니까 새벽 4시 30분에 베란다에 나와서… 11층이거든. 담배를 딱 피는데 밑을 보니까 떨어지고 싶더라고. 죽고 싶은 생각이 많이 들어서 그걸 페이스 북에 썼나봐. 그 때 대대 조종사가 아침에 새벽기도 갈라고 일어났다가 그걸 본거야. 담배 피울 때 전화를 했더라구. 그 때 전화 안 받았으면 어떻게 되지 않았을까.

구들장4: 되게 고마운 존재네.

티나31: 비관적이라고 했잖아. 좀 염세적이고, 이 생각이 생각의 꼬리를 물고 가면 결국 종착지는 죽는 거지.

사랑7: 스스로를 막 비난 하는거야? 그 종착지로 가야 한다고?

티나32: 단지 나를 비난하는 것은 아니고, 삶에 대한 가치… 내가 왜 사는가? 뭐 때문에 사는가? 원론적인 것부터가 생각을 하다가. 살 가치가 있을까? 회의감이 많이 들었어.

정12: 힘들었겠어 회의감도 들고. 그 때 그런일 이후로 군대 그만두고 싶다는 얘기를 참 많이 했던 거 같아.

티나33: 응, 많이.

단계17: 배신감 같은 것도 스트레스도 많이 받고.

티나34: 그치, 좌절감.

정13: 그때 재 그만두지 못하게 하려고 화요 집단에서 애 많이 먹었어.

사랑8: 진짜 참담했을 것 같아! ... 그 사람들을 지금도 보면서 근무해?

티나35: 병사들이니까 지금은 제대했지.

사랑9: 인간에 대한 신뢰가 많이 깨져버렸겠다.

yes4: 이제 맘에 안 들면 안 갈구고 그냥 투명인간 취급 해버린다는 거지.

단계18: 내버려 두는 거네.

사랑10: 내가 먼저 쳐내버리는 거지.

정14: 상대해가지고 또 그런 부작용 생기니까, 피하는 게 상책이겠어. 그런거 겪으면서 사람들 뭔가 맘에 안 들면 일찍 딱 문을 닫아버리는 가봐.

티나36: 참는 한계치가 많이 줄였지. 말이 안 통할 것 같다, 내가 에너지를 쓸 필요가 있을까? 이런게 제기되는 거지.

단계19: 그걸 먼저 보게 되는가봐.

yes5: 그 일로 인해서 데미지가 정말 컸을 것 같아. 친구남편이 군인이라 걔를 보면 매사에 조심을 해. 남편의 승진을 위해서 이혼은 말도 안 되는 거고, 종교도 언제든지 바꿀 수 있는 거고, 애들이 학교에서 사고치는 거 이것도 안 돼. 진급에 모든 에너지를 다 쏟고 살기 때문에 여기는 징계를 받으면 진급이 안 되잖아. 그럼 동료들이 진급하는 거 봐야하고 되게 위축 될 거라는 걸 공감해. 아쉬운 점은 집단에서도 금방 '얘 내 성향 아니야' 라고 딱 외면하는 거야.

단계20: 집단 안에서도?

yes6: 응. 티나가 집단 안에서도. 마음에 안 들면 표현자체를 안 해버리니까, 조금 아쉽기는 하지... 직장은 그럴 수 있잖아. 어차피 나 이제 진급 하는 거 포기해야 되고 그렇지만 집단은 안 그러잖아 한번 부딪혀보기도 해야 하는데 너무 회피를 해.

티나37: 그 사건 이후로 더 많이 커진 것 같아. 옛날에는 좀 세게 피드백 해주고 그랬었잖아. 결국은 후회 됐지만 되게 많은 에너지를 쏟았지. 지금은 그렇게 하고 싶은 생각이 없어 지쳤다고.

단계21: 나는 이번 집단 시작하기 전에 티나가 송정역에 우리 3명 태우러 오는 과정에서, 내 핸드폰 번호도 알려 달라하고 그 다음에 여러 가지 자세히

알려주고 그랬잖아. 야~ 이렇게 따뜻하고 배려심 많은 사람이 있나 할 정
도로 사실 감동적이었거든. 편하게 해줬고. 차타고 순창 오면서 신나는 음
악도 틀어주고 참 호감형이다 생각했는데 이런 아픔이 있는지는 몰랐네.

티나38: 상담하면서 알았는데 내가 이타심이나 봉사정신 이런 게 직업적으로
군인들을 대하는 속에서도 있는거야.

쨈6: 되게 많은 것 같아.

단계22: 오늘도 아침 일찍 같이 산에 갔잖아 되게 좋았거든 진짜. 상담하면서
이렇게 내가 평화로운 시기가 있었나? 할 정도로... 오늘 아침에 다 깨워가
지고 데려갔잖아.

정15: 되게 따뜻한 놈이야.

단계23: 응, 따뜻해!

사랑11: 말은 막 이렇게 톡 쏘고 탁하고 이러는 거 같은데 뒤에 가서 행동은 아
니야.

구들장5: 그런 거 츤데레(쌀쌀맞고 인정이 없어 보이나, 실제로는 따뜻하고 다
정한 사람)라고 해.

단계24: 그 사건으로 그러한 강점 그런 것들을 놓을까봐 안타깝기는 하네.

티나39: 요즘에는 나의 강요성이 조금 올라오는 게 느껴지거든 아~ 이걸 어떻
게 줄여야 될까? 애들한테 에너지를 안 써도 되니까 편하긴 한데 인간적인
면을 따져 보면 보고만 있을 수도 없고 딜레마에 빠져, 이러면 안 되는데.

사랑12: 그런 자신의 모습에 불편해 하는 것 같은데.

티나40: 불편한 감정 보다는 못마땅? 좀 심한 못마땅!

정16: 뭣이 못마땅해?

티나41: 내가 관계를 잘라버리고 애써 무관심 해버리고 그러는 게 좀 쪽팔리기
도 하고.

구들장6: 근데 본인 살려고 그 방법을 선택한 거잖아.

티나42: 그치, 지금은 뭐 다 포기 했어. 그 일 때문에 진급도 포기했지.

단계24: 그건 너무 씁쓸하다. 되게 열심히 살았을 것 같은데.

티나43: 진급을 항상 동기보다 먼저 했었거든.

단계25: 그 건 때문에 좌절이 된 거야?

구들장7: 사람에 대한 배신감이 정말 컸을 것 같아.

단계26: 진짜 화났겠다.

티나44: 화가 이제 좀 내려가 있는 상태지. 아마 화요집단 아니었으면 벌써 자살 했을 거야.

yes7: 보기보다 심약하다니까...

정17: 군대생활이 힘들잖아. 스트레스도 많고.

단계27: 승진에 대한 부분이... 동기들도 있고 성질났겠어.

정18: 승진 포기하면 군대 남을 희망이 많이 없어지는 거잖아. 그러니까 화요집단에 오면 맨날 그만 두고 싶다고 해. 어떤 집단원은 '아이고 저 소리 또 하네 지겹다'고도 했어. (웃음)

단계28: 그만두고 싶어하는 그 마음이 이해돼.

정19: 그 사람들도 처음에는 다 이해 한다 그랬어.

들꽃1: 지금도 그만 두고 싶어?

정20: 나도 그런 소리 할 때마다 어떻게 하면 저 마음을 없앨까 하고 머리를 엄청 굴려야 해서 힘들었어.

티나45: 이 길은 내 길이 아닌 것 같아.

사랑13: 자기일이 아닌데 23년을 했네.

단계29: 이제 얼마 남았다 그랬지?

티나46: 10년 남았나.

단계30: 10년 동안 마음을 잘 다스려서 이제는 덜 힘들게 근무하고 전역하도록 하는 게 아주 중요한 과제일 것 같네.

쩸7: 티나 얘기를 들으니까 마음이 아픈데, 티나가 뭔가 잘못해서 정말 큰 징계보다는 어떻게 보면 억울하고 배신감도 느꼈을 것 같고. 어떻게 보면 지나가다 소나기 맞은 것처럼 너무 억울하게 받은 건데. 소나기 맞았다 그렇게 보면 어떨까. 10년 뒤에 나와서 뭐할까 고민 하는 게 마음이 아팠어. 지금 이순간이 행복해야 10년후든 20년후든 자신감이 있을 것 같은데 나는 그게 첫날 바로 와 닿았거든. 티나가... 지금 사는 게 행복하면 좋겠는데 티

나가 잘못해서 그런 것도 아니고 어떻게 보면 억울하게 당한 거니까, 당당하게 이렇게 해도 되지 않을까~

티나47: 정이 이제 항상 하는 얘긴데, 너무 잘하려고 하지 마라. 잘하려고 그러니까... 그리고 내 수업할 때도 브리핑 할 때도 그렇고, 너무 완벽하게 하려하니까 실수가 나오는 거거든. 가장 자연스러운 게 힘을 뺄 때라고 하잖아. 골프 칠 때도 그렇고, 수영도 힘을 빼면 자연스러워지거든.

구들장8: 나는 내가 티나 상황이었다면 어땠을까? 그런 생각을 해봤거든. 나는 지금 이런 모습으로도 살지 못할 것 같은데 티나가 되게 잘 극복한 것 같아.

티나48: 나 자신이 나 스스로의 잣대를 너무 엄격하게 재는 것 같아.

단계31: 근데 티나~ 진짜 좋은 사람이야! 내가 보기에 티나가 진짜 좋은 사람이라 생각해. 그런 자부심을 가져도 좋겠어.

yes7: 그래, 단계 말이 맞아. 되게 좋은 사람인거. 우리는 알아. 이제 병사들에게 웬만하면 다른 거는 해주지 말라고.

단계32: 그래서 공무원이 좋은 거 아니야? 일 해도 월급 똑같고 안 해도 똑같고.

yes8: 그렇치~ 마음내서 티나가 상담도 해주고 그럴 필요 없었던 거지.

단계33: 나도 내가 장학사 될 때는 우리 선생님들에게 좋은 조건 만들어 주려고 그랬거든. 근데 지금은 심란하고 솔직히 적당히 하다가 정리 해야겠다 그런 생각이 들어. 너무 힘들고 누가 알아주지도 않더라구.

쨈8: 나도 요즘 그런 감정이 들어.

정21: 티나는 집단에서 공감을 잘 안 해. 공감하면 더 이상 다른 말을 덧붙일 필요가 없어. 티나는 배려하는 마음에서 이런 저런 얘기를 해. 그러다가 말이 길어지더라고, 그러다가 병사들에게도 강요성으로 간섭처럼 깊게 관여하지 않았나 싶어.

들꽃

정1: 집단 분위기가 술 먹을 때가 더 좋은 거 같애! (웃음~~~~)

※ 집단 2일째 저녁 정이 몸이 좋지 않아 텐트에 누워있었는데 집단원들이 텐트에서 뒷
  풀이한다고 정을 방으로 들어가라는 요구를 했음.

단계1: 우리는 어제 배려하는 마음으로 정을 방으로 들어가라 한 건데 정 입장
  에서는 분위기 좋은 텐트에서 술 마시려고 아픈 사람 막 보낸 것처럼 생
  각했구나.

정2: 몸을 움직이기가 많이 힘들었어 그런데 자꾸 가라고 요구해서 속상했지.

단계2: 저혈당인가?

정3: 아니, 몸살기가 심하게 났어... 집단 준비하느라고 되게 신경 많이 썼어.

단계3: 준비하는데?

정4: 우선 기존에 나와 있는 집단상담 책들을 한 번씩 읽어보고... 그저께는 하
  루 종일 녹음기 사서 테스트 해보고 매뉴얼 읽어보고 신경 쓸게 되게 많
  았어. 보통 집단하는 것과는 달라서... 얼마 전에 다리 수술도 했고 왼쪽
  발목 위에 강낭콩만한 걸 잘라냈는데 계속 쑤셔 여기가. 지금도 걷는 게
  불편해. 이 집단 준비해야 하는데 직원이 3일간 연락도 안 받고, 엄청 피
  곤해서 누웠는데 감기 몸살이 심할 때 일어나기 싫은 것처럼 꼼짝도 못
  하겠더라구 니네들에게 화가 났어.

단계4: 난 텐트에서 자면 몸살 걸릴까봐 걱정되는 마음에서 방에 가라고 했어.

※ 텐트엔 석유난로가 있었음.

구들장1: 되게 미안한 마음이야.

정5: 지금 집단하고 있는 황토방도 술 먹기는 좋은데 구들장 네가 텐트에서 술 먹자고 가장 많이 우겼잖아 그래서 네가 제일 얄미웠어~

단계5: 난 진짜 걱정되는 마음이었어.

구들장2: 나도 걱정되는 마음이었다구~

단계6: 얘네는 술 먹고 싶었던 마음이었고.

구들장3: 왜 그래 너만 살라고...

(다들 웃음 하하하하~~~~~)

티나1: 들꽃얘기 한번 들어 보고 싶다. 지리산 등산갔을 때 보고 한 7~8년 정도 된 거 같은데.

들꽃1: 다른 사람들 얘기를 듣고 다들 열심히 잘하고들 있구나 이런 생각이 들었고, 나도... 무슨 얘기를 해야겠다는 생각은 들어. 근데 특별히 요즘은 어떤 걸로 스트레스 받고 이런 것은 별로 없어. 그래서 요즘 근황에 대해서 얘기해볼게.

정6: 요즘 근황 얘기 하기 전에 요즘 자주 느끼는 감정이 뭐야?

들꽃2: 잘 모르겠어 감정에 별 신경을 못 쓰고 살았어.

정7: 그래도 생각해봐.

들꽃3: 의욕이 없어진 건지 뭐 배우러 쫓아다니는 것이 많이 줄었어. 지금은 그런 걸 할 수 없는 상황이기도 하고.

단계7: 왜 지금 어떤 상황인데?

들꽃4: 우리 집은 광양인데 서울에서 외손자를 돌보고 있어.

정8: 큰 딸집에 있는 거야?

들꽃5: 작은딸. 남편이 지금 퇴직을 했고 돈을 전부 남편이 가지고 있어. 생활비로 이삼천 정도는 내가 가지고 쓰는데 모든 재산이 다 남편명의야. 내가 돈이 얼마나 있냐고 물어보면 막 신경질을 내.

정9: 들꽃은 딸이 셋인데 셋 다 공부를 잘해서 다들 잘 됐어. 그래서 신간이 되게 편한 여자야 근데 얼굴을 보면 되게 우울해보여.

쨈1: 그러네.

들꽃6: 봄에 내가 아팠어 부정맥이 있었어. 지금도 가끔씩 심장이 아픈데 그게 좀 심해졌어. 올 봄에.

정10: 걱정되겠다. 몇 년 전에 시작됐어?

들꽃7: 2012년 5월에. 화순 집에 제사를 지내러 가는데 밤에 갑자기 부정맥이 생겨서 순천 성가를로 병원 응급실에 갔어. 요거 때문에 죽지는 않지만 다른 합병증이 생기면 위험할 수 있어서 전극도좌 절제수술을 서울 가서 받았어. 수술하고 나서 발작은 없었고 어쩔 때 조금 느낌이 이상할 때는 있었어.

정11: 그때는 숨이 안 쉬어 지는 거야?

들꽃8: 심장이 엄청 빠르게 뛰는데 작동이 잘 안 되나봐. 그러면 이렇게 온몸이 떨고 아무것도 못해. 호흡도 잘 안 되고 피가 싹 빠지고 그러면서 온몸에서 식은땀을 흘리고 근데 그게 자주 있는 건 아니고 어쩌다 한번씩...

단계8: 완치가 됐대?

들꽃9: 응. 발병원인은 정확히 알 수 없고 과로 스트레스 이런 거... 서울 둘째 딸 집에서 애기 봐주고 주말엔 광양 남편에게 다녀와.

정12: 심장에 문제가 생겼다면 엄청 불안하겠어. 뭐 하러 매주 광양까지 가냐? 서울에서 광양까지 가려면 4시간 반 걸리는데. 버스로 1주일에 한 번씩 왕복 하면 그거 되게 힘들어 진짜 고생한다.

들꽃10: 광양에 남편이 살고 있으므로.

단계9: 남편 밥해주러 가는 거야?

정13: 돈 얼마 남았냐고 니가 물으면 성질내는데 왜 가? 답답해!

들꽃11: 그래도 내가 할 수 있는데까지는 해야지.

정14: 2주에 한번만가.

들꽃12: 올 여름에 그렇게 다니다가 물어봤어. 이렇게 혼자 있으니까 있을 만하냐? "뭐, 하면 하는 거지 뭐"라고 대답하더라고.

단계10: 남편이 무뚝뚝해 보이는데?

들꽃13: 자상하고 다정한 게 전혀 없어.

정15: 무뚝뚝하다는 문제가 아니라 '넌 별로 중요하진 않아', 그런 뜻이잖아.

들꽃14: 어 맞아. 도대체 내가 아내이기는 한 건가? 이런 생각이 자주 들어. 일
례로 사업 통장을 만드는데 내 명의의 통장을 하나 만들었어. 그러니까
'아니~ 이 여자가' 이런 거야. 가까이 사는 내 동생이 아파트를 사는데, 누
구 명의로 했냐고 물어보기에 제낭명의가 아니고 동생명의로 했다고 하니
까 "허~" 누구 명의로 하든 자기는 상관도 없는데도 "허~" 라고 해.

3초1: 그럼 따져야지!

들꽃15: 따져야지?

3초2: 그럼 왜 왜? 내 앞으로 돼 있는 건 하나도 없냐고?

사랑1: 아무 상관도 없다고? 나 아까 잘 못 들어서.

3초3: 따져야지. 화가 났을 거 아니야. 화 안나?

※ 3초3: '속상하겠다'는 공감이 필요함.

들꽃16: 내 명의로 된 게 하나도 없다고 말하면 남편이 '돈이 다 내거니까' 이
렇게 말하고 넘어갔어. 그동안에 회사주식 다 말아 먹은 것도 "내 거니까
내 맘대로 해" 라고 했어. '내가 뭐 하겠다' 이러면 다 못하게 해.

정16: 지금 광양 망덕에 있는 스틸하우스에서 사는 거야?

들꽃17: 스틸하우스에도 가있고, 거기 집을 내가 짓지 말자, 서울에 애들 있으
니까 서울에 조그만 거라도 하나 사자고 했었어. 그런데 남편이 취미로 분
재를 하는데 아파트에서 하기가 어렵잖아. 그때까지는 집에서 해왔어. 그
걸 변두리(망덕) 새 집에서 하고 싶어서 그 집을 짓고 퇴직금 중간정산을
했는데 그 돈을 거기다 다 붓고 모자라니까 대출까지 받았고 그래서 그렇
게 지은 지 벌써 15년 되어가.

3초4: 난 지금 듣고 있으니까 막 화가 여기서 치밀어. 정말 왜 이렇게 답답하게
살지, 막 이런 생각이 너무 드는 거야. 왜 들꽃의 인간성을 존중 안 해줘?

이게 막 올라오는데. 난 만약에 그런 대접을 받으면 그렇게 안 했을 거야.

들꽃18: 내가 강하게 싸웠으면 그 사람이 그렇게 안 했을지도 몰라. 내가 못하게 해도 남편이 그냥 가서 해버리고 나중에 내가 아는 거야.

3초5: 난 그런 부분이 짜증난다고. 나같은 경우는 그런 상황이 됐으면 '이 시발놈 새끼야. 니가 돈 있다고 나를 개무시하고 니미 시발 나를 개좆으로 봤냐' 이렇게 나갈 거야. 솔직히 내가 욕을 안 하려 했어. 정말 티나가 계속 욕하지 말라고 해서 자제를 많이 했어. 나 오늘은 못 참겠어. 듣고 있으니까 화가 치밀어 올라. 시발놈 새끼 좆만한 새끼가 야 너 나 개무시하고 이따구로 살 거면 이판사판이야. 야~ 니가 죽든 내가 죽든 둘 중에 하나야. 그렇게 끝내야지 그걸 수긍을 하고 있잖아 너무 화가나. 짜증나. 돌겠어!

정17: 나도 복창이 터져. 3초는 그렇게 심하게 욕해가지고 말 안 들으면 맥주 계속 마시냐?

3초6: 맥주 안 먹어. 소주 먹어.

(다들 웃음 하하하하~~~~~~)

들꽃19: 그렇게 술 먹고 그러는 거 안 통해. 내가 하루는 집에 있던 담궈 놓은 술 한 병을 거의 다 먹었는데 그래도 ~ 남편이 신청도 안 했어.

구들장4: 아우~ 너무 냉정하다.

단계11: 먹었던 이유는 열 받아서 먹었던 거야?

※ 단계11: 질문보다는 '너무 열 받았겠다'는 공감이 필요함.

들꽃20: 나도 속이 많이 상해.

3초7: 각시에 대한 무시야. 이거는 내 집사람이 아니고 그냥 너는 옆에서 밥만 해주라는 거지. 들꽃은 그걸 받아들이고 있잖아. 나는 그 부분이 짜증난다고.

들꽃21: 그래, "집안일 중에 한 가지만 해 줘" 그러면 남편이 "남자가 밖에서 돈도 벌어오고 집안일도 하고 니는 뭐 할 거냐?" 이런 말을 했어. 난 빨래하고 청소하려고 결혼한 걸로 취급해.

※ 들꽃21: 남편에 대해 화난다는 감정표현이 없음.

3초8: 짜증나.

정18: 그래서 지금 들꽃의 감정이 뭐야? 되게 서러운거 같은데.

3초9: 나라면 울고 싶을 거 같아.

단계12: 서럽겠다.

3초10: 네 삶에... 네 존재가 뭔지 모르겠어.

들꽃22: 남편이 나쁜 사람이고 그래서 그렇게 된 건 아니야.

쌈닭1: 자기보다 남편을 더 생각하네.

정19: 지금도 남편 입장만 배려하고 남편에 대한 너의 감정을 찾지 않아서 답답해.

쌈닭2: 나 지금 내 모습을 보고 있는 거 같아서 짜증나 열불 날라 그래.

3초11: 화가 나! 정말 지금 미치겠어.

티나2: 3초의 피드백은 되게 시원하고 좋았어 되게 속 시원했어.

3초12: 내가 짜증이 나는 거야. 들꽃에게도 화가 나고 내게도 화가 나고...

쌈닭3: 나도 옆에서 듣고 있는데 화가 났어. 나도 들꽃처럼 남편엑 내 주장을 못하니까.

3초13: 얘기를 들으면 나오는 딴 세상이야, 다들.

쌈닭4: 아, 정말 들꽃 너무 참고 산다.

사랑2 : 나는 저 정도는 아니야.

(다들 웃음 하하하하~~~~~~)

쨈2: 서열한번 매겨 봐.

쌈닭5: 나도 이 정도는 아니야. 지금 나는 집도 내 명의로 돼있어.

3초14: 내가 봤을 때 들꽃이 참 우울해 보인다. 이게 이기적인가 어쩐가 모르겠는데 하고 싶은 대로 하고, 아니다 싶고 지르고 싶을 때는 니미 씨발 욕 나오면 해. 얘기를 듣고 있으니까 뒷골이 땡기고 머리가 막 삐죽삐죽 서고 왜 저렇게 살지? 아 저건 아닌데 이런 생각이 드는 거야. 지금 나 정말 짜증나고 화가 나. 그렇게 산다는 거에 대해서.

정20: 들꽃이 많이 속상하고 힘들겠어.

3초15: 아직까지 나는 행복하다고 느껴. 내가 변화하면 남편이 나를 더 사랑해
줄 것이다 그 생각 하에 여기 이 자리까지 온 거야.

티나3: 그래.

쌈닭6: 멋지다.

3초16: 더 사랑받기 위해서 난, 새끼들 다 필요 없어. 나 봐봐. 우리 아버지한
테 했던 거. 아버지가 내게 '잘 해라'고 하면 내가 왜요? 뭣 때문에요? 요러
잖아.

단계13: 그니까, 너 싸늘한 여자야.

3초17: 나는, 그때 그때 감정에 충실하게 살려고 해. 내가 화가 나면 화도 분출
하고 좋으면 '아~ 좋아 사랑해~' 라고 표현도 하고, 그렇게 살고 싶어. 나
의 자존감 없이 그렇게 살긴 싫어 정말.

들꽃23: 자존감 없이 그렇게 살았다는 것을 여기 집단에서 알게 된 거지. 지금
까지 그렇게 순종해야 되는 줄 알고 살아 왔어.

쌈닭7: 지금까지.

들꽃24: 남편이 큰 아들인데 시동생들 학비를 댄다던가 이런 것도 '하기 싫다'
든가 이런 말 남편에게 한마디도 못 했어... 우리 애들도 셋이나 있는데.
'이렇게 하면 삼촌들이 우리 애들 학비 대줄까?' 라고 내가 말하면 남편은
'하게 돼 있어' 라고 말했어. 그러고 아버님이 남편의 동생들이 8명이나 있
는데 아버님이 빚지면 "큰 아들 네가 다 갚아야 된다"고 결혼 막 했는데
딱 그러시더라고. 남편은 아버님이 쌀이라도 한가마니 주면 고맙습니다
하고 받고 더 이상 뭐 바라지마라! 그런 식이야.

3초18: 안 처먹어. 나는... 그 쌀 갖다 버려 불지.

들꽃25: 바라고 그런 생각도 없어.

3초19: 그걸 수긍을 하고 있잖아. 그러니까 계속 이어오는 거잖아.

쌈닭8: 그렇게 살아야 된다라고 생각을 한 거야?

3초20: 그래, 그런 태도가 답답한 거라고.

쌈닭9: 이제 알았으니까 달라질 거야.

단계14: 지금도 남편한테 그렇게 순종적이야?

※ 단계14: 감정표현을 먼저 해야 했음. "답답해"라고.

들꽃26: 남편을 그냥 남처럼 생각해.

단계15: 아, 지금은 그냥 내놓고 있어?

※ 단계15: 남편에 대해 들꽃이 어떤 감정인지 물어 볼 필요가 있음. 남편을 남처럼 생각한다면 매주 서울에서 광양에 안 갈 것이다. 들꽃의 회피적인 태도에 대한 변명하는 말이다.

들꽃27: 남편에게 별 기대를 안 하고 오히려 다른 사람들이 이렇게 내가 서울가 있으면 남편은 괜찮냐고 이렇게 일주일에 한 번씩 만나러 가는 것이 힘 안 드냐? 그러는데 '힘 안 들어 다닐 만 해.' 라고 말해.

단계16: 일주일에 한 번씩 그래도 정말 가는 이유는 그래도 도리를 다하기 위해서야?

정21: 들꽃이 친구들에게 하는 말이 솔직한 감정은 아니잖아. 단계 너는 이것에 대한 니 느낌을 말해.

쌈닭10: 힘들지 한 달에 한 번씩만 가면 쓰것어.

3초21: 뭘 한 달에 한번 가.

쌈닭11: 그래도, 그냥 한 달에 한번이야 갈 수 있지.

단계17: 들꽃이 남편에 대해 어떤 마음이 들까 궁금해.

3초22: 아~ 왜 웃어? 짜증나네.

들꽃28: 남편이 혼자 있다가 어디 아프기라도 하면 내가 더 힘들어져.

3초23: 걱정 사서 하시네.

단계18: 그게 무슨 얘기야?

쌈닭12: 남편이 혼자 있다 아프면 어떡할까 걱정된다잖아.

들꽃29: 아프면 내가 더 힘들어지잖아. 그 일주일 내내 서울에서 걱정하고 있는 것 보다는 광양 가있는 게 좀 더 마음이 편하지.

단계19: 아~ 너를 위해서?

들꽃30: 어.

쌈닭13: 애기 하루 종일 보는 게 쉽지 않아.

정22: 주말에 광양 가지 말고 주말에는 서울에서 등산 가~

쌈닭14: 그래, 어디 여행도 가고.

들꽃31: 그래 요즘엔 내가 공부하던 학교에서 특강 같은 거 하면 토요일에는 강의 듣고 밤에 광양 갔다 오기도 하고, 또 우리애가 미국에 출장을 한 3주 가게 되서 남편에게 3주 후에 갔는데 된장국을 되게 맛있게 끓여놨더라고.

단계20: 남편한테 어떤 마음인지 잘 모르겠어. 내가 몇 번 물어봐도 답을 안 해?

들꽃32: 어쩔 때는 나 같은 여자를 만나서 너도 안됐다.

단계21: 그런 마음이 든다고?

3초24: 진짜?

들꽃33: 3초 같은 여자를 만났으면 남편이 지금처럼 성격이 더 나쁜 쪽으로 굳어지진 않았을 거 같아. 자기만 알고 살지는 않았겠지?

단계22: 근데 들꽃이 너 같은 사람만나서 남편이 안됐다고?

들꽃34: 그 사람도 짠한 사람이야. 없는 집 장남으로 태어나서 어머니 스무 살에 잃고. 그래서 장남으로서 바르고 똑바르게 살아야 된다 이런 게 강해.

단계23: 남편에 대한 어떤 연민이 있는 거야?

들꽃35: 아니, 난 내가 돌봐줘야겠다 이런 생각은 안 해. 내가 돌봄을 받고 싶지.

사랑3: 근데 실질적으로 돌봐주고 있잖아.

티나4: 난 얘기 듣고 있으면서 짠한 느낌도 많고 불만보다 더 센 감정이 올라와. 부정맥 후에 이게 화병으로 이어 진다 그러더라고.

3초24: 못 참겠어!

티나5: 가끔 나도 심장이 찢어질 듯 아파 숨을 못 쉴 정도로 딱 가슴을 움켜쥐고 쭈그려서 몇 분정도도 있거든. 근데 들꽃이 그런 느낌이라 그러더라고. 첫날 들꽃의 맥을 짚어보니까 맥도 안 짚어지더라고. 저혈압 환자들에게 많은데 우리엄마를 보는 거 같아서 짠해.

정23: 들꽃 표정을 보면 기운이 쫙~ 빠져있어.

단계24: 자식들이 잘 됐을 때는 어깨 힘 좀 들어 갈만 하고 남편한테도 당신 돈 벌어 올 때 난 자식 건사하고 잘 키웠다고 말해도 되는데 너무 쪼그라들어 있는 거 같아서 안타깝네.

들꽃36: 그래... 많이 위축되고 실제로 몸에 기운도 없어. 조금 움직이고 그러면 피곤해. 그래서 밖에 막 나 돌아다녀.

3초25: 힘들겠다.

사랑4: 몸 상태가 그르는데 손주 보려면 정말 힘들겠다.

단계25: 딸들은 아빠에 대해서는 어때?

※ 단계25: 먼저 "힘들겠다"고 공감하는 것이 필요함.

들꽃37: 내가 자식들한테 아빠 흉을 자주 안 본거 같은데 그래도 애들한테 하소연을 좀 했나봐. 큰애가 하는 말이 '엄마 내가 직장을 다녀보니까 아빠 심경을 좀 알겠어. 엄마가 안 그랬으면 좋겠어. 그래도 엄마는 그런 것에 대해서 마음공부 쪽으로 많이 했으니까 엄마가 좀 이해 해주면 안 되겠어?' 그래서 '나 그런 소리 이제 듣기 싫어!' 이렇게 딱 잘라 말했어.

3초26: 염병 진짜 이씨....

정25: 딸의 그 말에 많이 속상했겠어. 큰딸의 그 말에 어떤 감정이 들었어?

들꽃38: 막 화가 났어. 아이들한테 그런 거 말하면 안 되겠다 남편이 주식도 다 자기 맘대로 해서 말아 먹었어 그때 한번 크게 싸웠을 때도 그것은 아니다. 애들이 내편들었다고 딸들 가르쳐도 아무 소용없다고 소리 지르고 후폭풍이 엄청났거든. 그 후 애들이 다 쥐 죽은 듯이 있는 거야. 아~ 내가 아빠의 어떤 것들을 애들한테 흉보고 그러면 안 되겠다고 생각했어.

단계26: 주식을 혼자 다 말아먹었어?

들꽃39: 다 말아먹어버렸어... 나한테 말하지도 않고. 그 주식을 교육비나 뭐 여러 가지로 나중에 쓰기로 나하고 약속이 되있었어 나하고. 근데 나 몰래

다 해 버린 거야.

단계27: 근데 잘됐어? 안됐어?

들꽃40: 마지막 퇴직금 받은 것조차도 주식을 사가지고 하나도 안 남겼지. 셋째 딸이 법전가려고 아빠에게 도와달라고 했더니 '아빠가 도와주고 싶은데 아빠가 돈이 없고' 막 이런 식으로 얘기하니까, '알았어요 아빠 내가 번 돈으로 할 거에요' 그랬다더라고. 딸이 엄마 우리들이 엄마에게 용돈 주고 그러는 거 아빠 주지 마, 그러더라고. 그래서 요즘은 내가 번 돈은 내 명의로 간수 하고, 애들이 주는 용돈도 내가 관리해. 법전다니는 셋째라도 좀 보태줘야 하지 않을까? 했더니 '지가 벌었던 걸로 한다대' '그래도 지가 2년 동안 벌었으면 얼마를 벌었겠어 한 학기법 전 등록금이 천 만원 이상인데 방세 내야지, 생활비 해야지 하루 종일 학교에 있으면 쓰는 게 얼마나 많을 건데.' 그래서 등록금하고 방 월세는 아빠랑 얘기했으니까 해줄게 그랬더니 괜찮아~ 또 융자내면 되지 이래. 그래도 일단 등록금하고 월세는 해주려고 생각하고 있어.

정26: 딸에 대한 들꽃의 마음이 짠했겠어 남편이 못마땅하고, 넌 남편에 대해 얘기하면서 남편에 대한 너의 감정표현을 하나도 안 해서 답답해. 남편에게 부정적인 감정이 많이 있을 것 같은데 나쁜 사람 아니라고만 하고 있어.

들꽃41: 고집스럽고 자기중심적인 남편이 답답하고 싫어.

실천1: 좀 막막한 느낌이 들었어 너무나 남편이 독재적이어서. 애들이 잘 됐음에도 이렇게 크게 무력감이나 기운이 없는, 예전에 봤을 때나 지금 봤을 때나 얼굴은 항상 기운이 없어. 왜 저렇게 힘들까라는 생각을 몇 번 할 정도였거든. 그런 남편하고 사는 동안 들꽃이 찐이 빠져서 안타까워.

들꽃42: 남편은 말이 별로 없는 사람이야 하루 종일 둘이 있어도 말 한 마디도 안 해, 훈계하고 지시하고 명령적으로 말을 해. 그런데 요즘 들어서 조금은 달라진 점은 산업카운슬러 공부하러 갔다 와서는 어느 날 '지금도 밥 차려주는 거 먹는 사람들도 있대' 이래서, 내가 '참 자기도 그러잖아' 그랬어. 서울에서 내가 올라가면 평소에는 자기가 혼자 차려 먹잖아. 근데 나한테 아침밥 먹자고 차려주기도 해.

티나6: 들꽃이 지금 남편한테 느끼는 감정은 뭐야?

들꽃43: 그래서 약간 달라진 것이 있고 그냥 남처럼 보고 있지만 그런 변화에 대해서 약간의 기대를 가지고 있어. 그리고 이런 집단상담도 다시는 안 간다고 절대 안 간다고 그랬는데 아마 필요에 의해 오지 않을까 싶어 졸업하고 나면. 근데 내가 여기 간다고 하니까 '그걸 가르치는 사람은 제대로 그렇게 하는 거야?' 이렇게 말했어.

정27: 남편이 조금이라도 변해서 다행이야. 티나가 남편에 대한 감정을 물었는데 감정을 말하지 않고, 여러 가지 설명만 해서 답답해. 감정을 물으면 남편이 달라졌다고 말하고 감정표현을 피해!

실천2: 나는 들꽃이 매 주 서울에서 광양으로 가는 것은 진짜 너무 힘들 거라고 생각해. 여전히 들꽃은 남편이 안심이 되고 좀 변했다고는 하지만 정말 변화된 것 같지가 않아. 오가는 횟수를 많이 줄였으면 좋겠고 들꽃이 기운이 너무 없어보여서 기운이 조금 이라도 남아있는가 싶어.

들꽃44: 내 표정이 그렇다고 아주 오래전부터 관리하라는 말을 들었어. 웃어도 웃는 것처럼 안 보이나봐. 그 눈꼬리가 좀 쳐져서 원래 쳐져있어. 막내 동생은 쌍꺼풀 수술 하라고 권했던 적도 있고 큰 딸도 돈 줄 테니까 '엄마 쌍꺼풀 수술하라'고 한 적도 있었어. 난 생활 속에서도 내 감정을 거의 드러내지 않고 살아. 그래서인지 재미도 없고 힘도 없고 우울하기도 해.

정28: 너의 말엔 힘도 없어. 네 감정을 드러내지 않는 건 네 자신으로 살지 않는다는 거지. 자신을 잃고 산다는 건 슬픈 일이지.

쌈닭15: 기운이 없어 보여.

들꽃45: 어제 오늘 일이 아니여.

정29: 예전보다 더 심해졌다니까.

쌈닭16: 삶에 재미가 없나봐?

3초27: 응, 그런가봐.

들꽃46: 아! 뭐가 재밌는지 몰라.

3초28: 느껴져.

정30: 쌈닭, 너는 뭐가 재밌냐?

단계28: 거기도 똑같지 뭐.

쌈닭17: 여기 온게 재밌어.

단계29: 여기 온거 빼면 재밌는거 있어?

들꽃47: 없어, 나 여기 오기 전에 무기력증에 걸려있었어.

티나7: 어제 3교시 할 때부터도 되게 그래 보였어.

단계30: 어제 들꽃이 되게 술 잘 마셨어.

쌈닭18: 앞으로 감정을 드러내는거 훈련해야겠어. 사실 내가 남성들을 좋아하지 않아. 어려워하고 불편해해. 어렸을때 아버지 영향이 있고 그런 자리가 불편해. 말 꺼내기도 그렇고 남편에게서 그런 아버지의 모습이 나오니까 그 순간 딱 위축 되는 거지. 목소리도 크고 큰 소리가 나오면 얼굴도 울그락 불그락 하고.

정31: 그러니까 나는 들꽃이 삶의 자세를 좀 바꿔야 될 거 같아. 남편이 남이라고 둘러대지 마. 네게 남편은 남이 아니고 너의 신(神)처럼 보여. 네 속을 터놓고 부딪치기도 하면서 할 말을 해야 해. 싸워야 남편은 네 마음을 이해하려고 해.

들꽃48: 난 싸우는 것이 두려워.

정32: 싸우고 안 풀어지면 서울 딸집에서 광양 가지 말고 있어. 넌 '성실해야만 한다'는 도덕과 인정에 너무 매여 있어, 감정적이고 충동적인 것이 네 삶에도 들어와야 해. 손자보고 광양 왔다 갔다 하느라고 굉장히 피곤할 텐데 그렇게 힘들게 사니까 부정맥도 걸리잖아. 그런 시간을 니가 운동을 해야지 그렇게 와서 밥해주고 가고, 난 참 답답해. 주말을 그런 식으로 보내는 게 안타깝고 답답해!

들꽃49: 초반에 공부 할 때는 남편하고 잘 해보려고 말을 내가 붙이기도 하고 싸움도 해보고 그랬어. 남편이 세게 나올 때 더 덤벼들고 그래야 되는데 그렇게 까지는 안 되더라고 그것이 난 너무 힘들어.

티나8: 그 투쟁관계가 힘들다 이거지?(반영)

들꽃50: 힘들어!

정33: 부부가 싸우는 게 다 힘들지. 싸울 때 어떤 느낌이 들어?

들꽃51: 무력감..

정34: 남편에 대한 감정은?

※ 무력감은 남편과의 관계에서 자기 자신에게서 느껴진 감정이고, 남편을 보고 느껴지는 감정도 있다.

들꽃52: 근데 이상하게 화가 나야 하는데 그럴 때는 무기력해져버려.

정35: 그때 네 마음 속에는 화가 있어.

단계31: 주식 날렸을 때도 화가 났지?

들꽃53: 그때 화를 내지 않았어.

단계32: 안냈다고?

쌈닭19: 오히려 그런 상황이 되면 화가 안나. 나랑 비슷한 거 같아.

들꽃54: 그러니까 작은 사소한 것 그런 거 가지고는 푸닥대는데 큰 걸 저지르면 화가 안나.

쌈닭20: 그때는 그냥 덤덤해져 버려.

yes1: 나도 집단원들 생각하고 똑같아.

단계33: 들꽃이 반틈은 죽은 사람 같아 진짜.

yes2: 근데 진짜 걱정스러운 데 부정맥은 처음 알았잖아.

들꽃55: 부정맥은 애기 키울 때부터 있었어. 이제 더 심해진 거지. 증상이 가볍게 한 30분이었던 게 2시간 늘어났어.

yes3: 나 같은 경우는 남편이 주식 날렸다 하면 죽여 버리지. 그냥 모든 재산을 압수해 버리지. 근데 들꽃은 그런 거에 대해서 그냥 두는 거잖아.

※ yes3: '답답함'의 감정표현이 필요함.

들꽃56: 그 주식 가지고 먹고 살거나 그럴 거 아니야. 있으나 없으나 마찬가지야.

yes4: 그러니까 여기는 그런 느낌. 좀 답답한 게 있어서.

단계34: 답답한 건지 포기해서 놓은 건지 모르겠는데...

yes5: 그런 거 보면 대단하기도 하고 난 건강이 많이 걱정돼.

사랑5: 담담한 거는 자기를 수용하고 힘이 있는 사람이 느끼는 게 담담한 거고 내가 봤을 때 들꽃은 화가 나는데 화를 자기한테 돌리니까 무력감이 들어. 그건 받아들이는 게 아니지.

들꽃57: 다 내 탓이라고 생각하니까 내가 더 위축되는 거 같아.

정36: 사랑 말처럼 화 분노를 자기에게 돌리면 분노가 되기도 해. 들꽃이 남편을 걱정하고 챙기는 마음이 너무 강해. 남편으로부터 더 멀어져야 될 거 같아.

티나9: 분기마다 한번씩 광양 갔으면 해.

실천3: 석 달에 한번정도.

티나10: 1분기, 2분기, 3분기, 4분기. 일 년에 네 번.

정37: 들꽃은 3살때 엄마가 집을 나가서 외롭게 자랐어. 그래서 남편과 분리되거나 갈등이 생기는 것을 두려워하는 것 같아. 이제는 네 자신을 위해서 살아.

단계35: 그러니까.

정38: 주식 날려먹고 그러면 마누라한테 미안하다 그래야지. 들꽃이 '돈 얼마 남았어?' 그러면 남편이 성질내고. 정말 성질나겠어.

쌈닭21: 자기 혼자 모은 것도 아니고 같이 모은 건데 진짜 죽일 놈이야.

※ 쌈닭21 '성질 나겠어' 등의 감정표현이 필요함.

3초29: 그러지. 개새끼! 예전에 정이 우리 신랑한테 그랬어 '나하고 이혼해'라고. 그후 정을 많이 싫어해.

정39: 넌 그 일로 지금도 나를 많이 싫어하다니 놀랍다. 3초 처음 만났을 때 남편하고 부부 상담을 왔어. 오래전인데 그때 남편이 신불자였고 3초는 광주에서 애들 데리고 있으면서 마트에서 일했어.

3초30: 광주 친정에서 생활했지.

정40: 밤10시에 일이 끝났나? 술 먹고 어쩔 때는 2시에 들어가기도 하고 그랬지.

3초31: 기본 새벽 4시에 들어갔어. 마트에서 박스 물건 정리했어.

정41: 그래서, 혼자 시골에 떨어져있는 남편이 너무 힘들어 했어. 마누라는 새벽에까지 술먹고. 이 여자가 술을 먹는지 바람을 피우는지 엄청 불안하다 그러더라고. 그러면 그냥 시골로 데리고 가야 되지 않느냐 시골로 데리고 가라 했더니 3초가 안 간대. 그래서 내가 안 가면 이혼한다고 해라 그랬어. 그랬더니 남편에게 이혼하라 했다고 그 후로 계속 아주 앙심을 품고 나를 대해.

3초32: 그 때, 그 대면이 나는 정말 너무 안 좋았어 짜증났어.

정42: 그래가지고 너네 부부 좋아졌잖아. 내가 진심으로 이혼하라 한 거 아니야. 그냥 겁주라고 한 말이지.

3초33: 그래, 나 겁먹어가지고 그만두고 내려갔잖아. 나 진짜 겁먹었어, 딱 짐 싸가지고 시골로 갔지. 남편이 법원 가서 서류까지 가져와서 다 써서 냈어. 애들도 다 데리고 갔어. 짐 싸가지고 전학 딱 시키고,

단계36: 남편이?

3초34: 응, 짐 싸가지고 가브렀어. 그래서 내가 일주일동안 친정에 있으면서 사람들 만나는 것도 싫더라고. 일 끝나고 집으로 가면서 소주 2병을 사 가지고 가. 친정에 앉아가지고 먹었어. 그러면 우리 아버지는 '안자냐?' 그러면 '자요' 그러다가 이건 아닌 거 같다 이렇게 살아서는 아닌 거 같은데 내가 그만두고 내려가야겠다 해가지고 시골로 내려갔어.

쨈3: 그래 지금은...

티나11: 잠깐만, 듣다가 답답하고 짜증나는 게 집단에서 얘기가 진행되고 있으면 계속 그 집단원에게 집중하고 들어야 되는데 그거를 어느 순간 탁 채가지고 또 니 얘기를 해.

3초35: 나 그랬어? 몰랐어.

정43: 좀 그렇긴 해. 티나는 3초의 속상함에 공감하고 그 말을 했으면 좋았겠어. 아쉬워.

단계37: 근데, 들꽃은 지금도 억지로 자기 얘기를 하는 것 같고, 얘기를 할 듯 말듯 하는 거 같아. 난 사실 3초 얘기 듣다보니까 신났어. 근데 들꽃은 아~ 좀 짜증나.

들꽃58: 내가 말할 때 억지로 마지못해 내 얘기를 한다고?

사랑6: 듣고 있으니까 들꽃이 눌려가지고 거의 없어졌다는 느낌이 들어. 들꽃은 아예 없어. 자기가 없는 거 같아 보고 있으면 되게 허망해.

정44: 그래, 진짜 자기가 없다는 말이 잘 맞는 거 같아.

사랑7: 허망해 가슴 아프다.

정45: 그래, 참 좋은 사람인데 너무 마음이 무겁다.

yes6: 오랫동안 살면서 관계를 하고 싶은 사람인데.

단계38: 들꽃이 바르고 진짜 좋은 사람인거 같아. 이대로 허망하게 끝내는 게 너무 속상하다 진짜.

yes7: 걱정이 많이 되.

정46: 구들장 너도 들꽃에게 얘기 좀 해라 관심 없어?

구들장5: 아니야, 말이 잘 안 나와서, 가슴이 너무 아프다.

정47: 왜 가슴이 아파?

구들장6: 이런 말 하지 말랬는데 너무 불쌍해 자기가 없잖아. 자기가...

(잠시 침묵)

티나12: 한숨밖에 안 나온다. 우울이 너무 심해 보여.

들꽃59: 예전 집단에서는 뭐 짠하네 이런 거 들으면 되게 창피했거든. 지금 불쌍하다고 할 때도 창피하고.

단계39: 살면서, 행복감도 느끼고 기쁨도 느끼고 희노애락을 느꼈으면 하는 바램이 있는데, 이거는 뭐 완전 쇳덩어리여. 뭐라 해도 ... 기분 나빠하는 거 같지도 않고.

쨈4: 들꽃 보면서 슬퍼!

단계40: 삶의 욕구가 가장 근본적 욕구인데 그걸 초월한 거 같아.

정48: 초월이 아니라 포기지.

단계41: 포기한 거 같아. 나도 얘기하는데 중간에 말리고 끼어드는 게 서운하네.

정49: 포기와 초월도 구분이 안 되? 답답하다.

단계42: 포기한 거 같아서 씁쓸하다.

들꽃60: 상담대학원을 다녀볼까 해.

쨈5: 근데 공부하지 말고 좀 놀아야 돼.

정50: 그래 공부는 무슨 공부.

단계43: 힘들어.

쨈6: 그동안의 세월의 무게가 무겁게 느껴져. 근데 좀 놀고 풀고 그래서 삶의 무게가 가벼워 졌으면 좋겠어.

단계44: 노래교실 다녀.

정51: 집단원들이 다 들꽃의 상태가 심하다고 말하는데 들꽃만 심하게 생각을 안 해서 많이 답답해.

들꽃61: 내가 나를 팽개쳐놓고 참고 사는게 너무 심하다는 것을 인정하게 됐어. 다들 고마워. 노래교실은 알아보고... 수영도 좀 해볼까 해.

yes8: 수영 진짜 좋다.

쌈닭22: 그래, 수영 하고 노래교실 다니고.

티나13: 중간에 등산도 좀 하고

정52: 들꽃은 착하게만 살지 마. 집안일 손자 돌보는 거 남편 밥 챙겨주는 거 이런 가족이나 남편에게 충실한 것만 하지 말고 자기 자신에 충실해봐. 네 자신의 욕구와 감정도 있잖아. 남편의 욕구만 챙겨주고 너의 욕구는 팽개 치고 사니까 집단원들이 다 '네 자신이 없다'고 해. 남편만 자기 멋대로 잘 살잖아. 남편은 이기적이야. 이기적인 사람 뒤치다꺼리 하고 살면 그런 사람을 종이라고 해. 너도 같이 잘 살도록 해야지. 내 마음이 안타깝고 무겁고 걱정이 되. 들꽃이 자기 자신도 사랑했으면 하는 마음이 간절히 들어.

구들장

정1: 자, 이제 주제 바꾸자. 구들장 할래, yes할래?

구들장1: 난 되게 망설여지는데, 난 내가 되게 불쌍하다고 생각했었어.

사랑1: 집단 할 때 흥이 없어 보여.

구들장2: 나는 남편을 되게 사랑하고, 요즘에 드러나는 문제도 없고 좋은데 그 것과 별개로 또 다른 사람이 좋은 거야.

정2: 아, 다른 남자가?

구들장3: 내가 되게 부정한 사람 같고 그런 걸 친한 사람한테 얘기했다가 오히 려 나한테 빈정거리는 바람에 되게 힘들기도 했어. 친했던 그 남자하고 헤 어진 거야 9월초에.

정3: 어젯밤 텐트에서 같이 잤는데 솔베이지의 노래를 새벽 내내 틀어 놓더구 만...

구들장4: 근데 이게 그냥 좋아하는 거야. 내가 이 사람을 어떻게 하겠다 이게 아니고, 내가 잼을 좋아하는 것처럼 그냥 좋아하는 건데 다들 그런지 나만 의 문제인지 일반적인 그런 감정이 있는지 난 되게 궁금하고 내가 이러는 게 어떤 문제 때문에 그런지 알아보고 싶은 욕구도 있고 그렇다고 많이는 아니야. 지금 결혼하고 두 번 이런 게 있었거든.

들꽃1: 그런 좋아하는 마음이 있는 게 나한테는 부럽게 보여.

정4: 넌 어떻게 그런 마음도 안 드냐? 인간이 아닌지 모르겠어.

쨈1: 니가 신이네 신.

(다들 웃음 하하하~~~~~~~)

단계1: 같이 잠도 잤어?

구들장5: 아니야.

(다들 웃음 하하하~~~~~~)

구들장6: 키스도 안했는데.

단계2: 그냥 인간적으로 좋아하는 종류의 마음이네. 이성적인 것까지 연결되진 않았고?

yes1: 난 구들장 마음도 공감이 돼. 그렇게 좋아할 수 있어. 나도 그런 경험 있어.

구들장7: 그럴 때 괴로웠어?

yes2: 난 싱글이잖아 (웃음)

단계3: 잠을 자가지고 좀 죄책감 그런 게 있으면 괴롭겠는데 그런 것도 아니고... 손도 안잡고 키스도 안하고 그러는데 '난 괴롭다' 난 그런 게 이해가 안 돼.

구들장8: 그런 감정이 생긴게 괴롭다니까. 거기에 에너지를 많이 쏟으니까.

티나1: 너무 많은 감정이 드는구나.

구들장9: 쨈이 나보고 뽀뽀하래.

쨈2: 난 진도를 빼라고 충고를 줬지 (웃음)

정5: 상담 니가 잘 못 했구만 진전이 안된거 보니까.

(다들 웃음 하하하~~~~~~)

티나2: 궁금한 게 그게 뭐 도덕적인거 때문에 그런 거야? 아니면 쨈 얘기처럼 진도가 쫙 빠질 거 같은거 때문에 두려운 거야?

구들장10: 두려운게 괴로운 것이 내 감정표현을 못하니까 짝사랑이지.

사랑2: 혼자 좋아한거야?

구들장11: 응.

사랑3: 아~

정6: 힘들고 애달프겠다

사랑4: 두 번 다 그랬어?

구들장12: 응.

정7: 그래서 아까 자신을 불쌍하다고 한 거야?

구들장13: 불쌍한 거는 내 인생이 불쌍했던 거 같다고.

단계4: 그런 마음도 표현하지 못했다 그러면 답답하겠다. 괴롭다는 게 어떤 의민
지 모르겠어. 말을 못해 가지고 답답하고 속상하고 이런 거일 수는 있는데.

구들장14: 일단 계속 생각나니까

정8: 그 남자가?

구들장15: 응.

사랑5: 같이 하고 싶은데 같이 할 수 없는 거 그런 게 괴로운 거 아닐까?

구들장16: 응, 그런 것도... 그 사람이 떠나갔는데 그러면 끝이잖아 대상이 다른
곳으로 갔으니까. 근데 마음이 허전하고 막 헛헛하고, 그 사람을 그렇게
막 혼자 좋아하다가 그 사람이 혹 가니까 이제 어떡하지? 이런 심정이 된
거 같아.

정9: 그럴 때는 되게 마음이 괴롭고 아프겠어.

티나3: 좀 답답한 게, 난 당연하게 자연스러운 거라 생각을 하는데, 뭐 내가 실
천 좋아 하고 yes 좋아하고 냉정도 좋아해 그리고 또 젊고 이쁜 애들도 들
어오면 되게 좋아.

쨈3: 나네?

(다들 웃음 하하하~~~~~~~)

티나4: 넌 젊고 이쁘지 않잖아. 구들장의 감정은 자연스러운 감정이라고 나는
생각을 해.

yes3: 그거 하고는 다르지 않나?

사랑6: 그렇지. 보고 싶진 않잖아.

티나5: 보고 싶어 실천.

사랑7: 괴로워? 보고 싶어서 괴로워?

티나6: 괴로운 게 그걸 얘기하지 않았기 때문에 그 사람이 몰라줬기 때문에 그
런 거 아니야?

사랑8: 아~ 진짜 공감 안 간다.

yes4: 갑자기 티나가 벽같이 느껴져!

(다들 웃음 하하하~~~~~~)

실천1: 약간은 생뚱맞은.

티나7: 아~ 내가 조금 멀리 나갔나?

실천2: 상황이 다른 거 같아.

쌈닭1: 다른데

yes5: 여기는 사랑의 개념이고, 너는 그냥 우정의 개념이고.

정10: 사랑을 몰라. 얘는 사랑을.

(다들 웃음 하하하~~~~~~)

단계5: 구들장은 진짜 얘기한 것처럼 사랑의 감정이야?

구들장17: 그렇지.

yes6: 아픈 건 사랑이지.

단계6: 아~ 그래. 그 사람은 알긴 알았어?

구들장18: 모르지. 내가 얘기 안했는데 어떻게 알겠어? 그냥, 내가 호감을 갖고 있구나 생각했겠지. 내가 잘 대해주고.

실천2: 짝사랑 풋사랑 같은 느낌이 많이 들거든. 우리 소녀 적에 총각 쌤 좋아하는 마음.

구들장19: 어~ 맞어 그래, 그 느낌. 내가 너무 주책 같은 느낌이 들었어. 내가 마흔이 넘고 애가 둘이 있고 이 감정의 수도꼭지를 잠그고 싶은데 이게 막 철철 넘치는 것 같아. 딱 단도리를 하고 싶은데 그게 잘 안되네.

yes6: 구들장이 약간 불쌍해 보이고 죄책감을 느끼는 거에 공감이 진짜 많이 되거든. 누군가를 좋아하면 가족이 배제가 돼. 가족이 나를 힘들게 하고 그래도 전혀 내 관심사가 안 돼. 그게 죄책감일수 있어 오로지 그 사람이 잖아.

구들장20: 참 철없는거 같고 내가.

정11: 가슴은 많이 아프겠다.

사랑9: 나는 구들장의 감정에 조금 공감 가는 게 남편에 대한 미안함 죄책감이 있을 거 같아. 꼭 그 사람하고 자고 이런 걸 떠나서 내 마음이 양분돼 있잖아. 남편이 있지만 새로운 사람에게 아무래도 더 설레고 더 에너지가 많이 쏟아지는 것도 사실이기 때문에 죄책감이 느껴질 거 같아 당연히. 의리 차원에서라도 충분히 그런 생각이 들었을거 같아 왜 이러지? 라는... 처음에 좋아했던 사람도 그런 식으로 그 사람이 떠났기 때문에 끝난 거야?

구들장21: 처음 짝사랑은 이만큼 힘들었던 거 같지 않고 그때는 한 공간에 있고 그러지 않았으니까.

사랑10: 처음에는 자연스럽게 마음의 정리가 됐고 지금은 정리되기 전에 떠나버렸네.

구들장22: 어 맞어, 갑자기 훅 떠나버려 가지고... 그래서 힘들었던 거 같아.

단계7: 감정을 정리할 틈도 없이 갑자기 떠나버렸을때 많이 허전했을 거 같아.

구들장23: 이 허전한 자리에 다른 남자를 채울까? 어떤걸로 채워야 나한테 도움이 되고 괴롭지 않을까? 그래서 공부도 시작하고 그런데 잘 안돼.

단계8: 사람으로 빈자리는 사람으로 채워야지. 다른 걸로 안 채워지지... 찾아가서 어느 정도 '제가 당신을 많이 좋아했던 거 같아요', '직장동료나 팀원이면 팀원으로 좋아했던 거 같아요' 라고 말하면 허전함을 좀 채울 수 있지 않을까?

정12: 이루어 질 수 없는 사랑이면 말 안 하는 게 더 나아. 말하고 나면 더 쪽팔릴 것 같아. 부부관계가 잘 안되면 외로움을 채우기 위해서 다른 이성에게 마음이 가게 되. 우선 남편하고는 대화가 얼마나 되는지? 남편에 대한 감정은 뭔지. 이런 기본적인 것부터 얘기를 해야 될 거 같아.

구들장24: 남편과 힘든 시기를 겪고 나서 지금은 안정감이 느껴져.

정13: 직업은 뭐야?

구들장25: 건설자재 임대 회사 직원. 결혼 초기엔 힘들었지 작년 이후부터는 편해진 거 같아.

정14: 어떤 게 힘들었는지 설명 좀 해봐.

구들장26: 힘들었던 건, 남편이 결혼 전에 보이지 않았던 모습을 보일 때, 화낼 일도 아닌 데 화를 확 내고 그럼 진짜 나도 얼음이 되고 더 이상 어떻게 안 되니까 그런 모습들. 경제적으로도 힘들었어. 처음에 직장이 없고 알바나 이런 걸로 해서 살았던 때도 있고 해서. 또 직장을 옮기거나 경기도에서 주말부부로 생활하기도 하고. 그리고 가장 최근에 힘들었던 건 5년 전부터 시어머니랑 살게 됐는데 시어머니하고 다시 살게 되면서 부딪히는 부분 그런 것들이 많이 힘들었어.

사랑11: 구들장이 남편하고 불만이었던 게 해결이 돼서 요즘은 힘든 게 없어?

구들장27: 해결이 된 거 같아. 그렇게 화내는 것도.

정15: 해결이 된 거 같다고 하는데 다른 시각으로 봤을 때 해결이 안 된 걸 수도 있으니까 그 동안 어떤 일로 힘들었는지 얘기를 해 보지.

구들장28: 남편이 초등학교 동창이거든. 초등학교 동창모임 하는 데서 A를 아주 오랜만에 만났어. 초등학교 때 첫사랑 진짜 풋사랑 같은 그런 친군데 처음에 남자라 관심 가졌던 아이 A가 오랜만에 나온 거야. 그래서 내가 같이 술 먹고 놀면서 A를 내 첫사랑이다 했거든. 남편이 갑자기 화를 내면서 나를 밖으로 불렀어. 그러면서 내 멱살을 잡고 벽으로 막 밀치고 막 화가 나서 그걸 주체를 못하는 거야. 난 너무 어이가 없어서 니도 여자동창들하고 그렇게 놀지 않냐고 말했지. 나중에 얘길 들어보니까 그 친구한테 어떤 열등의식이 있었던 거야. 근데 내가 관심을 보이니까 이런 말까지 했어 나한테. 니 걔 좋아하면서 나랑 결혼한 거 아니냐고. 되게 마음이 아픈 거야. 이 남자가 이렇게까지 생각하게 내가 행동을 했나? 난 그렇지 않은데. 화가 나면 그렇게 그 화를 본인이 주체를 못해. 시누들하고 결혼 초에는 다 같이 살았었는데 시누가 여기 문신을 했었어. 내가 결혼한지 몇 년 만에 남편이 문신을 처음본거야. 남편이 불같이 화를 내면서 싱크대에서 칼을 꺼내 가지고 시누를 죽여 버린다고 그러는 거야

단계9: 시동생한테?

구들장29: 다 여동생이야. 그것도 너무 황당했고. 이 남자 이런 남잔가? 이러다가 살인사건 나겠다. 너무 놀라고 공포스럽고 그런 분노들이 많은 남자였

거든. 그 외에도 많은데 한번은 시누가 나를 되게 힘들게 해서 내가 친정에 좀 가있었어. 그때 큰아들이 3,4살이었나. 남편이 얘기 좀 하자고 그러는 거야. 그래서 남편을 만났는데 그 자리에 친구를 데리고 온 거야. 진짜 용기가 없다는 생각이 막 들고 되게 기분이 나빠서 그냥 나왔어. 그러고는 그냥 가는데 골목에서 신랑을 다시 만났어. "이게 뭐야! 해결하려고 나 부른 거 아니야? 근데 친구는 왜 데리고 왔어?" 내가 막 화를 내는 중에 남편이 화가 나서 내 뺨을 막 때리는 거야. 아들이 옆에 있는데 아들 보는데 옆에서 폭력을 쓰니까 너무 화가 나는 거야. 그래서 나도 바로 같이 때렸어 그러고는 친정으로 갔어. 나중에 남편이 하는 얘기가 내가 때릴 줄은 몰랐다는 거야.

정16: 뺨을 그렇게 맞고 정말 분노감이 들었겠어!

구들장30: 그렇지. 내가 때릴 줄 몰랐다고 얘기 하는데 어이가 없더라고. 그리고 아~ 내가 같이 때린건 정말 잘한거라는 생각이 들었어. 그 이후로는 나를 때리지는 않았어. 그냥 맞았으면 가정폭력을 당하면서 살았을지도 몰라. 시어머니랑 같이 살기 시작하면서 또 트러블들이 있었는데 그때 내가 너무 힘들었어. 그땐 나도 공부도 하고 이럴때니까 얘기를 좀 해야겠다 싶어서, "당신이 그렇게 화내는건 이해가 되는데 그렇게 크게 화내면서 이렇게 폭력적으로 하는 건 난 정말 힘들다. 앞으로 또 이런 모습을 보이면 난 당신하고 못 살 거 같다" 이렇게 말했는데 근데 거짓말처럼 그 다음부터는 그런게 없는거야. 되게 고맙고 내가 원하는걸 들어주니까 아~이 사람이 날 정말 사랑 하는구나 이런걸 느꼈어.

정17: 그동안 그렇게 막 화를 내서 힘들었겠어.

구들장31: 전에는 이런 생각 떠올리면 너무너무 슬펐는데 오늘은 많이 담담해진 거 같아. 그래서 나는 이성에 대한 감정이 이렇게 생기면 내가 남편한테 불만족스러운 게 있어서 이렇게 되는 건가? 그래서 미안한 거지.

정18: 그건 자연스러운 감정의 흐름이라고 생각돼. 뺨 때리고 나서 남편에게 니 감정을 말했어?

구들장32: 감정표현은 안했어. "뭐하는 짓이냐"고 이런 식으로 말을 했던 거 같아.

사랑12: 그 때 당시에 감정표현하기 쉽지 않았을 거 같아. 너무 충격이 커서. 아무 생각이 없었을 거 같아.

구들장33: 하다하다 손찌검까지 하나 생각도 했어.

티나8: 남편과의 관계가 참 힘들었겠어.

구들장34: 나는 내가 너무 불쌍했던 거야. 이렇게 스스로를 불쌍해하고 있는 내가 너무 어리석다는 생각을 했어. 그래서 뭐? 다 지난건데 과거를 붙잡고 있지는 말아야겠다 이러니까 지금은 많이 좋아지고 있어.

(잠시 침묵)

단계10: 남편한테 불만족스러워서 다른 남자한테 호감을 갖는것 같다고 얘기한 거 같아서 꼭 그렇지만은 않을 수도 있는데 그걸 죄책감으로 가는게 아쉬워.

구들장35: 그럼 그 감정이 자연스러운 거라면 다들 그런 감정이 생길거 같은 거야. 근데 주위 친구들하고 얘기해보면 다들 그런 사람이 없는거 같아. 나보고 '야~ 너는 아직도 그런 감정이 생기냐?' 이런 식으로 얘기하니까 이게 자연스러운 거라는 생각을 못 하는 거야.

사랑12: 남편하고 문제가 해결이 정말 됐을까? 뭔가 구들장이 원하는 욕구가 충족이 되지 않아서 다른데서 충족하고 싶어서 찾는게 아닐지 생각해봐야 할 거 같아.

구들장36: 지적인 욕구나 내 관심분야에 대해서 대화상대가 서로 안 되잖아. 하는 일도 다르고. 나는 남편이 회사일이나 뭐 그런 직장동료 얘기할때 되게 재밌거든. 내가 겪진 않지만 맞장구 쳐주고 막 재밌게 들어. 근데 내 얘기할 땐 남편이 잘 이해를 못 하는 거 같아. 이상한 말하고. 그러니까 말하기가 싫어지는 거지. 우리 교육원 애들 다 담배 피거든. 난 애들 담배 필수 있다고 생각하는데 남편은 절대 안 된다고 하니까 확 얘기하기가 싫어지더라고. 그런 부분은 답답한게 있지. 근데 동료들하고는 그런 얘기가 잘 통하니까.

사랑13: 구들장은 내가보니까 이야기할 때 어제 3초하고도 그 얘기 했는데 되게 여성스럽고 이쁘다는 생각이 들었어. 누군가 이야기하면 딱 다가가서 아 그래? 하고 되게 긍정적으로 답변해주고 쳐다봐주고 반응을 되게 잘 해주더라고. 와~ 저게 매력이구나 그런 얘기 했었잖아. 남편이 구들장 얘기에 이해를 잘 해 주고 아니고를 떠나서 남편이 구들장처럼 관심을 갖고 반응을 해줬는지 궁금해.

구들장37: 반응 태도는 불만족스럽진 않아. 말이 안 통할 뿐이지.

단계11: 남자들이 후딱 빠지겠다. 구들장한테

구들장38: 내게 빠진다고?

단계12: 그런 살가운 반응들이 남자들을 녹이지.

정18: 남편하고 얘기하는 건 많이 답답하겠다 외롭겠다는 느낌도 들고.

구들장39: 음, 깊은 얘기를 못하니까.

yes7: 남편의 성향이 최근 몇 년 동안 되게 좋아졌다고 했잖아. 좋아졌다고 해도 굉장히 폭력적이고 과격한 기억들이 아직 남아 있잖아. 그 사람을 대할 때 어느 정도 수위까지 얘기하면 또 그렇게 욱하지 않을까 하는 긴장을 갖고 있어 보여.

구들장40: 맞아. 그런 거 있어.

yes8: 그러면 감정을 다 드러내지 못하게 되지. 남편에게는 여기까지만 이런 게 있게 되는 거지. '편하지는 않아' 그 말은 만족스럽지 않을 뿐 아니라 조심해야 하고 그래서 약간의 긴장감이 있겠다고 보여.

구들장41: 남편 기분을 살피는 거 눈치보고 그런건 있는거 같아. 그래서 좀 안 좋아 보이면 무슨 일 있냐? 기분 나쁘냐? 그렇게 꼭 물어보게 되고.

정19: 그렇게 조심해서 살면 안 편하겠어. 부부간에는 서로 편하게 펴져서 살아야 하는데.

yes9: 그 이상은 안하게 되잖아. 예전의 기억들이 폭력적이고 이런것 때문에.

구들장42: 한 3년 전쯤인가? 가족화를 그리는데 남편을 울타리 밖으로 이렇게 그렸더라고. 나랑 우리 아이들이랑 평상에서 삼겹살을 구워 먹는 장면이었나? 근데 남편이 밖에 텃밭에서 상추인가 고추를 따는 장면을 그리는 거야. 근데 교수님이 남편하고 심리적으로 거리감이 있다고... 거리감이 있는 거 같아. 애들하고 나는 더 친한 거 같아.

정20: 부부간에 거리를 두고 살면 일체감이 안 들어. 그러면 외로워지잖아.

구들장43: 맞아, 어떤 내 감정을 표현했을 때 이 남자의 어떤 아킬레스건을 건드려서 감정이 확 일어날까? 그 분노버튼을 잘 모르는 게 불안해. 자존심 상할 때 많이 터지는 거 같은데.

정21: 예측불허의 화를 내니까 말하면서 불안해지잖아. 그러면 남편이 화 안내도록 하기 위해서 남편에게 맞춰주게 되고 넌 너의 힘든 것과 불만 등을 남편에게 말을 못해. 남편은 자기 속 얘기다하고 넌 말도 못하고 산다면 남편이 네게 무슨 도움이 되겠어? 그러니 당연히 외로워지지.

구들장44: 내가 이야기를 하면 남편이 내 마음에 대해서 공감을 전혀 못 한다 이런 생각을 했어. 내가 놀라고 힘들어 하는 거에 대해서. 공감은 안 되고 그냥 '알았어 미안해' 이러는 정도.

정22: 네 마음을 공감해 주지 않아서 허전하고 답답하겠어. 네 남편의 "미안해" 이 말도 영혼이 담기지 않은 거 같아.

3초1: 나도.

사랑14: 구들장의 상처입은 마음에 공감이 안 되니까 미안해 이 말이 영혼이 없다는 거지. 정말 '내가 화를 내면 아내가 힘들겠구나'하고 생각해야 미안한 거잖아.

정23: 구들장 남편이 정말 미안해했다면 자기의 잘못을 조금씩 고쳐야 되잖아. 화내는 것은 좀 줄었지만 네게 깊은 관심은 없어 보여 널 필요로 하는 것만 보여. 남편이 "너도 때렸잖아"라고 했을 때 어떤 느낌이었어?

구들장45: 그 말을 들었을 때 너무 말문이 막히더라고. 어이가 없고... 화도 너무 났었어. 오래전에 힘들었고 상처받았단 이야기를 해도 소용없겠다 그런 생각이 들어.

yes10: 부부사이라면 십년 전 이십년 전 것도 그냥 편하게 얘기하고 '아~ 내가 잘못했어' 이렇게 사과도 하고 이런게 화제가 되면 좋다고 생각해. 난 큰 애가 초등학교 들어갈 때 상담받기 시작했어. 그럼 8살이잖아. 근데 걔가 상담을 받으면서 내가 '야 그래도 좋은 엄마 아니야?' 이러니까 '엄마

바이올린 활로 나 때린 거 기억 안 나?' 이러는 거야. 난 기억이 없었거든. 그래서 '내가 언제 널 때렸어?' 이러니까. 자기는 너무 아팠다는 거야. 활로 등짝을 때리니까 진짜 아프다는 거야. 그래서 말꼬가 터진 거잖아. 괜히 '나 좋은 엄마 아니야?' 했다가 바이올린 활로 때린거 또 안마하는 걸로 자기 때렸대. 숙제 안 했다고 근데 난 기억이 정말 없거든. 그래서 말꼬가 트인거야. 우리 사무실에 가끔 놀러오잖아. 그럼 다른 샘들이 '그래도 니네 엄마하고 말 통하지 않냐?' 이러니까 '몸도 통해요! 엄청 맞았어요' 틈만 나면 그 활로 맞은걸 말해. 이걸 우리 센터 샘들도 다 알아. 그걸 한번 터놓으니까 친정가면 우리 아빠가 그래도 '난 내 딸 애지중지 키웠다' 하면, 우리 딸들은 할아버지한테 '우린 맞고 자랐어요!' 이 얘기를 하는 거야. 그래도 그런 얘기 몇 번 하다보면 걔랑 나 사이에 되게 가까워지는 걸 느껴. 언젠가 나랑 싸워가지고 내가 딸 도시락을 안 싸줬거든. "그런 엄마가 어딨어?" "나 있잖아!". 이렇게 쌓인 것에 대한 얘기가 빈번해지면서 되게 편안해지고 상처가 아닌 듯 되더라고. 난 그런 효과가 상당하다고 생각해.

티나9: 구들장이 남편하고 감정소통이 안 되고 지적인 대화도 안 돼서 답답할 것 같아. 앞으로도 답답할 거 같고.

구들장46: 앞으로도 관계가 답답할 거 같다는게 난 인정이 왜 안 되지? 소통이 안 된다고는 생각하지 않았는데.

정24: yes10에서 자기 얘기만 길게 하지 말고 남편과 소통이 안 되는 구들장이 힘들겠다는 공감이 필요했어. 남편과 소통이 된다고 말하는 구들장의 말이 황당하다.

※ 정24: 역할극 상황은 생략 했씀. 구들장이 남편 역할을 하고 구들장을 잘 알고 있는 쨈이 구들장 역할을 하면서 남편의 반응을 보았음.

티나10: 감정의 소통이 됐다고 지금 생각하는 거야?

구들장47: 아니

티나11: 답은 다 나온 거 같은데, 소통이 안 되는 것이 아니라고 왜 계속 부정하는지 모르겠네! 답답하네, 진짜.

쨈4: 내가 아까 구들장의 역할을 했는데, 막 화가 나고 어이가 없었어. 구들장이 남편 역할하면서 내게 '니도 때렸잖아' 이렇게 말했을 때 '그게 말이 되냐' 이렇게 말하고 싶었지만 구들장의 평소 모습을 봤을 때는 그냥 이렇게 하다가 '미안해~' 하니까 나도 '어~ 알았어' 이렇게 말했지.

티나12: 애써 묻어버리는 대응이지.

쨈5: 구들장은 자기감정을 만나서 표현하기보다는 그냥 남편에 대한 기대를 상당히 낮게 해버린다는 그런 생각이 들었고, 같이 근무하면서 똑같은 상황에서 난 화가 상당히 나는데 구들장은 화가 전혀 안 나는 상황을 몇 번 겪은 거야. 난 속에서 부글 하는데 구들장은 그냥 만족하고 '이 정도면 됐어'라고 하는게 나도 아쉬워.

정25: 아쉽기만 해?

쨈6: 아쉬우면서도 답답하다 직면하는게 부족해서. 직면하는거에 대해서는 엄청 주저하는 마음이 답답해.

정26: 나도 구들장이 직면하고 맞짱뜨지 않아서 답답해.

단계13: 구들장이 감정표현을 못 하는 것이 자신에 대한 존중도가 낮은 것 때문이란 생각이 들어. 근데 내가 보기에 구들장이 되게 괜찮은 사람이거든. 남자들 입장에서는 굉장히 좋은 여자지, 비판적이지 않고 애교도 있고. 자신에 대한 존중이 컸다면 아까 남편이 너 때려놓고 "너도 때렸잖아" 라고 말했을 때, "그게 지금 말이라고 하는 거야?" 이랬을 거 같아. 그런 부분이 아쉬워. 남편한테도 더 사과하라고 요구했어야 하는데.

yes11: 사실은 그 사과도 아들한테도 해야 되 아빠가.

티나13: 그렇지.

정27: 구들장이 아직 남편에게 맞춰줘야 한다는 틀이 강해 보여. 그 틀 속에서 현 상태를 유지해서 변화보다는 안정위주로 사는 모습이 많이 답답해.

티나14: 나도 많이 답답해.

정28: 사랑한다는 느낌도 안 들고 남편에게 의지도 안 되니 같이 사는 게 힘들겠어. 구들장이 아직까지 남편이 소통이 안 되는 사람이라는 것을 인정하지 않았어. 이건 남편을 부정하고 싶지 않아서 그런 것 같아.

티나15: 구들장이 말꼬리가 작아지면서 흐려지더라고. 자신감 없는 사람들이 말꼬리를 흐리잖아. 그런 남편이 그래도 좋나 보지 뭐.

단계14: 힘아리가 없지 구들장이.

구들장48: 자존감이 낮다는건 정말 인정이 돼. 자신감도 많이 없고 사실 나 오늘 긴장이 많이 됐거든. 내 차례가 오는거 같아서. 첫날에는 부담 없고 많이 편했는데 오늘 아침부터 되게 다운되고.

티나16: 그래서 다운된다 했구나. 나는 비와서 다운된다 한줄 알았네.

구들장49: 그래서 말할 때도 말투가 약간 떨리는 내 자신이 되게 못마땅하거든.

단계15: 떨린다고는 못 느꼈어.

구들장50: 아 진짜? 난 되게 떨리는 거 같은데.

단계16: 힘아리가 없네.

구들장51: 내가 불편했던 감정을 표현하는 거에 대해서 자신이 없는 거지. 내가 감정표현을 하면 남편이 어떻게 반응할지가 걱정이 돼.

단계17: 아~ 불안해서?

구들장52: 큰 상처나 크게 화난 것은 말할 때부터 내가 막 떨면서 말할거 같은 거야.

정29: 되게 두려워하는 마음이 있구나.

구들장53: 음. 아까 yes 얘길 들으니까 용기내서 말 해봐야 되겠다는 마음이 들었어.

yes12: 자꾸 얘기 하면 더 좋아. 딸이 내게 더 붙어. 우리 딸은 요즘 신나. 신나서 나한테 자주 얘기해. 더 맞은거 없나 막 생각하고.

(다들 웃음 하하하~~~~~~~)

쨈7: 우리남편도 내가 과거 얘기를 몇 번하니까, 또 집단 갈 때마다 갔다 와서 말 하고 같이 가기도하고 그러니까 '제발 좀 그만하자. 너는 왜 계속 말을 하냐'고 하더라고. 내가 안 풀려서 그렇다고 공감 안 해줘서 힘들었다고 말했어. 나는 구들장이 여기서 주춤할까봐 걱정되. 근데 내가 정말 십년 넘게 하니까, "그래 니가 진짜 힘들었구나" 이제야 남편이 공감을 하더라고.

티나17: 십 년이나 하고 너 독하다.

정30: 그런 얘기를 계속 반복하는 이유는 듣는 사람이 공감을 잘 안하니까 그래. 옛날 얘기하면 대게 사람들이 '옛날 얘기 왜 꺼내냐? 기억이 안 나' 맨날 이렇게 반응하니까 화가 안 풀어지고 더 쌓이지.

단계18: 화가 더 올라가~ (웃음)

정31: 얘기할 때 미안하다하고 공감해주고 그러면 금방 풀어지잖아.

단계19: 아~ 그 과거 사건이 풀어진다는 거지.

쨈8: 공감을 안 해 주면?

정32: 그러면 할 수 없지. 밖에나 가서 친구들 만나서 풀어야지.

단계20: 그래, 친구에게 풀어야지.

정33: 속마음을 얘기할 수 있는 친구가 4~5명은 있어야 하는데 이런 친구가 없으면 배우자만 붙들고 달달 볶아.

사랑15: 근데 난 남자친구 사과 중에 마음에 안 드는 게 '미안해 미안하다고~!' 화내면서 '알았어 내가 잘못했어 내가 나쁜 놈이야!' 이렇게 말을 해. '이게 사과야 뭐야?' 하면 남친이 '여기서 무릎이라도 꿇을까?' 그래. '이게 정말 미안하다고 느껴서 하는 사과야?' 그랬더니 남친이 '아니 정말 대체 뭐라고 미안하다고 해야 돼?' 그러면 내가 할 말이 없어. 그 다음부터 내 입이 막혔어.

정34: 그래 할말이 없겠다. 화내면서 미안하다고 하니, 진짜 미안한 마음이 아니네. 네 남친은 자기 잘못을 인정하지 않잖아. 그러니 미안하지 않지.

사랑16: 남친에게 진짜 짜증이 많이 났었어!

정35: 정말 많이 답답했겠어. 네 남친은 미안하다고 말하지 말고 솔직하게 '화난다'고 말했어야 해. 차라리 솔직하게 말하는 것이 관계를 더 좋게 해.

쨈9: 예전 이런 상황이 있었어. 막 싸웠는데 상대방이 "니가 그래서 많이 힘들었겠구나" 이 말을 기대했다는 거야. 내게 너무 상담자로서 역할을 기대하는 거 아니야? 그런 무리한 기대를 내게 하니까 분노가 더 끓어오르는 거야. 그때 내가 해준 얘기는 '상담자로서의 기대를 너무 하는 거 같다' '나도 속이 상해서 그렇게 말하기 힘들다.' 이렇게 했거든. 속이 상하니까 공감이 안 되더라고.

정36: 그 친구의 요구도 너무 지나치네.

쩸10: 직장에서도 다른 상담자들이 공감 안 하면 내가 화가 버럭버럭 나는 거야. 상담자로 서의 기대를 나도 했나? 이런 마음이 들어.

정37: 네게 상담자 역할을 기대하면 분노가 끓어오른다면서 넌 동료에게 상담자 역할을 기대하고 있구나.

사랑17: 나처럼 쩸도 강요성이 많이 보여.

정38: 사랑은 강요성의 문제라고 보기보다는 사랑이 남친에게 끝까지 대화를 해보려고 하는 마음이 없다는 거야. 넌 너무 강요를 안 해서 문제지. 강요성이 너무 낮아도 이리저리 끌려 다니기만 해. 그냥 거기까지만 하고 끝내는거 같아. 사랑도 구들장하고 똑같아 그래서 답답해.

사랑18: 그럴 거 같애. 소통을 잘 못해서 나는 외로운 거 같아.

구들장54: 이 집단 오는 것도 남편한테 얘기도 안하고 일단 온다고 먼저 얘기 했잖아. 그게 되게 부담이 되는 거야. 이 남자에게 어떻게 가야된다고 해야 되나 되게 부담이 됐는데 근데 이야기 하니까 되게 흔쾌히 갔다 오라고 또 이러는 거야.

단계21: 남편을 많이 어려워하는구나.

구들장55: 내가 남편을 너무 두려워하나?

사랑19: 두려워하는 것까지는 아니어도... 아무래도 분노가 많은 사람 상대할 때 긴장하는거 같아. 어디에서 화가 터질지 모르니까.

티나18: 예측불허인 사람한테 대화하기 되게 힘들지.

구들장56: 난 항상 그런건 아닌데 난 뭔가 내가 부탁을 하거나 아쉬운 소리를 해야 되면 약간 긴장되고 상대방이 거절했을 때 내가 어떻게 할까 이런 게 걱정이 돼.

단계22: 받아들이지 않을까봐 긴장하는 거야?

구들장57: 보내줘도 태클을 걸다가 보낼까봐. '무슨 모임이 그래 오래하냐?' 이런 식으로 말 한다던가 그럴까봐 되게 신경이 쓰여.

정39: 넌 엄마 눈치 보는 초등학생 같아.

구들장58: 화를 낼 때도 있어. 뭔가 자신이 있으면 막 화를 낼 때도 있어. 근데 화를 낼 때 정말 내가 마음을 먹고 내.

쨈11: 한 십년에 1~2번 낸 거 아니야?

(다들 웃음 하하하~~~~~~)

구들장59: 왜냐면 내가 화를 내려면 정말 맘먹고 마음을 확 끌어올려서 해야 되니까 힘들어.

정40: 3~4년 동안은 힘을 쌓아놔야 되겠구만! 그래도 참고 살려면 답답하고 힘들잖아.

(다들 웃음 하하하~~~~~~)

쌈닭2: 그 부분에 대해서는 공감이가. 그래 화를 내려면 마음을 먹어야 해.

정41: 너도 십년에 한 번씩 내는 거야?

쌈닭3: 음.

티나19: 다음 화는 십년 후야?

(다들 웃음 하하하~~~~~~)

구들장60: 사실 그렇게 계획하지 않은 화는 안 냈던 거 같아. 순간적으로는 화를 못 냈어.

3초2: 무슨 화를 계획하고 내?

티나20: 답답하네!

쌈닭4: 그때 그때 화를 내는 게 아니라 문제가 생겼어 근데 그 때는 넘어가. 근데 그게 또 반복될 거 아니야? 그러다 어느 순간 이제는 안 되겠다 싸워야 되겠다 이런 생각이 들었을 때 싸우게 되는 거지.

구들장61: 아니 너는 큰 화를 이야기 하는 거고.

쌈닭5: 말을 하면 어느 정도 논리적으로 말을 해. 그러다가 내가 감정이 상하면 화를 내면서 이야기 한단 말이야. 그러면 남편도 감정표현을 못하니까 듣고 있고 내가 계속 감정적으로 얘기하면 남편은 '듣기 싫어 그만해!' 이러는 거지.

티나21: 됐어, 됐어 여기까지 그만해! 그렇게.

쌈닭6: 딱 단절이 되는 거잖아. 그럼 나도 거기서 딱 물러서는 거고. 끝나버리는 거지, 싸우는건 아니고 미치는 거지. 그럼 남편은 이제 그걸로 끝났다 생각하지. 구들장 얘기들으면서 좀 답답했어. 이성한테 그런 좋아하는 감정이 그냥 가진 않잖아, 좋아하는 감정이 어떤 때 그런 감정들이 들어?

구들장62: 내 자존감을 지켜 줄 때?

단계23: 어~

들꽃2: 그럴 거 같더라구~

쌈닭7: 그럼 구들장은 존중해주고 뭔가 이렇게 잘해 준다는 느낌이 들 때 마음이 가는 구나.

티나22: 이런 여자들이 제비들의 타겟 1순위지.

(다들 웃음 하하하~~~~~~~)

단계24: 그렇지, 구들장이 돈만 좀 많았으면...

티나23: 제비들이 바로 쪽쪽 빨아 먹는 거지.

단계25: 처음에 이 장 시작 할 때 이성을 좋아하는 마음의 문제를 제기했는데 그게 집단원들 얘기 듣고 좀 해결 됐어? 어때?

구들장63: 응, 지금 뭔가 되게 시원해. 시원하고 후련해!

정41: 너는, 보니까 다른 남자랑 연애는 못 할 거 같애. 소심해가지고. 맨날 쭈뼛거리기만 하고. 연애도 못 하고 그냥 그러니까.

구들장64: 안 해도 돼~

정42: 그러니까 그런 거 포기하고 남편하고 더 부딪치고 좀 더 싸우고 관계개선 시도를 더 해 봐야 될 거 같아. 예전에 1,000m 이상의 산에 내가 한 달에 한 번씩 등산 갔더니 등산 실력이 안 늘더라고. 한 달에 두 번 정도 가니까 등산 실력이 늘데. 싸움도 자주해야 싸움 실력이 늘어. 화를 내면서 싸우면 소리 큰 사람이 이겨. 구들장이 남편에게 당연히 지는 거지. 한 번에 확 꺾어 버리려고 맘먹고 화를 내고 그러다 한 방 얻어맞잖아. 천천히 마음먹어. 내 감정을 자꾸 자꾸 표현해. 그러면 상대의 가슴에 이슬비에 옷 적시듯이 스며드는 것이 있을 거야. 그러면 삶의 의미가 조금씩 느껴지지 않을까? 오뉴월에 죽순 자라는 것처럼 기대하지 말자고.

(휴식)

— 13회기 —

yes

yes1: 난 혼자 있고 딸들도 따로 지내고 하니까 싸우고 그러지는 않아. 근데 항상 그렇듯이 강요적이고 강박적인 게 크지. 어떤 문제가 닥치면 크게 만드는 거야. 최근에 어떤 사람이 되게 꼴배기 싫어지는 거 있잖아. 결국 내 강요랑 강박이 심한걸 알지만 그래도 엄청 싫어지고 짜증나고 그런 게 좀 많아. 요즘 들어 좋아져야 되는데 더 나빠지고 있다는 생각이 좀 들어.

사랑1: 내 뜻대로 안되니까 그런 거야?

yes2: 내 뜻대로라기 보다 어떻게 저럴 수 있냐? 라는 게 있어. 내 기준이 심한 거지. 지금 상황에 어떻게 저럴 수 있어?

실천1: 최근에 그런 어떤 일이 있었는지?

yes3: 최근에 좀 많아가지고... 큰 남동생은 서울에 살고 작은 남동생은 대구에 있는데. 큰 애는 명절 때만 겨우 와이프랑 딸 데리고 오는데 작년에 딸이 고3이라고 와이프랑 딸은 명절 두 번 다 안내려왔어. 이번에는 조카가 재수한다고 안내려왔어.

단계1: 큰 아들인데?

yes4: 응, 동생만 내려와 올케는 안 오고. 근데 올 때 음식 같은 거는 잔뜩 해서 내려 보내. 이번 추석에도 안내려왔는데, 전화는 정말 싸근 싸근하게 전화를 잘 해 엄마 아빠한테. '어머니 조금만 참으시면 이제 내년부터는 올 수 있어요' 그러면 우리 엄마도 감정 숨기고 '그래 니가 고생이지 우리가 도와주는 것도 없이' 이렇게 대답해. 그럼 난 성질이 뿌직뿌직 나는 거야. 근데 걔가 또 전화하고 그러면 내가 표현도 그렇게 잘 안해. 난 걔가

싫어. 집단에서 그 얘길 한번 했는데, '너 그건 도리가 아니다'고 말하라고
했어. 근데 난 그것마저 말하기가 싫어. 관계 개선하는 그런게 싫어. 그리
고 부모님도 아파서 신경을 써야하고 내가 구태여 싸워가지고 어색하게
해가지고 두 번 갈 거 한 번 밖에 안내려오고 그럴까봐 참는 건데 근데 생
각하면 내 속에서는 부글부글해. 화가 많이 나. 혼자 술 먹을 때 그걸 씹으
면서 먹어. 또 하나는 내가 십 몇 년 동안 친하게 지내는 스님들이 있어.
그 절에 있는 사무장도 친하게 지내. 그래서 걔도 맛있는 거 있으면 나한
테 보내주고. 근데 걔가 아파서 병원에 입원을 해야 되니까, 누가 대신해
서 와 있으면 안 되냐 해서. 내가 아는 A를 보내기로 했어. 절은 새벽 네시
반에 일어나잖아. 근데 한 10일 있는 동안 A가 아침에 아홉시까지 자버리
고 딴사람들은 마당 청소 하는데 A는 자고. 점심시간에 컴퓨터 앞에 있으
면서 점심먹자고 부르러 와야 가서 먹고. 지가 편한 대로 사는 거야. 그러
니까 A는 쉬러 간 거다 이거고. 그쪽에서는 사무장이 병원에 갔으니까 넌
사무장역할로 온 거다. 그래서 그 주지스님이 화가 엄청 나버린 거야. 매
사가 너무 너무 힘들었던 거지. 근데 A는 갔다 와서 그걸 전혀 인식을 못
하는 거야. 너무 힘들었으면 스님이 A를 불러서 이렇게 하지 말아라 시켜
야 되잖아. 스님이 말을 안 하신 거지. 또 주지스님 누나가 거기 와서 일을
봐주고 있었거든. 그 누나한테도 실수를 한 거야. 어쨌든 대장의 누나잖
아. 뭘 시키면 '제가 그걸 왜 해야 되요? 전 너무 기분 나빠요!' 이렇게 말
해버리는 거야. 절 들어가는 입구 그늘에 사람들이 더위 피해서 누워있는
데 CCTV를 통해서 보면 보기 싫잖아. '가서 누워있으면 안 된다고 말해
라' 그러니까 '저한테 그런 거 시키시니까 너무 힘들다' 고 했대. 대장이
열 받은 거야. 그 와중에 아침에 보니까 9시까지 안 일어나지 딴 사람들
청소하는데 혼자 자버리지. 밤에는 밤늦도록 컴퓨터 켜놓고 뭔가를 하고
있지 이러니까 대장은 A가 싫었던 거지. 그래서 그 후에 내가 A를 보면
힘들더라고. 이걸 말을 해야 하나 말아야하나. 근데 나 아직까지 말을 안
했거든. 내 속에서 화가 많이 올라와. 그래, 니 입장에서는 힐링 하러 갔고
그럴 수 있겠다 이런 마음이 들어야 되잖아. 근데 나는 철저히 대장편이

되버린 거 같아. 아직 말 안했어 얼굴은 계속 봤거든. 근데 참는 거 되게 힘들긴 하더라.

사랑2: 사무장으로 간 건 월급을 받고 간 거야?

yes5: 보수를 그 기간만큼 받았대. 그러니까 문제지 돈을 안 받아야 되잖아.

사랑3: 돈을 안 받아야 힐링하러 간 거지.

yes6: 자기는 돈을 안 받고 힐링하러 가겠다고 그랬는데 사무장이 돌아와서 수고했다고 돈을 준거야. 주니까 받았다는 거지.

3초1: 왜 받아 받지 말아야지

yes7: 걔 얼굴을 자주 봐야 되는데 짜증이 많이 나.

단계2: 짜증이 나지.

yes8: 근데 이 얘기를 내가 하면은 대장이 나한테 얘기 했다는 걸 알게 되잖아. 그러면 대장은 '그냥 이런 얘기는 혼자만 그냥 들으세요 내가 답답해서 하는 얘기에요' A에게 말 하지 말라는 투로 얘기하시더라고

단계3: A가 개념이 좀 없는 거 같은데?

yes9: 많이 없지. A가 사무장한테 전화해서 너무 성질난다고 나한테 잡다한 걸 너무 시킨다고, 나는 사무실 일만 하면 되는 거 아니냐고 따진 거야 그러니까 사무장도 그때 놀란 거지.

단계4: 사회성이 떨어지는 거지.

yes10: 짜증이 많이 나.

3초2: 짜증나겠네.

단계5: 화도 나겠다.

사랑4: 그렇겠네.

yes11: 또 하나는 집에서 스트레스 받은 건데. 딸이 석사 논문을 안 쓰고 있어. 사실 작년 11월에 통과 시켰어야 되는 거거든. 근데 교수가 걸었어. 얘가 전공은 조형인데 대학원은 문화재과로 다녀. 그러니까 이게 다르니까 애가 되게 힘들고 어려운 건 알아. 근데 애가 또 한문으로 책 읽는 게 습관이 안 되가지고 되게 힘들어 하거든. 요즘은 저녁에 핸드폰 게임하는 걸 부쩍 하더라고. 난 참고 참아 가끔 한마디 하는데 옆에서 그냥 '논문 어떻

게 됐어? 평가 어떻게 됐어?' 하면 '몰라 나 그거 생각하면 머리 아파 나중에 말할게' 하고 더 이상은 말도 안 해. 내가 이 말을 일주일에 한번 주기적으로 하거든 그러면 얘는 짜증도 안내고 '아 그냥 써야지 올해는 안 넘겨야지' 이러고 나오는 거야. 나 그때마다 진짜 화 많이 나.

단계6: 올해 거의 다 갔는데...

yes12: 내 말이. 지도교수가 자기가 올 겨울에 되게 바쁘고 외국 나갈 스케줄도 많으니까 논문을 봐 줄 수가 없다고 공고를 한 거야. 하려면 11월까지 해라. 12월부터는 내가 장담을 못 한다 이렇게. 얘 딱 보면 올해도 못하게 생겼어. 그래서 난 집에 가서 딸보면 그게 스트레스잖아.

쌈닭1: 스트레스 받겠다!

yes13: 내가 딸한테는 감정표현을 잘 못해. 올라와도 되게 참고 싸우면 너무 내가 에너지 딸리고 피곤해서 그냥 사이좋게 지내고 싶다 이게 강해. 어떤 때는 내가 왜 이러고 사나 갑갑하기도 하지.

실천1: 난 yes 딸하고도 같이 만나서 저녁을 먹기도 했거든. yes가 딸하고 사이가 진짜 좋아. 그때 yes하고 방 치우는 문제를 얘기했었거든. 우리 아들도 함께 같이 저녁을 먹었었어, 아들 방 치우는 거 가지고 나는 되게 많이 신경을 써. 근데 yes는 생각이 다른 거야. 언젠가는 지가 필요에 의해서 치우는 건데 그것은 내가 상관할 일이 아니라는 이야기를 했었거든. 그러니까 나는 그 순간에 당황하기도 하고 내가 너무 청소에 대해 너무 강박적인 표현을 해서 아들을 불편하게 했나하는 생각이 들었어. yes가 자식의 자존감을 전혀 떨어뜨리지 않으려고 애를 쓰는 느낌이 들고 너무 배려하지 않았나 하는 생각이 들었어. 진짜 딸한테 부정적 피드백을 하지만 아프게 안 하는 거 같아. 그니까 딸이 고치려고 하는 의지가 별로 안 생기는 것 같아. 딸한테는 되게 조심한다는 그런 게 느껴져서 그 부분이 좀 아쉽기도 했었어.

yes14: 많이 조심하는 편이지...

실천2: 완전한 소통보다는 그냥 좋게 말하고 부딪히고 싶지 않다는 게 느껴져서 답답한 마음도 들어.

티나1: 딸들한테 조금 세게 한다고 난 알고 있었거든.

yes15: 세게 하는데 청소 가지고는 안 해. 고등학교 때 내게 자꾸 귀를 뚫겠다 타투를 하겠다 친구가 목뒤에 했는데 나 딱 하나만 하면 안 될까? 그럼 난 호적파고 내 카드 던져놓고 하면 된다고 되게 강하게 잡거든. 대학교 가기 전까지는 귀 뚫는 것도 계속 반대했어. 근데 대학가고 부터는 아무것도 터치 안했어. 7개 뚫어 왔잖아 나 보란 듯이. 그러더니 한 두 달 만에... 서너 개는 메꾸더라고. 난 고등학교 때까지 되게 위압적으로 했어 딱 손에 쥐고.

실천3: yes가 제일 가까운 사람들한테 의외로 부정적 피드백 못하고 있는 거 같아.

yes16: 못하는 부분도 있고 눈치를 많이 보는 거 같아.

실천4: 그러니까 눈치 보니까 표현을 못하지.

티나2: 난 잘한다 생각했는데.

※ 티나2: 감정표현을 안 함. 티나1과 같은 말을 하고 있음. 실천 1.2.3 얘기를 들었으면 yes에게 부정적인 피드백을 했어야 함. 티나는 부정적인 피드백을 잘 못 함.

실천5: 근데 난 올케에 대해서 그 정도 불만이 쌓였으면 평소에 yes 같으면 할 수 있다 생각하거든.

※ 실천5: yes에게 답답해. 아쉬워 등의 감정표현을 안 함.

정1: 이중적인 태도가 보여서 답답하네. 나도 의외야. yes가 가족에게 표현 못하는게 너무 답답해.

3초3: 정말 의외야!

yes17: 난 참기 힘들다니까.

정2: 너무 참잖아 표현안하고. 그러니까 힘들지.

사랑5: 근데 왜 참는 거야?

※ 사랑5: 질문보다는 답답하다고 감정표현을 하는 편이 더 나음.

yes18: 엄마 아빠는 내 성격을 알지. 이번 명절에, 올케가 전화해서 '형님, 못 가서 미안해요' 그리고 바로 동생에게 전화를 바꿔 달라는 거야. '그래 알 았어 다음에 보지 뭐' 이러고 바꿔줬어. 엄마는 또 그러시는 거야, '니가 고생이지 뭐 내가 무슨 고생이냐?' 이러고 끊어. 침묵이 쫙 흐르는 거야. 내가 조금 있다가 '진짜 뭐야?' 이러니까 동생은 TV 계속 돌리고 있고 우리 엄마는 '조용해라!' 고 딱 자르지.

티나3: 둘째동생이 대구 살지?

yes19: 엄마아빠 표정이 내 눈치를 계속 보는 거야. 그게 서글픈 거야. 그러다 아빠가 '싸우지 마라. 나 진짜 싸우는 꼴 못 본다' 그러셔. 그럼 나는 '알았 어! 나중에 엎어 버릴께'라고 해.

사랑6: 아, 명절에 동생만 오고 와이프는 안 와?

쌈닭2: 작년에는 딸이 고3이라고 안 오고 올해는 재수한다고 안 오고.

yes20: 근데 또 되게 두려운데 내 성격이 강해 가지고 조곤조곤 따지지 못하 고 터져 나올거야. 그럼 정말 웬수가 되버릴 거 같은 거야. 그러다 한 번씩 부지불식간에 욕도 해버리면 끝나는 거지.

정3: 터져나와서 싸우면 미안하다 하고, 내가 성질내서 기분 나빴겠다고 공감 하면 거의 풀어져. 너무 걱정하는 것이 답답해.

yes21: 잘 못하면 진짜 웬수 되버릴 거 같고 착잡하지 그런 거 생각하면.

정4: 화나는 거 표현 안 하는 거 보면 답답해. 동생들하고 아버지랑 같이 술 엄 청 많이 먹잖아. 그런 술자리에서 올케들에 대한 화나는거 동생들에게 말 안 해?

yes22: 슬슬하지. 이번에 또 안 왔어? 먹는 것만 갖고 왔어? 그럼 우리 아빠는 나한테 눈치를 줘. 둘째 남동생이 진짜 부모님들한테 잘해. 그래서 난 걔 한테는 되게 미안한 마음이 많아. 걔도 아무 말 안 해. 그러면 난 또 가만 히 있는 거지. 우리 집은 내가 성질이 더럽다는 걸 알아. 그래서 나만 조용 하면 된다고 생각을 해.

정5: 답답해. 아버지가 눈치 준다고 해도 술 먹는 자리에서 말 못해?

yes23: 본인이 없는데? 동생한테 말하라고?

정6: 그것은 결국 동생의 문제지 올케들의 문제만이 아니잖아.

yes24: 근데 나도 그 논리를 아는데, 동생은 안 밉고 올케는 미운거지? 내가 잘못된 거지?

정7: yes는 짜증을 잘 내는 편인데 가족이나 자식, 아주 가까운 사람들은(절에 보낸 A 등) 감싸주고 진짜 표현 안 하네. 많이 답답해.

(다들 웃음 하하하하~~~~~)

yes25: 그러니까 내가 생각해도 깝깝스러워. 동생이 미워야 되잖아. 진짜 마누라한테 그렇게 못하냐고 해야 되잖아.

실천6: 문자 한번이라도 문자도 안 보내봤어 올케들한테? '이번에 명절 때도 안 오는 거 서운하다'고

yes26: 문자는 거의... 카톡 같은 것도 잘 안 해.

티나4: 카톡에서 거절을 해놓지 거절을.

※ 티나4: 감정표현이 필요함.

yes27: 일년가도 전화 안 해 나도 안하지만 일 년에 한 번도 통화 안 해.

티나5: 참 얄밉겠다 진짜... 동생이 난 더 얄미울 거 같은데.

yes28: 그래 동생이 미워야 되잖아 걔가 바보인 게 맞잖아. 동생한테 화가 안 나고 올케한테 일방적으로 화가 덧붙여져 가는 거야.

정8: 그래서 난 yes한테 답답해.

yes29: 나도 이상해 진짜 내가 문제의 핵심을 놓치고 있지.

실천7: 가까운 사람한테 부정적 피드백 하는 건 어려울 거 같아. 나도 되게 어렵긴 하더라고.

yes30: 피드백하기 어려운 게 아니고 눈치를 본다는 거지.

정9: 앞에서도 눈치 본다는 말(yes16) 했잖아. 눈치를 보면 피드백을 못 하게

되니 같은 말이잖아. 눈치 많이 보는 게 많이 답답해.

티나6: 관계가 소홀해질 거 같아서 아니면?

yes31: 관계 소홀해지는 건 겁 안 나, 지금은 제일 걸리는 게 엄마 아빠지.

정10: yes가 주지스님한테 들은 얘기지만 A에게 말 할 수도 있지. A를 나무라 듯이 말하지 말고 '스님 생각이 이러이러하고 나도 그래' 이렇게 피드백 할 수도 있어 A를 위해서. 너는 A와 관계가 껄끄러워지는 것이나 동생 올 케와 관계가 껄끄러워지는 것을 지나치게 신경 써서 답답해. 스님은 이런 표현을 직접 하지 못하셔서 네가 대신 전해줬다고 해. 들은 얘기를 당사자 에게 안 해주는게 yes 말처럼 맞긴 해. 그런데 많은 사람들이 직접적으로 그런 얘기를 못 해. A가 마땅히 들어야 할 얘기를 스님이 못하시는 거지. 그러면 친한 사이에서 yes가 A에게 말 해줄 수도 있다고 생각해. 이럴 경 우 A가 방어적이면 잘못한 자기를 반성하지 않고 yes에게 말한 스님을 원 망하겠지. 그러면 '너의 이런 모습은 몹시 방어적이야. 직접 말 않고 내게 말한 스님을 탓하지 말고 너의 잘못을 깨달아' 라고 다시 말해야 해. 그리 고 A 너의 그런 행동으로 인해 너를 소개한 내 입장이 곤란했었다는 말도 해야 해. 또 너의 형제만큼은 아니어도 서로 엄청 친한 사이니까 이런 얘 기 정도는 하고 살아야 해. 부정적인 피드백은 사랑의 표현이기도 해.

티나7: 그럼 A는?

yes32: A는 일단은 우리 센터에 오는 이용인이잖아. 근데 내가 그걸 또 얘기 를 하면 이제 그 대장은 또 나한테 얘기한게 되잖아. 그게 파장이 좀 클 거 같아. 걔가 또 엄청 따지는 스타일이잖아.

티나8: 파장은 클 거 같고...

yes33: 그래서 난 대안책은 제일 급한게 논문인데 대안책을 한번 생각해봤어. 싸우는 것보다 올11월까지 논문을 준비 안하면 집에서 나가서 독립해서 살아라. 나 니꼴 보기힘들다, 이렇게 얘기하려고.

단계7: 딸이 지금 석사학위에 대해 절박함이 없어 보인다.

yes34: 없어 없어!

단계8: 그럼 결국에는 절박하게 만들어야지.

정11: 그 애는 술 먹고 애들하고 노는 거 엄청 좋아해. 스님이 A에 대한 불만을 yes에게 말하듯이 모든 사람은 누군가에게 화난 것을 주변 사람에게 말해. 그건 나쁜 것이 아니야. 듣는 사람은 그것을 뒷담까지 말아야겠지.

단계9: 딸이 나랑 똑같네.

정12: 너는 그래도 할 거 다하잖아.

yes35: 얘는 내년 6월까지라고 생각하고 있는 거 같아. 근데 지금 스타일로 봤을 때는, 얘는 힘들지 않나 싶어.

들꽃1: 그런 문제 좀 걱정이 되겠다.

yes36: 이런걸 되게 편하게 얘기해야 되잖아 딸에게. 난 딴사람에게는 할 말 다 하거든. 딸한테는 안 한다는 거야. 그게 문제인거 같아.

단계10: 그게 못할 얘긴 아닌데 논문 언제 쓰고 어떻게 할 거냐.

yes37: 내가 그 얘기하면 딸의 반응은 그러잖아. 나 그거 논문생각하면 머리가 아파. 다음에 얘기할게. 이렇게 회피적으로 반응하면 내가 아~ 그래 너도 힘들겠지! 이렇게 되는 거야.

정13: yes는 친한 사람 몇 명하고는 지나치게 친하게 지내. 동생들이나 딸에게도 마찬가지지. 가까운 사람들과 밀착된 관계를 원한다는 생각이 들어. 여러 사람과 깊게 사귀는 건 아니고 소수와 아주 깊게 사귀어. 그런 친구들을 형제처럼 깊게 애착하는 것 같아. yes는 이런 애착관계를 좋아해. 이런 관계에서는 감정표현을 안 해. 딸과 대화하는거 역할극 해 봐, 구들장이 딸.

\<역할극\>

yes38: 11월 논문은 잘 되?

구들장1: 제가 알아서 할게요.

yes39: 알아서 한다니까 걱정이 많이 되. 난 니가 안 쓸 거 같다는 생각이 들어.

구들장2: 나 못 믿는 거 같은데.

yes40: 못 믿어.

구들장3: 엄마가 딸을 믿어야지 왜 못 믿어.

yes41: 아니, 엄마가 못 믿는다 그러면 서운하긴 하겠지만 그래도 니가 봐봐라. 작년부터 계속 미뤄 가지고 이거 뭐 교수한테 한번 갔다 오면 두세 달은 기본 놀잖아.

구들장4: 하고 싶은데 잘 안 되니까 그런 거잖아.

(들꽃2: -딸의 보조자아 역할- 엄마는 내가 아무것도 안 하고 있는 줄 알아? 지금 직장도 다니잖아.)

구들장5: 나 머리가 아파.

yes42: 논문 생각하면 머리 아픈 거 나도 알지, 아는데 어차피 쓸 건데 그냥 11월에 어떻게든 해보자.

구들장6: 엄마 내가 알아서 한다는데 너무 밀어 붙이는 거 같아.

yes43: 나 너 태도가 신뢰가 안가. 짜증이 좀 나려고 그래. 같은 집에 살면서 너 그렇게 게임하는 거 보면 갑갑하고 짜증이 좀 나.

구들장7: 머리 아파서 잠깐 쉬는 건데 그걸 이해 못 해줘?

yes44: 잠깐 쉬는 게 아니고 내가보면 하루에 한 시간 이상은 해.

(들꽃3: -딸의 보조 자아역할- 하루에 한 시간 할 수도 있지. 나 이제 이 게임 시작했다.)

yes45: 근데 니가 핸드폰 하고 있는 거 보면 화가 좀 나.

<역할극 종료>

정14: 방금 화가 좀 난다고 세 번 말했어. 화가 좀만 나야? 화가 많이 나 이래야지.

yes46: 나 화 많이 나! 이렇게 하기 힘들잖아.

정15: 왜 딸한테는 점잖은 척을 해? 답답해.

3초4: 짜증나네.

yes47: 딸한테 조심 하는 거 맞아. 나 진짜 애가 고3 때까지는 손에 쥐고 있었거든. 그 뒤로부터 확 놔버리고 풀어놓고 키우는 자세를 취했어. 딸과 나를 분리해서 살자는 마음이지.

티나9: 딸이 지금 몇 살이지?

yes48: 28살.

티나10: 이건 딸과 엄마의 대화 패턴이 아니고 딸에게 사정을 하고 있어. 그냥 얘기해서 하다가 막히면 나 같으면 규칙 딱 정해서 어떠어떠하게 하자고 해. yes가 말싸움 하고 사정하는 것 같아 많이 답답해.

yes49: 감정을 참으니까 사정 조로 나가는 거지 진짜 성질나는 거야. 사실은 속으로는 진짜 짜증나거든. 한 대 확 패버리고 싶거든.

단계11: 28세면 거의 독립을 해야 하는 나이기긴 한데.

yes50: 걔가 대학교 4년간 집 나가 있었고 박물관 근무 할 때 일 년 반 정도 나가 있었고 작년 초인가? 올해 초부터 나랑 같이 지내는 거지.

정16: 사무실에서 딸에 대해서 이런 불평을 내게 얘기하는 중에 딸에게서 전화가 왔어. 그러면 막~ 이렇게 좋아가지고 어리광 부리는 듯이 딸에게 얘기를 하는데 진짜 보고 있으면 가관이야.

(다들 웃음 하하하하~~~~)

실천8: 아무 일 없었다는 것처럼?

정17: 웃겨버려. 딸한테 엄마가 아니라 친구야.

티나11: 딸을 너무 좋아한다.

yes51: 좋아하는 건 사실이야 딸을 안 좋아하는 사람은 없잖아.

정18: 부모가 자식 다 좋아하지만 넌 너무 지나치다는 거잖아. 너무 지나치다는 것을 인정하지 않아서 답답해. 역할극 할 때 보면 yes가 마음은 엄청 급한데 느끼는 대로 감정표현을 안 했잖아.

yes52: 나 많이 참아 진짜.

정19: 중요한건 니 마음을 충분하게 표현해야 절박한 네 마음이 딸에게 전달되고 서로 통할 수 있잖아. 역할극에서 보면 말만 급하게 해. 답답한 감정이 보여 그런데 감정표현 충분히 안하고 있잖아.

yes53: 진짜, 갑갑하고 불편한 걸 억누르면서 표현했어.

정20: 네가 너의 애착 대상인 딸로부터 거리를 두는 게 필요하겠어. 싫은 소리도 하고 감정표현도 해서 좀 거리가 벌어진 관계가 건강한 관계야.

실천9: 애착 관계다 보니 말에 감정이 안 실렸어 딸하고 말투가 비슷해. 그러니까 딸이 오히려 엄마를 끌고 가는 거야. 엄마한테 하나도 안 끌려가고 엄마의 조급함만 드러나고 있어 안타까웠어.

구들장8: 역할극 상황에서 엄마 말에 내가 계속 받아치니까 엄마가 되게 어쩔 줄 몰라 하는거 같아서 하나도 겁이 안 났어.

쌈닭3: 속에서는 천불이 나 있는데 말에서는 그 감정이 안 드러나.

yes54: 내가 짜증난다고 하면 그때부터 주체할 수 없이 쏘아 부쳐버릴 거 같아.

사랑7: 집단에서 피드백 할 때 약간 그렇게 몰아치는 식의 피드백을 가끔 하는데 왜 딸한테 하는 거는 싫어해? 딸이 상처받을까봐 그래?

yes55: 서로 상처받는 그런 거 보다 아무래도 이 관계가 좋다는 거지. 망치고 싶지 않다는 거.

사랑8: 정서적으로 되게 많이 의존하는 것 같아.

티나12: yes와 딸의 모습은 친구 같은 관계고 정상적으로 자녀와 엄마의 이런 관계는 아니네.

사랑9: 내가 보기엔 친구를 넘어서 약간 애인 느낌이야. 딸이 남편 느낌.

티나13: 남편이 없어서 그럴지 몰라.

yes56: 그래, 나 남편 없다. 어이없네, 진짜.

(다들 웃음 하하하하~~~~~~)

티나14: 엄마친구들하고 제주도를 놀러 가는데 거기 딸이 따라오더라고 친구랑 같이.

yes57: 그때 두 자리가 비었잖아. 그래서 가자고했는데.

티나15: 거의 대부분의 딸들은 엄마 친구들 놀러 가는데 안 따라오지.

사랑10: 안 따라오지.

들꽃4: 가자고 해도 안 가지.

단계12: 밀착이 형성됐구나.

yes58: 밀착?

정21: 딸하고 저녁마다 맥주도 많이 마시잖아.

yes59: 저녁마다는 아니고 가끔.

정22: 가끔은 뭐, 일주일에 두 세 번은 먹으면서 딸하고 너무 밀착 되있어서 답답해.

단계13: 그럼 그냥 논문을 포기해.

정23: 딸이 논문을 마칠 때까지 같이 술을 마시는 거 포기해야 하는 거고 친구 델꼬 와서 술 마시고 잠자는 것도 못하게 해야 되잖아.

yes60: 그거 괜찮다!

단계14: 딸이 본인 하고 싶은 거 다하게 하면서 딸을 통제하려니까 안 먹히는 거지.

※ 단계14: 감정표현 '답답해' 필요.

yes61: 그러긴 하지. 논문 통과 할 때까지 맥주를 같이 먹지 않고 친구들을 못 데려 오게 해야겠네.

단계15: 불편함이 있어야지.

정25: yes가 올케들에 대해 짜증나는 것이 되게 심하다고 보여. 아버지하고 남동생들하고 술 먹는 자리에서 아버지가 있다고 해서 올케에 대한 불만을 전혀 말 안 하잖아. 그런 것이 딸에게 감정표현 하지 않는거하고 똑같은거 같아. 자기 식구들은 감싸려고 하는 게 되게 심해. 아버지 어머니 계시더라도 동생들한테 얘기 할 수 있잖아. 부모님이 옆에 계시면 짜증나더라도 '서운하다' '좀 불만이다'고 감정을 낮춰서 말 해. 그러면 옆에 계신 부모님도 속상해 하시지는 않아.

3초5: 그러지마, 왜 그래? 난 짜증나! 나하고 전혀 패턴이 안 맞기 때문에. 나는 만약에 우리 딸이 그렇게 나오면 '니미~씨발 대갈통을' 나는 격하게 나가지. 난 진짜 내 대화법은 그래. 듣고 있으면 나도 저렇게 우리 딸을 대해야 되나? 내 감정이 올라왔는데 이걸 누르면서 감정표현이 안 되더라고.

순간 화가 오르면 몇 번 말을 해, 그래도 계속 핸드폰 갖고 있으면. '니미 씨발 핸드폰 두들겨 깨버린다' 고. 내놔하고 뺏어버리거든 내가 한번 발로 밟은 적이 있어. 딱 던져놓고 발로 지근지근 밟았어 본인 보는데서. 지금 들어보니까 그런 부분들이 우리 딸한테는 상처가 됐을 수도 있겠어 정말. 지금 내가 몇 번을 말했었냐? 너한테 지금 내가 한두 번 말한 게 아니잖아. 난 이렇게 나가거든. 그럼, '어쩌라고' 우리 딸은 이래. 그러다 보니까 우리 둘이 통통 튀기면서 싸우는 거지. 그러니까 나도 yes처럼 말을 해야 될까? 억누르면서.

티나16: 제발 그렇게 해.

3초6: 왜? 난 하던 대로 할래. 순간 나도 헷갈려. 그리고 짜증도 나고 솔직히 yes가 남들에게 피드백은 잘해주면서 왜 정작 본인 딸한테는 안하냐고 짜증나.

정26: 나도 3초에게 동감이야.

3초7: 맞지?

yes62: 그렇지.

정27: 그러니까 자기식구들만 챙기는 너무 끈끈한 관계를 벗어나야 해. 답답해.

사랑11: 나는 yes가 방금 피드백 받고 어떤 기분이었는지 궁금해.

yes63: 기분... 딸들 대학가기전까지 저렇게 했지. 애들이 내가 진짜감정이 터지면 무서운걸 알기 때문에 무서워해.

사랑12: 그때로 그 시절로는 안 돌아가고 싶다는 거지?

yes64: 외국 살 때도 숙제를 가정교사가 올 때까지 해라 했는데 안하고 노는 거야. 안 하면 엄마가 쫓아낸다. 딱 그랬는데 진짜 아는 사람 하나 없는 외국에서 현관문 밖으로 쫓아냈어. 그래서 앞 동에 사는 사람이 내게 쟤 이상한 여자라고 했어.

쌈닭4: 아동학대라고 신고 안 들어왔어?

yes65: 그것도 내복 입고.

티나17: 심하네.

yes66: 그땐 말 안 들으면 딱 잡아버리는 스타일이어가지고 지금도 고민하는 게 언젠가 터지잖아. 터지면 무섭게 변한다는 걸 알아.

티나18: 나도 그 맘은 공감이되. 나도 집에서는 성질이 더럽다고 정평이 났기 때문에 그 모습을 보여주기 싫은 거지.

yes67: 그렇지. 내 아빠도 내게 그러지.

쌈닭5: 근데 누르고 있다가 갑자기 폭발하면 그렇게 심각하게 터지잖아?

yes68: 아니, 그렇게 무식하게 폭발하진 않아.

쌈닭6: 아까 전에 누르고 있다고 하길래.

티나19: 부부관계나 자녀와 관계나 다 그렇잖아. 내가 얼마나 주장 하느냐가 중요한 거 같은데 공감은 되는데 yes가 답답하다.

yes69: 내 태도가 징징대고 매달리는 듯이 들릴 거 같아.

정28: yes는 자신이 화내면 엄청 세게 터진다고 말해놓고 (yes19.22.54.63) 쌈닭이 yes에게 '누르고 있다가 갑자기 폭발하면 그렇게 심하게 터지지?'라고 하니까 (쌈닭5) '그렇게 무식하게 폭발하진 않아'라고 했잖아. 쌈닭 말이나 앞에서 yes가 말한 자기 성격이나 같은 말인데 부정해서 답답해. 자기가 말할 땐 터진다고 하고 집단원이 터짐에 대해 말하면 아니라고 부정을 하네. 자꾸 이렇게 피드백을 부정하고 있어. 엄청 길게 yes의 감정표현의 문제점을 얘기했는데 아직도 안 받아들여져서 답답해. 사랑이(사랑11) 집단원 피드백에 대한 yes의 감정을 물었는데 대답 안 했어. 이런 식으로 중요한 순간에 감정표현을 안했고, 딸과의 애착관계가 심하다고 다들 말하는데 yes는 인정을 안해서 답답해.

실천11: 딸한테는 굉장히 중요한 시기일거야. 논문을 꼭 써야 될 거 같아. 감정 표현을 망설이고 있는 yes의 모습이 진짜 답답해. 아무리 화내고 강한 모습을 보인다 해도 딸이 엄마에 대한 사랑을 거두겠어? 그러진 않을 거 같아.

정29: 이게 너무 지나친 과잉염려라고 볼 수 있는데 대개 애들이 부모하고 싸워서 집 나가면 집에 며칠 안 들어오고 그러잖아. 근데 평소에 사이가 진짜 안 좋았는데 대판 싸우고 집에서 나가! 이러면은 진짜 나가서 한 달도 안 들어오고 그래. 근데 평소에 사이가 좋은데 집 나가면 밤에 문 열어 달라고 그래, 부모를 믿고 온다고. 너무 지나치게 염려하는 거 같아서 답답해.

yes70: 지금이 10월이잖아. 이번 달에 어떻게 결론을 지어야겠다 생각을 하고 있어. 고등학교 때 한번 쫓아냈어. 학교 가지 말고 집을 나가라 그랬더니 애가 가방 안 들고 집에서 입던 옷 그대로 나간거야. 나가라고 하면 또 잘 나가. 그래 가지고 엄청 걱정을 했어. 근데 저녁에 엄마한테 전화 온거야. '애를 내보내려면 옷이나 입혀서 보내지 이게 뭔 꼴이냐'고. 그 옷차림으로 대구 외가에 간 거지. 하여튼 이틀인가 엄마가 데리고 있다가 다시 보냈어. 시간이 지나 나도 화가 좀 가라앉고 해서 자기도 이제 다시 안 그러겠대. 왜 하필 대구로 뭐 하러 갔냐? 이랬더니 '일러 줄라' 고 이러는 거야.

정30: 그런 것도 부모에 대한 정이 있으니까 할머니한테 가는 거지. 정이 없으면 외가에는 얼씬도 안 하는 거지.

yes71: 10월 달에는 한번 싸울 각오를 하고 있어.

정31: 근데, '너무 감싸준다, 감정표현을 너무 참는다'는 피드백에 대해서는 긍정하는 말은 하나도 안 해. 답답해.

yes72: 맞아. 내가 좀 조폭 같아. 그리고 설마 내가 반성하는 마음이 없겠어?

정31: 그렇게 말하면 마지못해서 받아들이는 것처럼 들려. "내게 그런 문제가 있다는 것이 인정되, 집단원들이 보기에 답답하겠어" 이렇게 적극적으로 표현했으면 해.

사랑12: 그 조폭 같다는 게 그런 거야? 우리 식구니까 뭔 짓을 해도 봐 줄 수 있어 이런 거?

yes73: 그런가봐. 아빠한테서도 느끼는 게, 자식에 대한 유별난 데가 있어.

사랑13: 되게 사랑받고 자랐구나.

yes74: 부모님이 워낙 자식들 챙기고 사니까, 그냥 우리는 그게 당연한 줄 아는 거지.

들꽃5: 그런 면은 좋아 보이네.

사랑14: yes의 당당함이 어렸을 때 사랑받고 자란 거에서 나온 거 같아 부럽다

yes75: 근데, 약점이 있어. 강요나 강박이 좀 심해. 내가 사랑을 주는 만큼 '왜 그게 안 돼? 그런 강요, 강박. 그러니까 화가 잘나서 배우자를 피곤하게 했어.

들꽃6: 나는 우리 딸이 어렸을 때 이런 상도 받고 저런 상도 받았는데 엄마는

왜 칭찬을 한 번도 해준 적이 없냐고? 그래서 생각해보니 내가 딸들에게 칭찬을 해준 적이 없더라고.

※ 들꽃6에서, yes가 딸에게 잘해주는 것이 부럽다고 감정표현하고 자기 딸에 대한 얘기를 했어야 함.

쌈닭7: 그 말 딸한테 들었을 때 어땠어?

들꽃7: 나는 너네들이 어떻게 이렇게 공부를 잘하냐. 난 그것을 칭찬이라 생각했거든. 내 진심이었고 그 말을 듣고 큰 딸이 '내가 3학년 때 피아노대회 나가서 상을 탔는데 칭찬도 안 해주고 왜 그랬어?' 이러는데, 근데 가만히 생각해보면 상들이 정말로 잘해서주는 게 아니라 나가면 주는 상이었기 때문에 정말로 우수상이 아닌 거 알고 있어서 '잘했다' 이렇게 안한 거 같다. 그렇게 서운 했냐? 그럼 지금 내가 뭐 하나 해줄게, 너무 비싼 건 못해주고, 딸이 '그럼 엄마랑 같이 맛사지 샵 가자' 했는데 아직까지 못 갔네.

정32: 큰 딸이 광양에 있을 때 엄마랑 같이 상담도 받으러 왔었어.

단계16: 같이 상담도 받았어?

정33: 응, 경찰대 졸업하고 근무하면서 경찰 교육시키는 그런 문제로 나하고 통화를 하게 됐어. 근데 갑자기 자기 엄마가 나를 너무 좋아했다고 나한테 성질을 막 내는 거야.

단계17: 정을 너무 좋아했다고?

정34: 지네 엄마가~ '내가 너희 엄마 꼬셨냐?'고 말했어.

(다들 웃음 하하하하~~~~)

정35: 그래가지고 진짜 기분 더러웠어.

들꽃8: 그것이 왜 그랬냐면 어떤 문제로 상담을 받으러갔는데 애들 아빠하고 나하고 같이. 그때 애들 데려오라고 그랬는가 그랬어. 그래가지고 옷 갈아입고 나가자하니까 얘는 밥 먹으러 가는 건 줄 알고 나온 건데 상담실 가가지고 엄마 아빠와 힘든 그런 것을 얘기해봐라 그러니까 엄청 당황 한 거지. 그래가지고 우리 엄마가 상담실 다니더니 이상해졌다 엄마가 그런데 안 나갔으면 좋겠다고 막 그랬어.

정36: 그렇게 길게 설명해서 지루해. 내가 당황했겠다고 공감해주지 않아서 서운해. 엄마가 상담선생님을 좋아하게 만든 것이 상담선생님이 책임이 있다. 이런 투로 막 따지는 거야. 교육문제로 통화하다가 갑자기 그 얘기를 또 꺼내는 거야. 되게 황당했어.

단계18: 들꽃이 정 좋아했어?

들꽃9: 어, 좋아했어.

쨈1: 설렜어?

단계19: 구들장처럼?

들꽃10: 그런 건 아니고 누가 좋으면 좋다고 말을 해야 된다고 해서 그래서 나는 선생님이 좋아요, 오빠 같고 오누이 같다고 했더니 허허 크게 웃더라고.

쨈2: 정도 좋았나 보네

yes76: 우리 딸도 나한테 그래 그것도 선생님이 시켰어?

들꽃11: 남편도, 그 사람은 뭐 집에 가서 어떻게 사는지 봐야겠다고.

쨈3: 이번에 끝나고 집에 가서 싸우면 전화 오겠다. 정이 시켰어? 라고.

(다들 웃음 하하하하~~~~~)

쨈4: 정, 이번엔 전화기 잘 꺼놔! 얘네 딸이 전화 할 수도 있어.

<휴 식>

단계. 마무리

정1: 단계 얘기 할 거 있다며.

단계1: 장학사를 빨리 정리해야 하나 싶어가지고, 나도 징징 거리는 게 너무 길어졌고 원래대로 하면 올해 빼고 2년 더 해야 되거든. 내년 내후년까지 더 해야 되. 지금 나는 행정 업무를 하거든. 상담 쪽 행정업무를 하는데 예전에는 소명감이 컸고, 지금은 어느 정도 내가 기여를 했기 때문에 빨리 결단을 내려서 상담일로 옮길 건지 순리대로 임기를 마치고 떠나가야 하나? 고민이 되. 순리로 가면 2년 더 있어야 해. 그 뒤에 정리하는 거고 그 부분이 좀 갈등이 되네. 근데 내가 사실 집단을 하고 있으면 아쉬움이 커. 아~ 오늘이 어제였으면 좋겠다 이런 마음이 드는 거지. 예를 들면 직장에서는 그런 마음이 안 들지. 아~ 이걸 처리하고 자꾸 저걸 처리하고, 그렇게 계속 일만 하니까 월급은 똑같거든. 그래서 다시 바로 상담자의 길로 바로 갈까 하는 부분들이 계속 내 안에 남아 있어서 그게 고민이야.

정2: 갈등이 많이 되겠어, 쌤한테 먼저 물어봐라.

(다들 웃음 하하하하~~~~~)

※ 정2: 단계는 쌤을 후임자로 추천하고 있음.

단계2: 아~ 진짜, 마음에 걸리는 게 내가 추진했고 자부심이 있는 정책들이 마음에 걸려. 그 부분을 내가 믿는 후임자가 들어와서 이어준다면 정말 미련 없이 정리할 수 있을 것 같아. 가장 큰 것은 그거지 난 상담 하는게 행정

하는것 보다 좋아. 상담하면 행복하지만 지금 하는 일들은 굉장히 힘이 들어.

쨈1: 나도 고민이 계속 되긴 했어. 고민이 되는데.

단계3: 잠깐만, 내가 한마디만 더 할게. 예를 들어 내가 어저께 마음이 좀 아팠는데 쨈이 ○○으로 간 것도 사실은 내가 제안을 했거든.

티나1: 땡겼어?

단계4: 응, 왜냐하면 그 전 기관에서 굉장히 성공적으로 일을 마무리 했거든. 근데 이 기관이 내가 보기에는 굉장히 중요하고 특히 여학생들에게 마지막 보루와 같은 심리 안전망인데 그 기능을 못 하는 거야. 몇 년째 그래서 답답했어.

티나2: ○○ 지역이?

단계5: 그렇지. 그래서 내가 제안을 했고 쨈이 가자마자 빠른 시간 안에 거기를 많이 변화시켜 내더라고.

정3: 거기가 △교육원이야?

단계6: 응, 거기가 △교육원이지. 그런 믿음이 있는데, 근데 ○○에 가고서 쨈이 더 많이 힘들었겠다 생각이 많이 들어 형이랑 관계에서도. 내 일이 만만치 않아 나도 미안한 마음이 있긴 한데 쨈이 내 일을 맡으면 나보다 훨씬 더 잘할 것 같은 거야.

쨈2: 하~ 고민이 되는 거는 이제 장학사가 되면 상담 아이들이랑 만나서 상담하는 실전에서의 감각이나 이런거를 잊어버릴 거에 대한 두려움이 많아.

단계7: 아~

쨈3: 만약 장학사 5년 끝나면 허탈할 것 같아. 상담자로서 성장해 있지 않고 5년 후에 퇴보했거나 그냥 교사 같은 그런 행정을 하는 사람으로 남게 된다면 이런거에 대해서 너무 허무할 것 같은 마음이 들어. 그리고 또 내가 그동안 가정을 돌보진 않았거든. 일하는 게 너무 좋고 재밌고 그 동안 애가 안 생겨서 휴직도 하고 그랬어. 시술도 여러 번하고 그랬는데, 정말 마음에서 내가 간절하게 아이를 낳는다는 것이 사실 두려운 마음도 있었어, 부모님이 너무 속상하니까. 낳으려고 하는 거지. 요즘에는 애 안 낳고 살 거라고 그러면 우리 아빠가 울라 그래 이번 추석 때 울라 하더라고. 내가 그래서 장학사 얘기도 했어 그랬더니 니가 왜 하냐고? 그거는 절대 못한다고 얘기하라고 그러는 거야. 우리 아빠는 제발 한번만 더 시험관하면 안 되냐고. 그럼 나는 너무 속상한 거야.

단계8: 남편도 그런 얘기 같이 들을 거 아니야?

쨈4: 남편은 추석 때 아리랑 풀이 거기 갔어. 남편이 집단 하는데 가가지고 같이 친정에 안 갔는데 나는 일하는 게 재밌어. 장학사가 되면은 존재감이 커지기 때문에 그게 좋을 것 같은 거야. 막 존재감이 커지잖아.

티나3: 명예?

쨈5: 응, 명예. 존재감이 커지면 사람들이 장학사라고 날 알아봐주고 이런 게 난 좋을 거 같아. 그래가지고 해볼까? 이런 마음이 들다가도 그것 때문에 내가 이걸 한다는 게 좀 그래, 좀 더 큰 뜻을 두고 한다면 모르겠지만 나는 정말 존재감이 커질 거 같고 나는 일하는 거 어렵지 않거든. 사람들 많이 사귀고 술 마시고 놀고 이런 게 나는 재밌을 것 같아서. 하~ 근데 내가 상담자로서 더 수련하고 사람의 마음을 공감하고 정말 사람을 살리는 일을 하고 싶었는데 내가 이쪽으로 가면 상담방법을 잊어버리지 않을까. 단계가 일하는 데로(교육청) 가면 거기가 정말 바빠 그래서 가정을 놓고 살아야 할 것 같은데 그런 것도 걱정이 되고. 그래서 고민이 계속 되는 거야.

티나4: 진짜 고민 되겠다.

쨈6: 이렇게 또 결정했다가 절대 안한다고 안하는 쪽으로 결정 했었어. 또 지나고 보니까 마음이 또 왔다갔다.

(잠시 침묵)

쨈7: 지금처럼 자유롭게 살고 싶은 마음이 있고, 아이들 보면 너무 아까도 yes의 얘기 들으면서 내가 저렇게 사랑하는 자식이 있고 그러면 행복할 것 같고. 두 가지 마음이 있어.

들꽃1: 그런 마음은 아이가 생겨도 내가 밖에서 활동하는데 지장이 많이 되지.

쨈8: 그렇지, 그런 두 가지 마음이 있잖아. 직장인들이 아이를 전적으로 보호

안하고 되게 불평하고 힘들어하더라고. 난 너무 화가 나는 거야. 그럼 왜 낳았어? 그럴 거면? 그런 얘기를 하지 말아야지. 어떤 사람이 아이 델고 와서 애기 낳지 말라고 나한테 힘드니까 절대 애기 낳지 말라고, 그러는데 너무 화가 나는 거야 그럼 자기는 왜 낳았어? 그런 얘기 애 있는데서 절대 하는 거 아니잖아. 그런 얘기 하면 나는 화가 나 너무 너무.

티나5: 되게 고민 많이 될 거 같고 여자들이 생산하지 못하는 나이가 들면 후회를 많이 하더라고. 2세에 대해.

단계9: 전국에서 처음으로 상담 교사를 상담 장학사를 시킨 거야 우리 도가. 근데 평가를 굉장히 잘 받았어 내가... 장학사를 그만 둘 건지 결단을 딱 내려야 될 것 같은 데 내가 계속 징징거리고 징징거림이 올해 내내 될 것 같아. 마음을 빨리 잡고 놓으려면 놓고 이래야 하는데. 사람이 일하면서도 그렇잖아 일 하면서 불평하고 '아씨 놔야 되는데 놔야 되는데' 하면 일도 더 안 되는 거고 그런 거잖아. 그래서 아내한테 솔직하게 얘기 했어. 아내는 내 일을 다 알고 있으니까, 그만 두라는 거야. 왜~ 그렇게까지 지금까지 한 걸로 됐지 뭘 그렇게까지 힘을 들여서 그렇게까지 할 이유가 뭐가 있냐? 이렇게 얘기를 해 주더라고.

실천1: 고민 될 것 같아.

단계10: 교육부에서도 ○○도는 이렇게 하니까 잘 되더라 그러면서 다른 도도 장학사를 더 늘렸지.

실천2: 되게 큰 일을 해낸 것 같고 중요한 역할을 해서 단계 와이프가 이제 단계가 쉬면서 애기도 낳고 가정적으로 안정되기를 바라는 게 너무 이해가 돼. 좀 아쉬운 게 지금 어느 정도 기반을 잡아 놨잖아. 좀 더 문화를 확산시키고 다른 시도 교육청도 그렇게 하면 되게 의미가 있겠어. 교사들 상담 교육 연수라던가 상담사들 집단상담이 광주에는 없던데. ○○도가 선진인 것 같아.

단계11: 내가 자부 하는거는 공부 잘하는 애들 리더쉽 기관을 상담치유 기관으로 바꿨거든. 그 때 처음으로 내가 장학사 되서. 거기에 아이들이 와서 치유 받고 성장하는 모습을 보면 난 되게 자부심을 느껴. 그 기관만 가면 기분이 되게 좋은 거야. 내가 몸 담았던 기관이기도 하고 그리고 그 기관에 그 전까지는 상담교사들이 배치가 안 됐어. 거기에 상담교사 배치도 시키니까 되게 자부심이 들어 근데 이제 내가 힘이 들어.

쨈9: 단계는 그만 두려고 하는 거야 힘드니까 그러니까 이제 먹고 튀겠다 이거고, 내게 가서 해라 이거고.

정4: 그러면 너가 부담스러울 것 같은데,

단계12: 야, 먹고 튄 게 아니라.

쨈10: 그치, 부담스럽지. 그래서 나도 그랬어. 그냥 가는 게 어딨냐~ 얘는 아예 교사로 가겠다 이거야. 자기는 너무 힘드니까, 내게 가라하고, 얘는 다른 데로 과장이나 다른 장학사로 가겠다는 거야.

단계13: 아니, 내가 만약에 상담교사로 보직 변경이 안 되면 과장한다는 말이지.

정5: 그러니까 더 안 내키겠구만.

들꽃2: 그렇지. 그럴 거 같아.

실천3: 부담이 되겠고.

쨈11: 부담이 아주 큰 거보다 좀 있고 상담 수련도 하고 가정생활도 열심히 하고 싶어. 만약에 애를 낳아서 키우고 싶기도 한데 애를 낳을 수 있을까? 이런 마음도.

정6: 하다가 애 낳으면 그만 두고,

쨈12: 하다가? 지금도 내가 39세인데.

사랑1: 아니 애가 생기면 하다가 그만 둘 수도.

단계14: 쨈이 일을 무서워하거나 못하거나, 할 수 없는 사람이라면 내 이 말 안 하지, 근데 굉장히 적격자야.

정7: 니가 왜 적격자로 생각해?

단계15: 우리가 ㅁㅁ에서 교육원 개편을 했을 때, 굉장히 추진력 있게 개편을 했고, ○○에 가서도 정말 짧은 시간동안 굉장히 많은 것들을 했더라고 얘가. 그리고 나는 기본적으로, 내 자리에 수련을 하는 사람이 왔으면 좋겠어. 상담교사들이 두 종류가 있거든. 하나는 정말 그냥 교사로서 살아가는 사람들이 있고 다른 한 종류는 우리들처럼 수련을 하는 사람들이 있어.

우리가 남은 과제는 뭐냐 하면 학교에 집단 상담이 잘 이루어지지가 않아. 상담사들이 그 정도 역량이 안 돼. 본인들이 경험 해 본 적이 별로 없어. 그들은 그냥 개인 상담만 해. 개인상담은 잘하는지 못하는지 티가 안 나잖아. 그게 너무 안타까운 거야. 학교에서 힘든 애들 집단 상담을 해줬으면 하는 바램이 있는데 그런 역량이 안 되다 보니까 못 하는 거야. 학교상담이 발전하기 위한 과제들을 해결 할 수 있는 사람은 이렇게 수련하는 사람들이여야지 가능하다고 보는 거지. 내가 스트레스가 많아. 이 직전, 마음학교 교직원 힐링 캠프가 있었는데 그 때 내가 너무 집단에서 마음도 복잡하고 해서 말을 많이 했던 것 같아. 정이 나한테 화가 좀 났거든. 그래 가지고 내가 쫄았고 서운한 마음도 있었어. 왜 그랬나 생각해보면 내가 행정 하다가 집단 하니까 집단 장이 너무 재밌는 거야!

티나6: 업 됐구나~ 그런 마음들을 가지고 있다니까 대견하다 야~ 상담교사나 관련된 사람이 마음공부를 별로 안하잖아.

정8: 네가 말 많이 한다고 내가 화내서 많이 속상했겠어. 그래도 쨈이 할 때는 네가 옆에서 있어줘야지.

단계16: 그것도 가능해!

쨈13: 그럼 확답을 해줘. 정한테.

단계17: 할게, 할게! 그만두지 않고...

정9: 일은 같이 마음을 나눌 수 있는 동료가 있어야지 덜 힘든 거지.

단계18: 맞어. 이 자리가 힘들고 외롭더라고 혼자서 하는 게. 또 내가 애쓰고 이 사람들을 위해 고생을 하는데 고마움도 모르더라고 씁쓸하더라고 어느 순간.

티나7: 내가 뭐 하는 짓인가 싶기도 하고.

단계19: 그런 것도 있어.

정10: 그래, 되게 어려운 일이잖아. 쨈이 단계의 제안을 쉽게 받아들이기 어려울 거라고 생각해! 네가 엄청 애쓰는데 현장에서는 고마워하지도 않고 많이 서운하겠어.

쨈14: 나는 장학사가 된다는 게, 일을 열심히 한다 이거보다는 그런 마음도 있고. 존재감 이런 것도 있어. 정말 명예도 중요해.

단계20: 아~ 당연히 이 자리가 그런 자리지.

쨈15: 그렇게 해서 삶을 즐기는게 내가 너무 재밌는 거야. 사람들 만나고 술 마시고 웃고 떠들고 막 내 삶이 너무 재밌는 거야.

티나8: 그니까.

쨈16: 그러니까 가정을 돌보고 싶지 않고 혼자 살걸 그런 생각도 많이 드는 거야.

정11: 쨈이 애를 낳으면 애하고도 잘 지낼 거야. 그러니까 하다가 또 임신되면 물려주고 나와.

쨈17: 정한테 내가 궁금한 게 있었는데, 어제 천막에서 자다가 우리가 방으로 들어가라고 해서 아픈데도 들어갔는데, 오늘 아침에 우리에게 잔인하게 느껴졌다고 했어. 근데 정이 얘기하면, 약간 웃으면서 차분하게 얘기해서 그런지 그게 잘 전달이 안 되. 나는... 정말 잔인하게 느껴지는 건지? 아니면 그냥 장난인가?

정12: 어제 저녁에는 정말 잔인하게 느껴졌어. 몸살이 심해서 꼼짝도 못하겠더라고.

쨈18: 그러니까 그 표현 그대로 내가 받으면 되는 거지? 정이 표현하는 게 너무 부드럽게 들려..

사랑2: 그니까 그런 감정이 말의 표현에 안 실려 있다는 거지?

쨈19: 나는 그렇게 느껴지더라고. 그래서 긴가 민가 그런가?

정13: 그 일에 대해서, 지금은 화나는 감정이 심한 건 아니고 조금 나니까.

사랑3: 나도 의아한 부분이 있었어. 정의 말투에서 기분 나쁘고 짜증났다는 말 같이 안 들렸어.

티나9: 담담하게.

정14: 나도 감정이 막 차오르면 세게 말할 때도 있어.

사랑4: 아~ 그걸 안 봐서 그렇구나. (웃음)

쨈20: 아~

단계21: 난 집단에서 정한테 죽는 줄 알았다니까?

쨈21: 단계한테도 이렇게 막.

정15: 단계한테도 지난번에 엄청 화났어.

단계22: 엄청 화냈어. 나 쫄아 가지고 죽는 줄 알았어.

사랑5: 난 아직 한 번도 못 봐서.

쨈22: 이번엔 화난게 아니잖아.

사랑6: 근데 정은 수긍을 하면은 그렇게 대놓고 막 계속 하지 않아. 좀 세게 말을 해도 저번에 정이 말한 것처럼, 집단원이 계속 방어하고 아니야라고 하지 않는 이상 그렇게까지 세게 안 하는 것 같아.

정16: 단계도 그 날은 내가 화내서 기분이 많이 나빴을 거야. 집단원이 내게 우리 장학사님 너무 혼내신다고도 했어. ○○도 집단에 오면 단계는 자주 보니까 단계보다는 처음 오는 집단원들이 더 중요해. 단계가 그 집단에 보조리더로 꼭 들어와. 그리고 자기 얘기를 꼭 한 번씩 해. 대부분 처음 오는 사람들이잖아. 그 사람들은 자기 얘기못하고 가기도 해. 단계가 한 번씩 하는 것 까지는 좋아. 얘가 공감을 하는 게 아니야, 질문 많이 하고 설명이나 해결책에 대해서 말을 많이 한단 말이야. 지금까지 이 집단에서도 그랬듯이, 그런 말들을 자꾸 하니까 내가 답답해. 단계의 그런 것들을 줄이려고 자꾸 그만 좀 해라 그만 좀 해! 이런 말을 열 번도 더 넘게 말했는데 안 듣는 거야. 그 날은 단계 얘기도 했고 다른 집단원이 말하는데 또 끼어들어서 자기 얘기를 했어. 상담자들은 잘 듣고 반응해야 하잖아 끼어들어서 내가 화가 더 났어. 너무 화내서 미안하기도 해.

단계23: 나는 이런 집단에 오면 신나는 거 같아. 조증처럼.

yes1: 단계는 열심히 듣는다는 느낌은 들어. 진짜 누가 얘기하든간에 애정이 진짜 많은 거지.

실천4: 맞아.

티나10: 근데, 집단 상담을 개인 상담처럼 하면 안 되니까.

(다들 웃음 하하하하~~~~)

단계24: 그래,

티나11: 집단은, 조금 미흡하네.

단계25: 알았어~ 내가 공감 훈련 더 해볼게.

들꽃3: 공감이 쉽지 않아.

정17: 자, 이제 끝내야 할 시간이야. 소감 한 마디씩 하고 끝내자.

티나12: 난 되게 좋았어. 06년 12월부터 개인 상담, 집단 상담 하면서 2박 3일 은 처음인데 궁금하기도 하고. 주중집단보다 깊이 들어가서 내 자신 대견 하고 뿌듯하고 그리고 여러 사람들을 만나서 좋았어. 나 진짜 나도 하루 더 했으면 좋겠어!

단계26: 그러니까.

정18: 나도 그래.

들꽃4: 10월 황금연휴에 집 나와서 해 주는 밥 먹고 또 얘기 잘 들어주는 사람 들 속에서 내 얘기 하고 다른 사람 얘기도 듣고 잘 쉬다 갑니다. 감사합니다.

yes2: 가끔 집단 참여 하는데 ○○도 사람들 되게 궁금했었거든. 만나서 너무 좋았고 난 그냥 집단이 너무 신났다 이건 아니고 그냥 사람들이 좋았고 보고 싶었던 사람들 봐서 좋았어.

티나13: 어~ 진짜 좋았어.

yes3: 집단에서 자기를 그냥 방어없이 다 푼다는 게 좋았고 아무튼 또 볼 수 있었으면 좋겠다는 생각이 들어.

쌈닭1: 사실은 나는 두려웠어. 모르는 사람들인데 내가 오픈을 할 수 있을까 걱정 되고 염려되고 그랬는데 근데 너무 분위기가 좋았고 단계가 분위기를 많 이 풀어주는 것 같았어. 그리고 3초가 너무 거침없이 자기 이야기 하는 것에 서 많은 도움을 받았던거 같애. 3일 동안 너무 좋은 시간이었던 것 같아.

정19: 야~3초 너 좋은 역할도 많이 했다?

3초1: 긍께 나 상 줘. 나 벌금 안내도 돼?

티나14: 아까 말했던 것처럼 3초는 조금 배려심만 있으면.

구들장1: 정말, 정말 행복했고 다들 2박3일인데 한 2~3년 된 사람들처럼 친해 진 것 같아. 새로 경험도 하고 새로운 모습도 찾아서 뿌듯해.

실천5: 나도 진짜 ○○도의 새로운 얼굴들하고 집단 하니까 좋았고 새로운 힘 을 얻을 수 있었어.

실천6: 의미 있는 시간 이었어.

사랑7: 나도 되게 좋은 시간이었고 항상 사람들을 만나면 일반적으로 껍데기만 많이 만나서 그냥 겉으로만 교류하고 헤어졌는데 이번 만남은 내면에서 되게 충만한 만남이었다는 느낌이 많이 들어. 얻는 것도 많고 내 자신도 얻어 가는 게 있지만 또 내가 보는 3초나 들꽃의 변화도 되게 좋아 보여.

쨈23: 오기 전 생활이 좀 많이 다운되어 있었어. 그래서 저혈압도 생기고 다운이 되어 있었고. 삶이 재미없는 그런 마음이어서 집단이나 이렇게 가고 싶은 갈급한 마음이었는데 좀 선명해진 것 같아 왜 재미가 없었는지 선명해졌어. 여기서 조심조심 하면서도, 지를 수 있어서 재밌고 신나고 그런 시간 이었어 고마워!

3초2: 나는 삶의 질을 좀 높여 가는 것 같아.

(다들 웃음 하하하하~~~~)

3초3: 쫌 한 단계 낮춰서 온화하게 그리고 우리 애를 대할 때도 내가 좀 낮춰서 대해야겠다 이런 생각 굉장히 많이 했거든.

정20: 3초. 참고 말하고.

3초4: 그래서 아까도 내가 말 하고 싶었는데, "3초! 3초!" 이렇게 3초를 참고 말하려는 노력을 해서 나는 좋아. 우리 신랑한테 감사.

(일동 우와아~~~~ (박수))

정21: 서운해~ 나한테 감사표현도 해야지.

3초5: 안 해~ 좋진 않지만, 싫지도 않아! 그냥 이 감정을 모르겠어. 어떤 감정인지는 나도 표현이 안 돼.

정22: 희망이 많이 보여 딸하고 많이 안 싸울 것 같아.

3초6: 고마워~ 그래야 될 것 같아 '야 너 이러니까 너무 짜증나~' 이러면 우리 딸이 뭐라 할까? 엄마 뭐 이상한 거 먹고 왔는가? 라고 할 것 같아 한번 해 봐야지.

단계27: 나는... 사랑하고 그담에 싸움닭이 해줬던 그 말이 맞아. 이런 내 모습이 사실 집단에서만 나오는 모습이 아니고 내가 화가 나거나 어느 순간 억울함이 뜨면 그 때 사람들을 몰고 갔던 것 같아. 그 부분에서 사실은 집단에서 정이 제재를 해서 내가 딱 멈췄지만, 그 문제가 참 사람들을 그렇게 위축시키고 곤란하게 하는 오래된 나의 습관인 것 같아. 그 부분에 대해서 문제를 확인했고 그 부분이 나한테는 크게 도움이 된 것 같아. 이런 말도 하고 싶고 저런 말도 하고 싶고 샘솟듯이 올라오는 거야 그래서 공감을 안 한 것 같애. 그 부분에 대해서도 다시 한 번 인식하게 된 계기가 된 것 같아서 그 부분이 나한테는 숙제이면서도 한편으론 다행이고 감사하다 그런 마음이 들어. 너무 고맙지. 요새 나도 별로 행복한 시간이 없었는데 너무 행복했어. 아쉽네 그래서.

정23: 되게 화기애애하게 분위기가 끝나서 기분이 좋아. 처음으로 2박3일이나 공짜 집단을 했어. 공짜 집단을 하니 내가 집단을 잘 이끌어야겠다는 생각이 안 들었어. 그래서 처음엔 긴장됐는데 아무 부담감 없이 진행했던 집단이었어. 그래서 편하고 진짜 재미있는 집단이었어. 또 멀리서 세 사람이 같이 해주니까 집단이 더 잘되지 않았나 싶어. 되게 따뜻하니 뜨거운 마음으로 서로를 만날 수 있었던 것 같아서 너무 좋았어.

(일동 박수)

<종 료>

강박성 테스트
(obsessive-compulsivess)

	아니다 (0)	가끔 (1)	자주 (2)	항상 (3)
1. 뭐든지 완전하지 않으면 마음이 놓이지 않는다.				
2. 건강에 대해서 걱정하는 때가 많다.				
3. 거의 항상 불안하다.				
4. 먹는 것, 걷는 것, 말하는 것이 빠르다.				
5. 불의를 보면 화가 난다.				
6. 길거리를 지나가면서 나무 숫자를 세어 본다.				
7. 손을 하루에도 몇 번씩 씻어야 마음이 놓인다.				
8. 어려운 문제에 부딪혔을 때 혼자서 해결하려고 한다.				
9. 해야 할 일을 미리서부터 꼼꼼히 챙긴다.				
10. 나의 모든 물건은 항상 제자리에 있어야 한다.				
11. 나의 생활은 재미있는 일이 거의 없다.				
12. 현관문이 잠겼나 체크를 하지 않으면 꺼림직하다.				
13. 일이 잘못되면 내 탓이라는 생각을 한다.				
14. 실수하지 않으려고 신경을 많이 쓰지만 자주 덤벙거린다.				
15. 건성으로 일을 처리하는 사람을 보면 화가 난다.				
16. 실수나 실패하지 않을까 항상 두려워한다.				
17. 부정적인 말들이 계속 떠오를 때가 많다.				
18. 시간을 항상 정확히 지켜야 한다는 생각이 강하다.				

19. 실수한 것을 자꾸 반복해서 생각한다.			
20. 시험 볼 때 아는 문항을 틀리거나, 뭔가 잃어버리면 오랫동안 짜증이 난다.			
21. 언제나 약속을 정확히 지켜야만 속이 시원하다.			
22. 원치 않는 생각이 머리에 반복적으로 떠오른다.			
23. 잠이 들기 전에 생각에 시달릴 때가 있다.			
24. 일이 잘못되거나 의외의 상황이 발생하면 몹시 당황한다.			
25. 항상 긴장 상태에 있고 마음이 밝지 않다.			

* 채점: 1에 체크하면 1점, 2는 2점, 3은 3점으로 모두 합산한다.

강요성 질문지

문 항	아니다 (0)	가끔 (1)	자주 (2)	항상 (3)
1. 내 뜻대로 안 되면 답답하다.				
2. 사람들이 마음에 안 들 때가 많다.				
3. 내가 알려준 방식대로 안 하면 답답하다.				
4. 사람들이 약속이나 규칙을 지키지 않으면 화가 난다.				
5. 사람들이 실수하는 것을 보면 답답하다.				
6. 한두 번 말해서 안 들으면 다시 말하기가 싫어진다.				
7. 불의를 보면 화가 난다.				
8. 충고나 조언을 해 줬는데 따르지 않으면 많이 답답하다.				
9. 고집이 세다는 소리를 듣는다.				
10. 한번 다투고 나면 그 사람을 다시는 보기 싫어진다.				
11. 토의하다가 막히면 상대의 말이 들리지 않는다.				
12. 살면서 답답하거나 못마땅한 일들이 많다.				
13. 의지력이 약한 자신을 보면, 몹시 답답하다.				
14. 잘못된 정치인들을 보면 화가 치민다.				
15. 가족들이 못마땅하다.				

※ 채점은 1에 체크하면 1점, 2는 2점, 3은 3점으로 해서 합산합니다.

에고그램 체크 리스트(성인용)

성 명: (   )   201 년 월 일

다음 질문에 예는 ○, 어느 편도 아니면 △, 아니요는 ×로 답하세요.

1	반드시 사태의 흑백을 가리지 않으면 마음이 편치 않다.	
2	성미가 급하고 화가 잘 난다.	
3	상대의 부정(不正)이나 실패를 보면 답답하다.	
4	주변 사람들이 나를 대할 때 어려워 한다.	
5	타인의 장점보다 결점이 눈에 띈다.	
6	완고하고 융통성이 없다.	
7	일을 빨리 처리한다.	
8	남의 얘기를 듣고 있으면 답답하다.	
9	[당연히 … 해야 한다] [… 하지 않으면 안된다]는 생각이 자주 든다.	
10	비판적이고 평가적이다.	
CP	합 계	

1	외로운 느낌이 자주 든다.	
2	내일보다는 남의 일이 우선시 된다.	
3	인정(人情)을 중요시 한다.	
4	어려움에 처해 있는 사람을 보면 도와주고 싶어한다.	
5	혼자 있는 것을 어려워한다.	
6	여러 모임에 자주 간다.	
7	배려나 동정심이 강하다.	
8	자식이나 아내 (또는 남편, 애인)에게 관대한 편이다.	
9	거절하고 나면 마음이 편치 않다.	
10	헤어지는 것이 어렵다.	
NP	합 계	

1	말이나 행동을 냉정하고 침착하게 한다.	
2	숫자나 자료(data)를 사용해서 이야기를 한다.	
3	6하 원칙(언제, 어디서, 누가…)에 따라 따지거나 설명한다.	
4	일을 능률적으로 수행한다.	
5	무슨 일이나 사실에 입각해서 객관적으로 판단한다.	
6	계획을 세우고 나서 실행한다.	
7	일을 시작하기 전에 그 결과까지 예측하고 행동에 옮기는가?	
8	무슨 일이든 할 때는 자신의 이해관계를 생각한다.	
9	현상을 관찰, 분석하고 합리적으로 의사결정을 한다.	
10	대화에서 감정적으로 되지 않고 이성적으로 풀어간다.	
A	합 계	

1	장난이나 놀이, 게임을 좋아한다.	
2	좀 게으른 편이다.	
3	본능적인 욕구를 소홀히 하지 않는다.	
4	충동적일 때가 있다.	
5	즉흥적으로 행동하기도 한다.	
6	사람들을 만나서 어울리는 것이 즐겁다.	
7	노래방에서 즐겁게 어울린다.	
8	춤추면서 노는 것도 좋아한다.	
9	노는 자리에서 어색해하지 않고 흥겨워 한다.	
10	웃기는 소리나 술을 좋아한다.	
FC	합 계	

1	짜증이나 불만이 있을 때 말을 하지 않는다.	
2	마음먹은 것을 말하지 못한다.	
3	부탁을 받으면 거절하지 못한다 .	
4	상사나 선배 등 어려운 사람에게 할 말을 참는다.	
5	싫지만 싫다고 말하지 않는다.	
6	타인의 눈치를 보고 행동한다.	
7	기분이 나쁠 때 기분 나쁘다는 말을 못한다.	
8	억울했을 때 혼자서 분을 삭히는 편이다.	
9	화난 것을 말하지 않고 참는 편이다.	
10	무시를 당해도 아무 말도 안한다.	
AC	합 계	

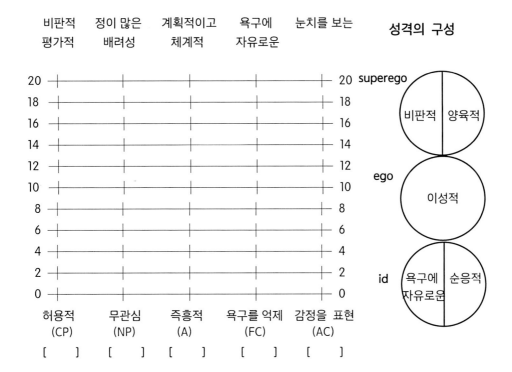

| | 비판적
평가적 | 정이 많은
배려성 | 계획적이고
체계적 | 욕구에
자유로운 | 눈치를 보는 |

성격의 구성

	superego	비판적 | 양육적
	ego	이성적
	id	욕구에 자유로운 | 순응적

| 허용적
(CP) | 무관심
(NP) | 즉흥적
(A) | 욕구를 억제
(FC) | 감정을 표현
(AC) |
| [   ] | [   ] | [   ] | [   ] | [   ] |

※ 채점요령 – ○: 2점, △: 1점, ×: 0점

윤관현

자격관련

상담심리전문가(제58호 한국심리학회)
수련감독전문상담사(제79호 한국상담학회)

현

사)한가족상담센터 이사장
광주심리상담센터 센터장
광주광역시 서부교육청 광산Wee 센터 자문위원

이력

- 서울대학교 대학원심리학과 졸업(상담심리학, 1983)
- 서울대학교, 연세대학교, 서강대학교, 덕성여자대학교 강사(1983~1988)
- 서울대학교 학생생활연구소 카운슬러(2년)
  아주대학교 학생생활연구소 카운슬러(1년)
  서강대학교 상담실 카운슬러(3년6개월)
  목동청소년회관 상담실장(3년)
- POSCO 광양제철소 카운슬러(1994 ~2000)
- 남부대학 대학원 상담심리학과 겸임교수
  (2005~2007)
  광주과학기술원(GIST) 전문상담사 역임
- 한국마사회(KRA) 유캔센터 - 광주. 전남 습관성도박 전문상담가 역임
- 송원대학교 상담심리학과 겸임교수

교육이력

- 서울대, 서강대, 연세대, 덕성여대(심리학개론, 인간관계이론, 적응심리)
- 삼성(인사노무담당자, 상담심리사과정 집단상담)
- 호남건설교육원(성공하는 사람의 심리적조건 - 의사소통, 스트레스관리)
- 대우종합기계(두산)(직원집단상담)
- 광양 (주) 원창 "직무스트레스 관리와 대인관계"
- 광주. 전남 경찰관 스트레스 대응 프로그램 "동행" 집단상담 실시(48회, 2014~2016)
- 해양경찰 심리치유프로그램 개인. 집단상담 (2014~15년)
- 현대 WIA. 농수산유통공사(AT). 한국전력공사. 건강보험관리공단. 공무원연금공단 직원 대상 개인·집단상담실시(2012~2017)
- 남부대교육대학원(성격심리학, 집단상담, 진로상담)
- 사)한가족상담센타(부모교육전문가, 집단상담전문가 과정)
- 광주여성새로일하기센터. 여수건강가정지원센터. 광양건강가정지원센터(성폭력 상담원교육)

저서

- 집단상담사례연구(공저, 2002, 학지사)
- 전문상담가 11인의 만남과 치유(공저, 2004, 학지사)
- 집단상담 원리와 실제(공저, 2006, 법문사)
- 전문가9인의 상담사례공부하기(2007, 박영사)

집단상담사례집

초판발행	2018년 11월 5일
중판발행	2022년 9월 10일
지은이	윤관현
펴낸이	노 현
편 집	안희준
기획/마케팅	이선경
표지디자인	권효진
제 작	고철민 · 조영환
펴낸곳	㈜ 피와이메이트
	서울특별시 금천구 가산디지털2로 53 한라시그마밸리 210호(가산동)
	등록 2014. 2. 12. 제2018-000080호
전 화	02)733-6771
f a x	02)736-4818
e-mail	pys@pybook.co.kr
homepage	www.pybook.co.kr
I S B N	979-11-89005-29-0 93180

* 파본은 구입하신 곳에서 교환해 드립니다. 본서의 무단복제행위를 금합니다.
* 저자와 협의하여 인지첩부를 생략합니다.

정 가   17,000원

박영스토리는 박영사와 함께하는 브랜드입니다.